Bauwelt Fundamente 131

Herausgegeben von
Ulrich Conrads und Peter Neitzke

Beirat:
Gerd Albers
Hildegard Barz-Malfatti
Elisabeth Blum
Werner Durth
Eduard Führ
Werner Sewing
Thomas Sieverts
Jörn Walter

Angelus Eisinger

Die Stadt der Architekten

Anatomie
einer Selbstdemontage

Bauverlag
Gütersloh · Berlin

Birkhäuser – Verlag für Architektur
Basel · Boston · Berlin

Umschlagvorderseite: Ausschnitt aus City of Light Pavilion, New York 1939, in: Rem Koolhaas, Delicious New York, New York (Monacelli Press) 1994 (1978)

Umschlagrückseite: Rem Koolhaas, Elia Zenghelis et al., Exodus (1972), in: Ruth Eaton, Die ideale Stadt. Von der Antike bis zur Gegenwart, Berlin (Nicolai) 2001

Bibliographische Information der deutschen Bibliothek
Die Deutsche Bibliothek verzeichnet diese Publikation in der Deutschen Nationalbibliographie; detaillierte bibliographische Daten sind im Internet über http://dnb.ddb.de abrufbar.

Dieses Werk ist urheberrechtlich geschützt. Die dadurch begründeten Rechte, insbesondere die der Übersetzung, des Nachdrucks, des Vortrags, der Entnahme von Abbildungen und Tabellen, der Funksendung, der Mikroverfilmung oder der Vervielfältigung auf anderen Wegen und der Speicherung in Datenverarbeitungsanlagen, bleiben, auch bei nur auszugsweiser Verwertung, vorbehalten. Eine Vervielfältigung dieses Werkes oder von Teilen dieses Werkes ist auch im Einzelfall nur in den Grenzen der gesetzlichen Bestimmungen des Urheberrechtsgesetzes in der jeweils geltenden Fassung zulässig. Sie ist grundsätzlich vergütungspflichtig. Zuwiderhandlungen unterliegen den Strafbestimmungen des Urheberrechts.

Der Vertrieb über den Buchhandel erfolgt ausschließlich über den Birkhäuser Verlag.

© 2005 Birkhäuser – Verlag für Architektur, Postfach 133, CH-4010 Basel, Schweiz
und
Bauverlag BV GmbH, Gütersloh, Berlin

bau|| ||**verlag**

Eine Kooperation im Rahmen der Fachverlagsgruppe Springer Science+Business Media

Gedruckt auf säurefreiem Papier, hergestellt aus chlorfrei gebleichtem Zellstoff. TCF ∞

Printed in Germany
ISBN-10: 3-7643-7064-5
ISBN-13: 978-3-7643-7064-0

9 8 7 6 5 4 3 2 1

Inhalt

Vorbemerkungen ... 7

1 Städtebau als gesellschaftliche Praxis: Eine Auslegeordnung ... 9
Selbstverständnisse und Weltbezüge ... 11
Was tun Architekten? ... 14
Stadtbilder ... 16

2 Baustellen eines Weltlabors ... 21
Kaleidoskope der modernen Stadt ... 23
Fallstudie 1: CIAM – die funktionalistische Stadt, revisited ... 32
Fallstudie 2: New Towns ... 40
Selbstbilder ... 58

3 Die Neue Stadt: Arbeiten am Faksimile der Industriegesellschaft ... 62
Objekte und Subjekte ... 66
Fallstudie 3: Im Labor der Neuen Stadt ... 72
Fallstudie 4: Brasilia – Grautöne in der weißen Stadt ... 81
Eintrübungen ... 94

4 Wendungen und Verzweigungen: Die Stadt der Architekten nach der Moderne ... 100
Fallstudie 5: Auf modernen Pfaden aus der Moderne – Alison und Peter Smithson und das Team 10 ... 102
Urbanität – ein neuer Orientierungspunkt ... 118
Neue Formungen von Raum und Zeit: Kevin Lynch und Aldo Rossi ... 120
Der kurze Auftritt der Postmoderne ... 124
Die späte Entdeckung der Agglomeration ... 131

5 Unschärfen und Umbrüche in der gegenwärtigen Stadt der Architekten ... 139
Forschung ... 141
Noch einmal: Städtebau ... 145
Zur Anatomie des Syndroms ... 156
Ausblicke auf eine andere Stadt der Architekten ... 160

Anmerkungen ... 163
Literatur ... 171
Bildnachweise ... 180

Vorbemerkungen

Good or bad, I define these terms, quite clear, no doubt, somehow. Bob Dylan

Will man den Auguren Glauben schenken, mehren sich die Zeichen für einen „spatial turn" (Karl Schlögel).[1] Die Geistes- und Sozialwissenschaften begreifen heute Raum zunehmend als bestimmende Kategorie, nachdem über lange Zeit längst nicht nur die Ökonomie ein „wonderland of no dimensions" war. Was diese Wende hin zur gesellschaftlichen Realität im Raum für Architektur und Städtebau bedeutet, läßt sich heute noch kaum beantworten. Über das ganze vergangene Jahrhundert war aber das Verhältnis zwischen Geistes- und Sozialwissenschaften auf der einen und Architektur und Städtebau auf der anderen Seite schwierig und von Mißverständnissen begleitet. Soll der „spatial turn" tatsächlich auch zu nachhaltigen Stadt- und Lebensräumen führen, müssen auch die Architektur und der Städtebau ihre Annäherung an die Gesellschaftswissenschaften suchen. Vor diesem aktuellen Hintergrund geht der vorliegende Essay den Entwicklungen des Stadtverständnisses im Städtebau seit den frühen 1920er Jahren bis in die Gegenwart nach. Er reflektiert seine Vorstellungen und Modelle von Stadt, die immer auch Vorstellungen und Modelle von Gesellschaft sind, und untersucht, warum die Planwelten der Architekten und Urbanisten sich nur so blaß in den Stadtwirklichkeiten abzeichnen. *Die Stadt der Architekten* ist somit als Versuch zu sehen, Städtebau und Stadt gemeinsam zu betrachten, um so die Dynamiken zu erhellen, in denen sich das städtebauliche Denken und Handeln entwickelt. Diese Zusammenhänge untersucht eingehend meine kürzlich veröffentlichte Habilitationsschrift zum modernen Städtebau in der Schweiz.[2] Ihre Thesen und Überlegungen leiten die Argumentationslinien zu internationalen Debatten und Realisierungen und lassen sich daran testen.

Das skizzierte Unterfangen kann selbstredend nicht umfassend erfolgen. Schwerpunkte müssen gesetzt werden, Auslassungen und Verkürzungen sind nicht zu vermeiden. Der Fokus liegt auf Untersuchungsfeldern, die die Wechselbeziehungen im Dreieck von städtebaulicher Theoriebildung, Praxis und gesellschaftlichem Kontext besonders deutlich werden lassen. Unsere wichtigsten Stationen sind dabei: die Stadt der Moderne in der Zwischenkriegszeit, die englischen Planungsdebatten um die „New Towns",

Brasilia, die nach 1960 einsetzenden Revisionsversuche der städtebaulichen Moderne, die Postmoderne, die Debatten um die verstädterten Landschaften und schließlich ein Blick auf die aktuelle Situation. Bereits die bloße Aufzählung dieser Etappen zeigt an, wie sehr sich dabei das Objekt „Stadt" verändert hat, mit dem sich die urbanistische Reflexion beschäftigt.

Dieser Essay wäre nicht möglich geworden, ohne die Freiräume, die mir Professor Hans-Werner Tobler und Professor David Gugerli während meiner Habilitationszeit an der ETH ermöglicht haben. An sie geht ein herzliches Dankeschön ebenso wie an Lutz Musner und sein Team am Internationalen Forschungszentrum Kulturwissenschaften (ifk) in Wien. Das ifk hat mir am Übergang von der Recherche zum Bündeln meiner Gedanken und Ideen im Rahmen eines „Urban Fellowship" einen ungemein anregenden Ort der Konzentration und des Austausches geboten. Christian Müller, Silvia Müller, Thomas Schregenberger und Andreas Sonderegger haben sich in verschiedenen Phasen auf das Manuskript eingelassen. Ihre Kommentare haben viel dazu beigetragen, der „Stadt der Architekten" ihre Konturen zu verleihen.

1 Städtebau als gesellschaftliche Praxis: Eine Auslegeordnung

Städte entwickeln sich nicht nach den Partituren, die Architekten ihnen komponieren. Dieses schlichte und ernüchternde Faktum ist dem Städtebau im 20. Jahrhundert über alle Leitbilder und Theorieansätze hinweg ein treuer Begleiter geblieben. Seit den Anfängen des modernen Städtebaus, also um 1920, begleitet die theoretische Stadt der Architekten ein kontinuierliches Nachdenken über das Zusammenspiel von Bauen, Raum, Gesellschaft, Kultur, Ästhetik und Fortschritt. Das Bild dieser Stadt hat aber zu keinem Zeitpunkt im 20. Jahrhundert seine Klärung erfahren.

Der vorliegende Essay versucht, die Bewegungen des städtebaulichen Denkens seit 1920 nachzuzeichnen. Dabei fokussiert er einerseits auf Begriffe, Methoden und Konzepte, die Architekten und Urbanisten in diesem Zeitraum erörtert und eingesetzt haben; andererseits interessiert er sich für ihre Lern- und Anpassungsprozesse im Umgang mit dem Gegenstand „Stadt" – ein Gegenstand, der sich im gleichen Zeitraum dramatisch verändert hat. Die Oszillationen der Stadt der Architekten korrelierten allerdings kaum mit den urbanen Dynamiken. So stehen sich die faktischen Stadtrealitäten und die Stadt, wie sie sich in theoretischen Reflexionen zeigt, bis heute unversöhnlich gegenüber. Die Moderne hat diesen Kontrast noch entschieden gesucht. Seither haben die städtebaulichen Theorieangebote wieder verschiedene Annäherungen an die bestehende Stadt angestrebt. Wenn Rem Koolhaas heute von Architektur als eigenartigem Modus spricht, die Welt zu analysieren und als ungeeignete Art, darin zu operieren, klingt an, wie schwierig sich diese Annäherung gestaltet.[3]

Wesentliche Gründe für diesen unerfreulichen Zustand liegen in der Tatsache, daß Städtebau zwar eine gesellschaftliche Praxis ist, die Implikationen der Verflechtungen von Gesellschaft und Urbanismus auf die Arbeitsweisen und Konzepte im Städtebau aber bisher kaum reflektiert worden sind. Die gesellschaftlichen Funktionsweisen und Prozesse bilden seinen eigentlichen blinden Fleck. Gesellschaft ist nicht erst dann Teil des Bauens, wenn Architekten sie in Theoriekonvolute und Manifeste miteinbeziehen, sie webt sich vielmehr in alle Phasen ihres Arbeitens ein: Jedes Bauen an städtischer Gesellschaft beginnt bei der Übersetzung der Stadt der Diskurse in das Medium der Zeichnung. Diese Übersetzung ist aber nur der erste von vielen Schritten zur Stadt in Stein und Glas. Es sind die dem Entwurf nachfolgenden Schritte, die viel zum schwierigen Verhältnis der Stadt der Architekten zu den städtischen Wirklichkeiten beigetragen haben.

Wir beginnen mit den städtebaulichen Laboratorien der Zwischenkriegszeit (Kapitel 2). Ein besonderes Augenmerk legen wir dabei auf die Arbeiten in den „Congrès Internationaux d'Architecture Moderne" (CIAM) und auf die englischen Wiederaufbauplanungen nach dem Zweiten Weltkrieg. Danach wenden wir uns der in den fünfziger Jahren geführten Debatte um die akribisch nach städtebaulichen Grundsätzen zu entwickelnde Neue Stadt zu (Kapitel 3). Brasilia war ein Höhepunkt dieses Denkens – der brasilianischen Hauptstadt ist eine der beiden Fallstudien zur Neuen Stadt gewidmet.

Die zweite Untersuchung zur neuen Stadt beschäftigt sich mit den stadtgesellschaftlichen Kompositionsprinzipien, mit denen schweizerische Urbanisten auf ihren Reißbrettern eine ideale moderne Stadt montiert haben. Die Neue Stadt verkörperte nach 1960 ein Signum für das immer offenkundigere Scheitern der bisherigen urbanistischen Grundsätze. Kapitel 4 legt dar, wie das Auseinanderbrechen moderner Zuversicht im Städtebau verarbeitet worden ist. Insbesondere interessiert dabei, wie das Arbeitsobjekt „Stadt" nun wahrgenommen und in die Planwelten der Architekten eingegangen ist. Zeitgleich mit den postmodernen Städtebaudiskussionen, die sich anschickten, die Moderne abzulösen, erfolgte dann nach 1980 eine zögerliche Hinwendung auf die Agglomerationen, die überall in der westlichen Welt die Gebiete um die Städte überziehen. Die Existenz dieser ungeplanten wie ungewollten räumlichen Nebenfolge von Wirtschaftswachstum und gesellschaftlichem Wandel fordert die städtebaulichen Denkmuster und Arbeitsweisen bis heute heraus. Die „Zwischenstadt" spiegelt sich auch, wie wir im fünften und letzten Kapitel sehen werden, im heutigen Forschungsbegriff und in der Schwächung traditioneller Planung. Zugleich kommt es in der Aushandlung aktueller Stadträume zu einer erstaunlichen Renaissance der städtischen Architektur im Zeitalter der „New Economy". Sie kann aber keineswegs als Indiz dafür gesehen werden, daß die Stadt der Architekten heute zu den Stadtgesellschaften gefunden habe, für welche sie baut.

Bevor wir uns mit den spannungsvollen und oft nicht leicht zu entwirrenden Geflechten zwischen der Stadt der Architekten und den urbanen Wirklichkeiten seit 1920 beschäftigen, geht es zunächst darum, den Architekten als selbsternannten Agenten der Stadt der industriellen und nachindustriellen Gesellschaft präziser fassen.

Selbstverständnisse und Weltbezüge

Architekten und Bauingenieure verkörperten lange Zeit geradezu prototypisch die Zukunftsorientierung der Industriegesellschaft. Wir brauchen nur wieder einmal Ayn Rands *The Fountainhead* (1943) oder Max Frischs *Homo Faber* (1957) zur Hand zu nehmen, um zu sehen, welche Faszination von beiden Berufen ausging. Das Selbstporträt des Architekten im 20. Jahrhundert, das sich in Kongreßresolutionen, Vortragstexten und Ausbildungsgängen artikulierte, konturierte das Profil der Zukunftsorientierung noch um einiges schärfer.[4] Man erachtete es als Aufgabe von Architekten und Urbanisten, die von der Industrialisierung, beziehungsweise der technischen Entwicklung gezeichneten Gesellschaften über das Bauen und Organisieren von Räumen mit sich selbst und den Bedingungen ihrer Zeit zu versöhnen. In diesem Selbstverständnis verschmolz der „Künstlerarchitekt", dessen Bild dem Genie-Begriff des 19. Jahrhunderts geschuldet war, mit dem „gesellschaftlichen Visionär", den das 20. Jahrhundert beisteuerte. Wir brauchen nur Kommentatoren und Chronisten der Moderne wie Leonardo Benevolo, Sigfried Giedion oder Niklaus Pevsner zu konsultieren, um festzustellen, wie konsequent in ihrer Zeit das Projekt der Moderne zwischen den Polen Kunst und Gesellschaftsreform verortet wurde.[5] Dabei personifizierten Ludwig Mies van der Rohe und Walter Gropius gleichsam die Eckpunkte des Panoramas. Stand Mies für das Streben nach einer Architektur als reiner raumbildender Kunst, so repräsentierte Gropius die Ambition, durch Bauen und Planen die Industriegesellschaft von Grund auf zu reformieren.

Kunst und Gesellschaftsreform begleiten den Architekturdiskurs bis heute.[6] Doch sind mit solchen Zuordnungen kaum Einsichten in die Abläufe architektonischer und städtebaulicher Praxis zu gewinnen. Die Unterscheidung zwischen künstlerischen und gesellschaftlichen Momenten des architektonischen Schaffens führt nämlich eine Trennung ein, die es faktisch nicht gibt. Selbstverständlich lassen sich je nach Werk und zeitlichem Kontext unterschiedliche Gewichtungen der beiden Aspekte feststellen. Gesellschaft findet aber nicht nur dann Eingang in einen Entwurf, wenn architektonische Gestaltung und städtebauliche Konzeption – wie in Brasilia, der Gartenstadt in Welwyn oder bei Frank Lloyd Wrights „broadacre city" – explizit die Weltanschauung des Architekten modellieren.
Betrachten wir kurz die ideologischen Motivationen hinter diesen Beispielen, die jeweils in ganz unterschiedliche Richtungen weisen. Brasilia beruht auf einem Entwurf Lúcio Costas – einer zentralen Figur der brasilianischen

Moderne. Auf der Grundlage der CIAM-Doktrin der funktionellen Stadt sollte Costas neue Hauptstadt im Landesinnern zugleich Manifestation und Aufbruch in eine neue Gesellschaft sein.[7] Welwyn wurde in den 1920er Jahren von Ebenezer Howard als zweite Gartenstadtgründung lanciert – sie steht mit ihrem kleinstädtischen Gepräge, dem Bemühen um ökonomische Unabhängigkeit und der Betonung des Gemeinschaftlichen für wesentliche Zielsetzungen der Gartenstadtidee.[8] „Broadacre City" schließlich bildete Frank Lloyd Wrights Vorschlag einer neuen Gesellschaftsordnung, die auf privater Mobilität und privatem Eigentum aufbaut.[9] In diesem in den 1930er Jahren entstandenen Entwurf sind Stadt und ländlicher Raum großen Einfamilienhausteppichen ohne prägende öffentliche Zentren gewichen, die Wrights Überhöhung des Individualismus zum Ausdruck bringen.

In allen drei Fällen ist die Verbindung zwischen gesellschaftlichen Vorstellungen und Architektur unmittelbar einsichtig, da sie von ihren Protagonisten explizit artikuliert wurde. Architektur und Gesellschaft begegnen sich aber auch dann, wenn sich Architektur als autonom stilisiert beziehungsweise über ihr Verhältnis zur Gesellschaft schweigt. Architektur bedeutet in jedem Fall: Gesellschaft denken, Gesellschaft entwerfen und mit Gesellschaft interagieren. Dieses Denken, Entwerfen und Interagieren erfolgt teils bewußt, teils unbewußt. Architektur kann sich nie aus ihren Verstrickungen mit ihrem gesellschaftlichen Kontext lösen. Deshalb greift auch ein Bemühen ins Leere, das die Architektur reformieren will, indem es das Bauen vom modernen Ballast, Gesellschaft räumlich zu gestalten, zu befreien sucht. Vielmehr ist in den Blick zu nehmen, wo und wie Architektur und Gesellschaft aufeinandertreffen und welche Schlüsse daraus für die architektonische und urbanistische Praxis zu ziehen sind.

Auch in der nachindustriellen Gesellschaft orientiert sich der idealtypische Architekt an der Figur des aus vormodernen Zeiten stammenden Generalisten und damit an einer Welt, die *notabene* kaum Arbeitsteilung sowie nur geringfügige Spezialisierung des Wissens und der Kompetenzen gekannt hat. Es spricht nicht mehr viel für eine derartige Deutung der Autorität und der Autonomie des Architekten als ‚Herrn der Pläne', wenngleich Architektur derzeit eine präzedenzlose mediale Aufmerksamkeit genießt. Die Realisierungen eines kleinen, global agierenden Kreises von Architekten, die wie Popstars gefeiert und kommentiert werden, stehen keineswegs für eine wiedererstarkte Bedeutung der Architektur. Der Ausnahmecharakter ihrer Arbeiten offenbart sich allerdings weniger im Blick auf Design, Konstruktion oder Materialienwahl. Er gilt vielmehr für prosaischere

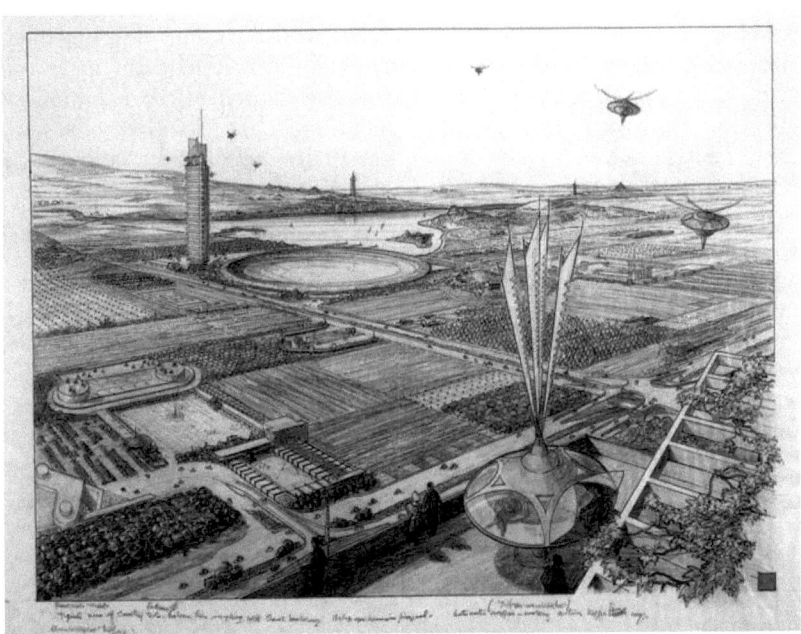

Frank Lloyd Wright, Broadacre City, 1934–1935

Aspekte des Bauens, wie Finanzierung, Bauherrschaft, Parzellierung oder planungsrechtliche Restriktionen, indem hier Ausnahmebedingungen für all die Faktoren herrschen, die üblicherweise städtebauliche Handlungsspielräume spürbar beschneiden. In diesen alltäglichen Prozessen zeigt sich, daß Architektur und Städtebau im Normalfall nicht über die notwendige Autonomie verfügen, um sich als die von Kenneth Frampton postulierte „kritische Kultur" behaupten zu können.[10]
Wenn nun aber andererseits in Anbetracht des faktisch bescheidenen Einflußes der Architektur auf aktuelle stadträumliche Veränderungen Denkangebote wie das Barthessche Diktum vom „Tod des Autors" auf die Architektur übertragen werden, dann liefert man damit bei aller theoretischen Virtuosität noch keine empirische Erhellung für den unbefriedigenden Stand der Dinge.[11] Was sich statt dessen aufdrängt, läßt sich, in Anlehnung an die Barthessche Formel, gut mit einer medizinischen Metapher umschreiben: Nicht Autopsien tun Not, sondern konkrete Untersuchungen der Pathologie architektonischer und städtebaulicher Denk- und Arbeitsweisen, die zu dem schwierigen Verhältnis von Stadt und Architektur beitragen.

Was tun Architekten?

Jede plausible Modellierung des Verhältnisses zwischen Architekt und Gesellschaft hat sich von der Idee des Architekten als eines Agenten in ‚splendid isolation' zugunsten einer Vorstellung zu verabschieden, daß Architekten bei allem, was sie sagen und wie sie handeln, in soziale und, notwendigerweise, wirtschaftliche Zusammenhänge eingebunden sind. Architektur organisiert gesellschaftliche Zusammenhänge. Diese Aktivität kann mit den in der Diskussion so beliebten Labels – Moderne, Maschinenzeitalter, organischer Städtebau, Brutalismus oder Postmoderne – nicht einmal am Rande erfaßt werden. Begegnungen zwischen Architektur und Gesellschaft lassen sich aber mit Hilfe der aus der Wissenschafts- und Techniksoziologie stammenden Aktor-Netzwerk-Theorie genauer unter die Lupe nehmen.[12] Metaphorisch gesprochen, begleiten wir dabei ein architektonisches Objekt vom ersten Strich bis zu seiner Fertigstellung und Nutzung in seinen zahlreichen Begegnungen mit der Gesellschaft.
Pläne und Zeichnungen sind die primären Werkzeuge eines Architekten, um mit der Wirklichkeit in Kontakt zu treten und sie zu beeinflussen. Sie dienen als Membran, über die er sich mit der Gesellschaft austauscht.

Architekturpläne lassen sich als Kommunikationsmedien verstehen, die auch gesellschaftliche Wirklichkeit entwerfen. Dieses In-Zeichen-Setzen von Wirklichkeitsangeboten ist aber gesellschaftlich ausgesprochen voraussetzungsreich. Entwerfen und Zeichnen sind keine von Gesellschaft losgelösten Akte. Gesellschaft ereignet sich nicht erst auf Transparentpapier oder, inzwischen durchgängig, auf Bildschirmen, sie ist das Apriori jeglicher Architektur: Entwerfen und technisches Zeichnen sind deshalb immer durch disziplinäre, kulturelle und andere Faktoren vorgeformt. Pläne und Zeichnungen konstruieren somit Wirklichkeitsangebote, indem sie explizit und implizit gesellschaftsräumliche Vorstellungen in das Medium der zweidimensionalen Darstellung übersetzen; sie thematisieren soziale Beziehungen im Raum, lenken und formen das menschliche Verhalten.

Um das schwierige Verhältnis zwischen Architekt und Stadt zu verstehen, gilt es zwei Momente städtebaulicher Praxis genauer zu betrachten. Wir widmen unsere Aufmerksamkeit erstens den feinen Bewegungen, über welche Gesellschaft gezeichnet wird. Dabei erkennen wir, welche Vorstellungen die jeweiligen Entwürfe bestimmen und wie diese Vorstellungen kodiert und in räumliche Gebilde übersetzt werden. Auf dem Weg der Zeichenstifte und Plotter verweben sich für uns Gestaltung, Medien und Technologie zu umrißhaften Soziologien und vagen Ökonomien. Normative Zuschreibungen („demokratisch") zu Architektenhaltungen oder Objekten lassen sich somit durch die Frage ersetzen, wie zu bestimmten Zeitpunkten jeweils demokratische Ideale in architektonische Entwürfe übersetzt werden. Architektur und Städtebau erscheinen als Angebote, Gesellschaft in bestimmter Weise räumlich zu fassen und in Form zu bringen.

Nun haben Gilles Deleuze und Félix Guattari in *Tausend Plateaus* mit ihren Ausführungen zur „abstrakten Maschine oder Diagrammatik" ein Verständnis von Architekturzeichnungen und Planmaterialien angeregt, das in der Architekturtheorie rasch Resonanz gefunden hat. Die beiden Philosophen sprechen dabei von einer „Pilotfunktion" der Zeichnung, bei welcher es nicht um Repräsentation gehe, sondern darum, „etwas zukünftig Reales zu konstruieren, einen neuen Typus von Realität. Sie steht also nicht außerhalb der Geschichte, sondern ist vielmehr der Geschichte immer ,voraus', in jedem Moment, in dem sie Punkte der Schöpfung oder Potentialität konstituiert."[13] Der architekturtheoretische Diskurs entdeckte in diesen Zeilen Hinweise, die von Hand gezeichneten oder technisch hergestellten Ansammlungen von Punkten, Strichen und Farbflächen als Punktanhäufungen einer kommenden Wirklichkeit zu betrachten.[14] Die Prägekraft von Plan- und Bildschirmwelten auf zukünftige Gegenwarten wird damit aber überschätzt – das ist das zweite Moment, das das Verhältnis zwischen Architekt und Stadt wesentlich bestimmt. Visualisierungen sind nur ins Bild gefaßte Optionen auf Zukunft. Während der Umsetzungsphase reiben sich diese Bildwelten durch die Konfrontation mit dem gesellschaftlichen Kontext auf: Gerichtsentscheide, Baumaschinenparks, Bürostrukturen oder Parteizugehörigkeiten können ebenso wie die brisanten Themen der Tagespolitik, Parlamentsdebatten oder Investitionskriterien ein städtebauliches Vorhaben beeinflussen.[15] An dieses schillernde Panoptikum gesellschaftlicher Wirklichkeiten muß das städtebauliche Projekt Anschluß finden, will es seine Essenz im Raum sichern. In diesen Anpassungsprozessen erfährt das Vorhaben andererseits aber auch seine Verformungen. Es sind somit erst die Realisierungsphase und der städtische Alltag in diesen Räumen, die die am Zeichentisch entwickelten Prinzipien zum Leben erwachen lassen – oder eben nicht. Das bedeutet aber nicht, dem gestalterischen Durchkomponieren von Baukörpern, der Anordnung von Funktionen und ihrer Abfolge im Raum, dem Spiel mit Licht, Materialien oder Texturen komme keine Bedeutung zu. Allein: Wie sich die dem architektonischen Objekt in den Planwelten zugedachten Qualitäten und seine effektiven Eigenschaften zueinander verhalten, bleibt offen. Darin zeigt sich das grundlegende Problem des Verhältnisses von Architektur und Gesellschaft beziehungsweise Stadt.

Stadtbilder

Das Verhältnis von Architekt, Stadt und Städtebau zu erhellen, bedarf neben einer plausiblen Verortung des Architekten und seiner Arbeitsweisen eines analytischen Konzepts von Stadt, das geeignet ist, die Modulierungen der Stadtsemantik über die Zeit aufzunehmen. Michel Foucaults wissenschafts- und diskursgeschichtliche Arbeiten verweisen darauf, daß es keinen kontinuierlichen, linear sich entfaltenden Diskurs über Stadt gibt.[16] An dessen Stelle treten zeit- und kontextabhängige ‚diskursive Praktiken'. Erst über deren Rekonstruktion erhalten wir ein Verständnis für die spezifische Bedeutung, die Begriffe wie ‚Architektur', ‚Raum' oder ‚Stadt' im Denken und Sprechen einer Zeit gehabt haben.[17] Die Perspektiven und Konnotationen, mit denen Stadt betrachtet, interpretiert und verändert wird, verschieben sich stetig, wie etwa eine Gegenüberstellung des Stadtbegriffs

zu Beginn der städtebaulichen Moderne und der Gegenwart einsichtig macht:
Nach 1920 deutete sich in verschiedenen städtebaulichen Ansätzen ein neuer Zugang zur Stadt an, der auf einer tiefgreifenden Transformation des urbanistischen Denkens beruhte.[18] So unterschiedliche Ansätze wie die Gartenstadt, Ernst Mays Neues Frankfurt, die Berliner Aktivitäten unter Stadtbaurat Martin Wagner, Ludwig Hilberseimers Großstadt oder die Konzepte des Neuen Bauens teilten eine neuartige, anfänglich nur vage ausformulierte Stadtkonzeption, die das städtebauliche Arbeiten über die nachfolgenden Jahrzehnte begleiten sollte. Stadt wird als Abstraktum gefaßt, in dem sich architektonische Entwurfsaufgaben und stadträumliche Organisationskonzepte mit Modernisierungsaufgaben verschränken.
Wenn auch, wie wir heute wissen, die Ambition, Stadt neu zu konzipieren, vermessen war, so lohnt sich noch einmal ein Blick auf die Grundzüge dieses urbanistischen Denkens. Dabei geht es freilich nicht um Flachdächer, Bandfenster, freie Grundrisse, die räumlich-funktionale Trennung, die Verdammung der „rue corridor" oder die Propagierung freistehender Gebäude. Über die Korrektheit der einzelnen Elemente dieses Katechismus läßt sich streiten. Entscheidend an den städtebaulichen Denkmustern jener Jahre scheint aber vor allem eines zu sein: Dieser Städtebau wollte nicht einfach ein neues Arsenal an formalen entwerferischen und konzeptionellen Orientierungspunkten anbieten, sondern strebte nach einem systematischen Verständnis städtischer Zusammenhänge als Grundlage städtebaulichen Arbeitens. Ein solches Verständnis rief zum einen nach einer gründlichen Analyse der sozialen, wirtschaftlichen, topographischen und kulturellen Bedingungen als Ausgangspunkten des städtebaulichen Entwurfs. Die Bemühungen der CIAM-Kongresse, Primärdaten zu erheben und zu vergleichen, belegen dies ebenso wie die wesentlich älteren Arbeiten von Patrick Geddes oder die in den Zwischenkriegsjahren sich verstärkenden Aktivitäten der britischen „Town and Country Planning Association". Zum anderen strebte dieses Verständnis nach einer gedanklichen Verschränkung der Maßstabsebenen ‚Objekt' ‚Stadt' und ‚Region'. In den städtebaulichen Denkräumen der Zwischenkriegszeit verloren deshalb die städtischen Gebäude mehr und mehr den Charakter von architektonisch durchgestalteten Solitären. Statt dessen faßte man das städtische Gebäude als ein Objekt auf, das in vielfältigen funktionalen und räumlichen Austauschbeziehungen mit seinem Kontext steht. Die Stadt bildete dabei eine strukturelle Matrix, die das einzelne Gebäude anonymisierte und zugleich vernetzte.

Den Haag, De Resident, 2002, Masterplan: Rob Krier

Aus heutiger Sicht umgibt die Idealvorstellungen der architektonischen und städtebaulichen Moderne eine Ironie, die in der – erfahrungsgesättigten – Erkenntnis gründet, daß die Stadt der Zukunft immer nur aus der Warte der Gegenwart konzipiert werden kann. Diese Einsicht sollten wir allerdings auch beim Blick auf die heutigen Debatten in Erinnerung behalten. Die letzten Jahre waren von einem Prinzipienstreit über das Wesen der Stadt begleitet, der gelegentlich geradezu schismatische Züge annahm. Berlin nach der Wiedervereinigung war dabei lange Zeit ein Ort dieser Auseinandersetzungen.[19] Im Zentrum der Konfrontation stand die überkommene europäische Stadt – Stadt der kompakten, architektonisch artikulierten Gesamtform und der funktionalen Durchmischung ihrer Räume, die sich durch eine klare Grenzziehung zum Umland hin auszeichnet.[20] Diese Stadt bildet einen facettenreichen Archetypus zeitgenössischer städtischer Existenz, von welchem sich – zumindest in unseren Breitengraden – kein Denken vollständig befreien kann.[21] Zu eng sind in unserem kulturellen Gedächtnis die Entstehung einer pluralistischen und toleranten Gemeinschaft und das Versprechen an eine geglückte Existenz mit diesem Stadttypus verknüpft, auch wenn sich für unzählige Stadtbewohner das Versprechen nie eingelöst hat. An diese Stadt begann man sich zu erinnern, als niemand mehr Zeit und Ressourcen in die städtebaulichen Denkgebäude der Moderne für eine zeitgemäße Stadt stecken wollte. Sie brachte Geschichte, Erinnerung und Melancholie als ständige, wenngleich stumme Begleiter beim Bauen an der zeitgemäßen Stadt zurück.

Die heutigen Vertreter des Erbes der kompakten europäischen Stadt und mit ihnen die Advokaten des „New Urbanism" schreiben dem Prinzip ‚Block, Straße, Platz' die Fähigkeit zu, die städtische Existenz von den Wunden urbaner Transformationsprozesse der letzten Jahrzehnte befreien zu können. Zugleich hoffen sie die urbanistische Debatte mit Begriffen wie Urbanität, Öffentlichkeit und Bürgersinn neu beleben zu können und assoziieren sie unmittelbar mit den räumlichen Eigenschaften der europäischen Stadt. Die Kritiker dieser Stadtvorstellung haben dagegen die europäische Stadt schon längst hinter sich gelassen. Wo sie sie noch antreffen, sehen in ihr nur mehr Reservate, von denen keine Prägekraft mehr auf die heutige städtische Wirklichkeit ausgeht. In ihrer Sicht waren die urbanen Transformationsprozesse der letzten Jahrzehnte einfach zu gravierend, als daß noch an eine Wiederbelebung der kulturellen und gesellschaftlichen Qualitäten der überkommenen Stadt zu denken wäre. In den Reaktivierungsbemühungen entdecken sie deshalb nur mehr rückwärtsgewandte Mystifizierungen. Rem Koolhaas hat in diesem Zusammenhang schon vor etwa zehn Jahren den

Tod des Städtebaus verkündet und das Verhältnis zwischen Architektur und Stadt neu definiert: Architektur solle zukünftig in der Stadt, „unbeschreiblichen Hybriden" gleich, „Möglichkeitenräume" schaffen.[22] Koolhaas postulierte dabei, die Zwänge der bestehenden städtebaulichen Ordnung zu überwinden und an deren Stelle das einzelne Objekt zu setzen, das an einem bestimmten Punkt der Stadt als Katalysator, mehr noch: als Transformator seiner Umgebung fungieren könne. Mittlerweile hat allerdings auch der holländische Architekt die vormoderne Vergangenheit entdeckt. Im Zusammenhang mit den anhaltenden Berliner Streitigkeiten, ob an der Stelle des Palastes der Republik künftig nicht wieder das Stadtschloß stehen solle, warf Koolhaas kürzlich den Gedanken ein, ob im Wiederaufbau des Schlosses nicht auch ein „Ziel der Moderne" gesehen werden könne.[23] In dieser Hinwendung zur Geschichte steckt aber keineswegs die Entdeckung der traditionellen Stadt durch Koolhaas. Vielmehr hält der Architekt an der modernen Verpflichtung der Architektur zur „Utopie" fest, die schon seinen Ruf nach den „Möglichkeitenräumen" begleitet hatte. Allein: das Utopische kennt heute bei Koolhaas keine unbedingte Orientierung am Morgen mehr, sondern baut sich aus der Spannung zwischen Altem und Neuem auf.

In der Ausschließlichkeit, mit welcher heute die Positionen für und gegen die kompakte europäische Stadt vertreten werden, wiederholen sie nur die Aporien, in denen der Stadtdiskurs in der Architektur seit den Anfängen des modernen Projekts immer wieder endet, weil die Auseinandersetzung um städtische Lebensweisen als formale Frage architektonischer und städtebaulicher Konzepte verhandelt wird. Zugleich sind in vielen Belangen aktuelle Stadtrezeptionen von den vielfältig bestimmten und widersprüchlichen Stadtwirklichkeiten weiter entfernt, als es die urbanistischen Gehversuche in der Zwischenkriegszeit waren, die vielfach für ihr Stadtverständnis kritisiert werden. Die Analysemethoden und Heuristiken jener Jahre waren zweifellos bruchstückhaft und oft reichlich unbeholfen. Ihrem Streben nach Systematik und Vergleich als Ausgangspunkt städtebaulichen Handelns kann man aber auch heute noch zubilligen, sich die Unzulänglichkeiten einer Haltung bewußt gemacht zu haben, die das ‚An der Stadt Bauen' ausschließlich als baukünstlerische Aufgabe aufgefaßt hat. In den Debatten der Zwischenkriegszeit fanden sich Plädoyers für klare Aufgabenfelder und eine Öffnung der Bezüge architektonisch-urbanistischen Arbeitens, die wir im folgenden diskutieren werden.

2 Baustellen eines Weltlabors

Wer sich mit der Stadt der Architekten im 20. Jahrhundert auseinandersetzt, muß, wie Eric Mumford in seiner Sichtung der urbanistischen Debatte in den CIAM vor kurzem betont hat, immer auch beachten, daß das Erbe der Zwischenkriegszeit in aktuellen Denk- und Arbeitsweisen weiterlebt – wenn auch oft reichlich unbewußt.[24] Das mag zunächst nicht besonders stichhaltig wirken, wenn wir etwa in Le Corbusiers *Vers une architecture* folgende Sätze lesen: „Erste Pflicht der Architektur in einer Zeit der Erneuerung ist die Revision der geltenden Werte, die Revision der wesentlichen Elemente des Hauses. [...] Es gilt, die geistigen Voraussetzungen für den Serienbau zu schaffen. [...] Die geistige Voraussetzung für das Bewohnen von Serienhäusern."[25] Der moderne Architekturdiskurs verhüllte kaum seine oft martialischen gesellschaftlichen Postulate. Moderne Manifeste und Texte stellten Forderungen auf und skizzierten Modelle idealer Gesellschaften, wodurch sie sich unmittelbar der Kritik aussetzten. Eine solche Transparenz hinsichtlich der normativen Ladung städtebaulichen Arbeitens gibt es heute nicht mehr. Das Politische und das Normative der Architektur werden heute als Privatsache behandelt. Sie gehören aber dennoch substantiell zu Architektur und Städtebau. Architekten und Städtebauer entwerfen Räume und erfinden dabei, bewußt oder unbewußt, immer auch Menschen, schreiben ihnen Eigenschaften zu, machen ihnen Vorgaben. Architektur und Städtebau verhelfen so dem eigentümlichen „körperlosen, leidenschaftslosen sozialen Wesen" zum Leben, das, Roland Barthes zufolge, jegliche wissenschaftliche und technische Entwicklung unweigerlich begleitet.[26] Wir entdecken dieses Wesen in Wettbewerbsbeiträgen von Wohnbauprojekten und in kühnen Einfamilienhausentwürfen. Einst bevölkerte es kolorierte Perspektivzeichnungen, heute findet es sich auf Renderings ganzer Stadtteile. Es steckt in Fließdiagrammen von Regionalplanungen, bewohnt Grundrisse von Wohnungstypen, bewegt sich in Simulationen von Stadträumen und multipliziert sich auf Visualisierungen belebter Straßenszenen zu einer bunten Stadtgesellschaft.
Aber kehren wir noch einmal zu Le Corbusier zurück: Der Text ist moderne Ideologie in ihrer reinsten Form. Doch was sagt das über die normative Ladung von Le Corbusiers Architektur und Urbanistik aus? Seine in Worte gefaßte Gesellschaft läßt sich nicht einfach mit der Konzeption

von Gesellschaft gleichsetzen, wie sie damals auf den Zeichentischen seines Ateliers Gestalt annahm. Wie in jedem Entwurfsprozeß wurden zwar auch dort Diskurse und Vorstellungsmuster über Stadt oder Gesellschaft in Zeichnungen übersetzt. Aber dieser Übergang vom Medium Sprache ins Medium Zeichnung erfolgt nicht ohne Reibungsverluste und Unschärfen. Zeichnerische Kodierungen gesellschaftlicher Konstellationen sind immer vage. Das Verhältnis von Architekt und Stadt erhellt sich deshalb nicht einfach über die Betrachtung von Planzeichnungen oder fertiggestellten Bauten; dazu bedarf es paralleler Analysen von Planwelten und Diskursen. Erst am konkreten Beispiel kann nachvollzogen werden, wie Sprache und Vorstellungsmuster in Zeichnung übersetzt werden, wie gesellschaftliche Vorstellungen um ästhetische oder gestalterische Momente angereichert oder ihnen eingepaßt werden. Leitbilder sind zu oberflächlich, die feinen Gewebe zum Vorschein zu bringen, die sich zwischen Architektur und Gesellschaft bilden. Statt der Leitbilder interessieren uns die konkreten städtebaulichen Praktiken, in welchen – präzise und diffuse, bewußte und unbewußte – Vorstellungen von Stadt in Zeichnungen übertragen werden.
Le Corbusiers Votum verweist noch auf einen weiteren, grundsätzlichen, Aspekt, der uns immer wieder beschäftigen wird: In den oben zitierten Zeilen meldet der Architekt einen Anspruch auf Gesellschaft an, der auf keinerlei vertiefter Beschäftigung mit ihren Funktionsweisen gründet. Diese für die Disziplin Städtebau durchaus zu verallgemeinernde Unterlassung hat viel dazu beigetragen, daß sich städtebauliche Heuristiken und Städte über das gesamte 20. Jahrhundert reichlich fremd geblieben sind.
Vier kleinere Untersuchungen sollen im folgenden das städtebauliche Denken und Arbeiten während der Jahre von 1920 bis 1950 erhellen. An Städten zu bauen, wurde damals in Berufskreisen idealerweise als umfassendes gesellschaftliches Erneuerungsprojekt begriffen. In einem ersten Schritt geht es darum, die Grundzüge des damaligen Stadtverständnisses zu umreißen. So unmißverständlich die Intention auch formuliert war, eine den Bedingungen der Zeit entsprechende Stadt zu schaffen, die Stadt der Theorie besaß auch für etliche zeitgenössische Kritiker diverse ungeklärte Aspekte – auch wenn die Aquarelle von Le Corbusiers „ville radieuse" oder die eindrücklichen Darstellungen von Ludwig Hilberseimers „Großstadt" im ersten Moment eine andere Sprache zu sprechen scheinen. Zwei Fallstudien zu den „Congrès Internationaux d'Architecture Moderne" (CIAM) und zur britischen „New Towns"-Politik untersuchen anschließend wichtige Beispiele städtebaulicher Theorie- und Praxisarbeit jener Jahre. Am Schluß steht dann ein Blick auf das Rollenverständnis des Architekten als privi-

legierten Baumeisters der Industriegesellschaft. Auch wenn der seinerzeit an Tagungen und in Kongreßbeschlüssen regelmäßig erhobene Anspruch heute nicht mehr so unmittelbar formuliert wird, prägt dieses Erbe heute noch immer wesentlich das Selbstverständnis des Berufsstandes.

Kaleidoskope der modernen Stadt[27]

Beginnen wir zur Analyse der Stadtbilder der Moderne mit der Zeit um 1900. Damals haben Beobachtungen des Berliner Großstadtlebens den Soziologen Georg Simmel zu der Einsicht bewegt, Stadt resultiere „aus der Gesamtheit der über ihre Unmittelbarkeit hinausreichenden Wirkungen" und diese erst sei „ihr wirklicher Umfang, in dem sich ihr Sein ausspricht"[28]. Simmels Feststellung steht für eine „wachsende Selbstreflexivität der Großstadtkultur" (Zimmermann / Reulecke), zu welcher die Untersuchungen der noch jungen, vornehmlich mit städtischen Phänomenen befaßten Disziplin Soziologie beitrugen.[29] Für die Soziologie war die Großstadt ein ambivalenter, gleichsam strukturell bedingter Möglichkeitenüberschuß. Die Großstadt zeichnete sich durch eine bisher nicht gekannte Dynamik und Veränderung aus, die sich aus verschiedenen Quellen nährten: Der Zustrom an Menschen, angezogen von den Beschäftigungsmöglichkeiten und Gewinnversprechen der Stadt, wollte nicht abreißen. Die Eisenbahn schloß die Städte an die Welt an. Neue Energieträger wie Gas und Strom veränderten den Arbeits- und Lebensalltag in den Städten dramatisch. Die Großstadt verkörperte somit gleichermaßen kulturelle Auffächerung, politische Differenzierung sowie soziale und ökonomische Widersprüche. Diese Veränderungen und Gegensätzlichkeiten, die vor keinem Lebensbereich Halt machten, schrieben sich zunehmend kontrastreicher in den Stadtraum ein: Die Stadtbevölkerung lebte mehr und mehr nach Einkommensklassen und sozialem Status getrennt.[30] Die Rasanz und Vehemenz, mit welcher bestehende Vorstellungsmuster, Konventionen und Biographien umgebrochen wurden, war für die Zeitgenossen in oft schockierend direkter Weise greifbar. Die Großstadt erschien ihnen als das brodelnde „Gesamtlaboratorium" (Robert Musil im *Mann ohne Eigenschaften*), dem aber weder Ordnung noch Plan zugrunde zu liegen schien.[31]
Der Schwindel, in welchen die Großstadt ihre Bewohner offenbar versetzte, hinterließ seine Spuren. Moderne Großstadt bedeutete für ihre Bewohner oft Zerrissenheit. Arthur Rimbaud hat schon 1871 in seinem luziden Diktum „Je est un autre" die gewissermaßen systemisch verursachte Fremd-

heit sich selbst gegenüber diagnostiziert, welche die Moderne begleitete.[32] Großstadtleben äußerte sich als Herausforderung, wenn nicht gar als Überforderung in allen Belangen der Existenz. Die Soziologie suchte die Modi zu verstehen, mit Hilfe derer die Menschen sich in der Vergesellschaftungsmaschine ‚Großstadt' einrichteten, wie sie den Herausforderungen des Alltags begegnen konnten, auf die sie kaum vorbereitet waren. Die empirischen Untersuchungen der Exponenten der Chicago School sind etwa hier zu nennen, ebenso Max Webers Reflexionen über die Genese der modernen Stadt oder Georg Simmels Überlegungen zur psychologischen Verfaßtheit des Großstädters. Simmel vermutete eine Reaktion auf die Dynamik der Großstadt in einer individuellen Distanzierung von den Geschehnissen des städtischen Lebens. Der Verstand diene dabei als „Präservativ des subjektiven Lebens gegen die Vergewaltigung der Großstadt". Die Folge war eine zunehmende Rationalisierung im Umgang mit der Welt, die den Großstädter kontinuierlich aus tradierten Kommunikations- und Verhaltensnormen herauslöse.[33] Die emotionale Entlastung von den Zumutungen des städtischen Alltags hatte für den Berliner Soziologen aber ihren Preis in einer radikalen Individualisierung und einer zunehmenden Versachlichung des zwischenmenschlichen Austauschs über das Medium Geld. Simmel beobachtete an der Großstadt eine grundlegende Transformation der Existenzbedingungen, die – wie schon Karl Marx in seiner Kritik an der bürgerlich-kapitalistischen Gesellschaft vorhergesehen hatte – vor keinem Flecken der Welt mehr halt machen sollte. Die kapitalistische Wirtschaft des ausgehenden 19. Jahrhunderts war „zwangsläufig weltumspannend"[34]. In dieser Situation bot sich die Stadt für die Gesellschaftswissenschaften als ein Fernglas an, mit welchem man in die Zukunft blicken konnte – mit durchaus gemischten Gefühlen allerdings.
So ambivalente Zukunftserwartungen kannte der Urbanismus der Zeit kaum. Wo Literatur, Kunst und Soziologie nach 1900 eine fortgesetzte Fragmentierung und Individualisierung der städtischen Wirklichkeit konstatierten, betrachtete die Städtebautheorie ‚Stadt' als einen umfassend von Architekten und Städtebauern zu gestaltenden Kosmos.[35] Diese Vorstellung prägte auch die um 1900 wichtigen urbanistischen Angebote wie den deutschen Städtebau oder Ebenezer Howards Konzept der Gartenstadt. Ihre Grundzüge seien hier rasch dargelegt: Seit den Gründerzeitjahren waren insbesondere in Deutschland pragmatische Modelle für die in rascher Folge stattfindenden Erweiterungen der Städte entwickelt worden und in Handbüchern wie jenen von Reinhard Baumeister 1876, von Joseph Stüben 1890 und von Rudolf Eberstadt 1909 systematisiert worden.[36] Ihr

gemeinsames Bestreben zielte auf eine „Rationalisierung des Wachstums" (Giorgio Piccinato), wofür sie Instrumente wie den Bebauungsplan, Zonentrennungen oder Bauordnungen entwickelten.[37] Damit sollte innerhalb der bestehenden gesetzlichen Möglichkeiten und Eigentumsregelungen eine kompakte, nach außen gegen das Umland abgegrenzte, nach innen kohärente Stadt entstehen.
Doch mochten diese Konzepte die sozialen Mißstände nicht zu beheben. Nach wie vor standen die städtischen Lebensverhältnisse in schreiendem Widerspruch zum bürgerlichen Fortschrittsdenken, was nach 1900 unter Architekten und Politikern beidseits des Atlantiks die Anziehung der Gartenstadtidee verstärkte. Die Gartenstadtkonzeption, auf welche im Abschnitt zu den „New Towns" noch genauer eingegangen werden wird (vgl. S. 40f), strebte im Gegensatz zu bisherigen Ansätzen nicht mehr nach einer planerischen Kontrolle des städtischen Wachstums bestehender Städte. Die urbane Entwicklung der Zukunft sollte statt dessen über die Neugründung mittelgroßer Städte erfolgen. Nur auf diesem Wege wäre es möglich, das mit der Industrialisierung zerstörte Verhältnis zwischen Stadt, Natur und Kultur wieder in Einklang zu bringen.
Der Erste Weltkrieg erschien vielen Zeitgenossen als irreparabler Bruch mit allem Bisherigen. Für viele Intellektuelle und Künstler war nach 1918 ein Rückgriff auf Vorkriegstraditionen nicht mehr denkbar; die Erfahrung des Krieges verpflichtete zu einem kompletten Neuanfang. Diese Haltung dominierte auch zusehends die Architektur- und Städtebaudebatten. Walter Gropius eignet sich ausgezeichnet zur Illustration dieser Position. 1919 diagnostizierte er die Orientierungslosigkeit des Künstlers – allerdings um im gleichen Atemzug sein Programm zur Emanzipation des Menschen durch die Kunst vorzustellen![38] Für ihn verlangte ein derartiges Vorhaben gleich nach einem ‚neuen Menschen'. Interessant ist nun, wie dieser neue Mensch geschaffen werden sollte. Gropius' Gesellschafts- und Stadtverständnis orientierte sich keineswegs an Erfahrungen oder sozialwissenschaftlichen Studien. Gerade das macht ihn zu einem frühen Repräsentanten eines urbanistischen Denkens, das noch bis in die fünfziger Jahre bestimmend bleiben sollte. Während die Soziologie seit längerem auf die zunehmend abstrakteren Austauschprozesse als wesentliche Faktoren der gesellschaftlichen Veränderung verwies, die zu bisher unbekannten Formen der Sozialisierung führten, setzte die avantgardistische Architektur- und Städtebaudiskussion der ersten Zwischenkriegsjahre auf eine prinzipiell gehaltene gesellschaftliche Rhetorik. Gropius selbst sprach davon, daß der „Willkür des Individuums ein Ende" gesetzt werden müße.[39] Das Individu-

um als Agent städtischer Veränderungen sollte darum für Gropius unter die Kontrolle des Baukünstlers gebracht werden. Einen ähnlich prinzipiellen Ton schlug auch der holländische Architekt Mart Stam an, der wie Gropius zu den tragenden Figuren der modernen Architekturbewegung gehörte: „Die moderne Lebensauffassung [...] faßt das Leben auf als *eine* sich entfaltende Bewegung der einen Kraft. Dies bedeutet, daß das Besondere, das Individualistische den Platz räumt vor dem Allgemeinen."[40] Le Corbusier schließlich berief sich zur Legitimation seines städtebaulichen Denkens auf cartesianische Reinheit und Klarheit. In den ewigen Gesetzen der orthogonalen Geometrie erkannte er unverrückbare anthropologische Konstanten: „Wir behaupten, daß die Aufgabe des Menschen darin besteht, Ordnung zu schaffen, und daß sein Handeln und sein Denken regiert werden von der Geraden und dem rechten Winkel; daß die Gerade ihm ein angeborenes Mittel ist und für sein Denken ein erhabenes Ziel darstellt."[41]
Die drei Textstellen belegen für die Anfänge der modernen Architektur ein Gesellschaftsverständnis, dessen Realitätsferne es erlaubte, die Frage der Zukunft der Städte als Problem ihrer räumlichen Organisation zu fassen. Damit markierte die Moderne aber keineswegs die beschworene Zäsur des Städtebaus. Die Kritik der Avantgarde an der Gartenstadt und am Städtebau des 19. Jahrhunderts bediente sich zwar einer scharfen Rhetorik, mit welcher ein von allen Behinderungen der Vergangenheit befreiter Neuanfang behauptet wurde. Sigfried Giedion beispielsweise, Theoretiker und Chronist der architektonischen Moderne, erklärte in seiner bald zum Standardwerk avancierten Architekturgeschichte *Raum Zeit Architektur*, daß „von 1870 an [...] die Großstädte endgültig zu dem, was sie heute sind – unbrauchbare Instrumente" geworden seien, während die Gartenstadtidee „ein Beruhigungsmittel" und keine städtebauliche Lösung sei.[42] Ironischerweise aber betrieb die Avantgarde aus heutiger Warte betrachtet nichts anderes als eine Fortschreibung bestehender städtebaulicher Denkmuster. Wenn man nämlich die städtebauästhetischen Komponenten, Fragen nach Dichte und Gebäudehöhe der zur Diskussion stehenden Vorschläge einmal beiseite läßt, findet sich zwischen dem avantgardistischen Städtebau, der Gartenstadt und dem Städtebau des 19. Jahrhunderts eine wesentliche gedankliche Gemeinsamkeit: Die aktuelle Gemengelage von Wohnungsnot, prekären gesundheitlichen Zuständen und infrastrukturellen Engpässen in der industrialisierten Stadt sollte mittels eines vollständigen Neuentwurfs der Stadt überwunden werden. Im abstrakten, von bisherigen Bedeutungen und Nutzungen freien Raum sollte die Stadt entstehen, die den Anforderungen der Zeit entsprach. Die Stadt zu reformieren hieß damit räumliches

Ordnen und Gestalten. Beides war mit den bekannten architektonischen und städtebaulichen Instrumenten und Arbeitsweisen zu bewältigen und ließ sich auf allen Maßstabsebenen anwenden. Mit einem solchen Grundverständnis konnte das gezeichnete Projekt als adäquates Instrument zur Formung idealer gesellschaftlicher Zustände behandelt werden.
Jürgen Habermas hat Jahrzehnte später im Zusammenhang mit der Entstehung der postmodernen Architektur von der bereitwilligen Überforderung der Moderne gesprochen, an welcher sie gescheitert sei.[43] Für ihn und viele weitere Kritiker der frühen achtziger Jahre zeigte sich ihr Scheitern in einer eigenartigen Parallelentwicklung: Auf der einen Seite bewegte sich die moderne Architektur immer mehr in akademischen oder künstlerischen Elfenbeintürmen, während auf der anderen Seite banalisierte Versionen ihrer Konzepte die Welt mit öden Neubauquartieren, entleerten Stadtzentren und leblosen Agglomerationen überzogen. Hier ist zu ergänzen: Die Überforderung der Moderne äußert sich nicht erst im unbedachten Einsatz ihrer Konzepte. Sie resultiert bereits aus dem fundamentalen Mißverständnis, gesellschaftliche Probleme als Probleme räumlicher Organisation bewältigen zu wollen. Damit ließ sich zwar ein Konstrukt einer idealen städtischen Gesellschaft mit den Bausteinen einer strikt hierarchisch geordneten stadträumlichen Ordnung identifizieren, wodurch die baulichen Massen zukünftiger Städte leichter komponiert und ästhetischen Grundsätzen gemäß organisiert werden konnten. Der Preis für diese Sichtweise aber war hoch: Die urbanistischen Vorschläge eigneten sich nicht dazu, mit den verschiedenen rechtlichen, gesellschaftlichen und politischen Rahmenbedingungen umzugehen. Der Architekt als privilegierter ‚Baumeister' der Gesellschaft, der Raum, Kultur, Technik und Gesellschaft miteinander zu versöhnen verspricht, konnte damit nie mehr sein als eine Standardfigur moderner Architekturrhetorik. Empirisch zerbrach ein solcher Anspruch schon an der frappanten Lückenhaftigkeit, mit welcher städtische Zusammenhänge überhaupt erfaßt wurden: statt Versöhnung eine grundlegende Konfusion.
Diese fundamentale Mißdeutung gesellschaftlich-räumlicher Wechselbeziehungen sei kurz an der schillernden Semantik des Organismusbegriffs gezeigt, der in der städtebaulichen Debatte der dreißiger und vierziger Jahre des 20. Jahrhunderts geradezu als Modebegriff kursierte. Die Vorstellung von der Stadt als Organismus war ja nicht neu. Sie findet sich in der Städtebautheorie schon seit dem späten 18. Jahrhundert und erlebte ihre erste Konjunktur, folgen wir Kevin Lynch, zeitgleich mit dem Aufstieg der Biologie zu einer modernen Wissenschaft.[44] In der Zwischenkriegszeit

begleitete das Reden vom Organismus die städtebaulichen Debatten in verschiedenen Ländern, auch wenn der Begriff heute hauptsächlich mit den städtebaulichen Bestrebungen in Nazi-Deutschland assoziiert wird.[45] In Großbritannien beispielsweise gab es schon seit der Jahrhundertwende eine von Ebenezer Howard, Patrick Geddes und Raymond Unwin begründete Denktradition, Städte als Organismen zu begreifen, die während der Zwischenkriegszeit von ihren Nachfolgern propagiert wurde.[46] Der Begriff „Organismus" hat aber auch in den avantgardistischen Diskursen eine wichtige Rolle gespielt. Für Ludwig Hilberseimer beispielsweise war er ein wichtiger Ausgangspunkt urbanistischer Analysen.[47] Sigfried Giedion entwickelte am Beispiel der Architektur Alvar Aaltos den Begriff als Gegensatz zu einem rational-technischen Architekturverständnis. Damit versuchte er die Entwicklung zu skizzieren, die die Architektur nach der Konsolidierung der Moderne nehmen würde.[48]

Wie beeinflußte der Organismusbegriff das städtebauliche Arbeiten und Denken? Roland Rainer, der wie Reichow seine im ‚Dritten Reich' entwickelten organischen Städtebauvorstellungen nach 1945 den demokratischen Verhältnissen mit Hilfe von wenigen sprachlichen und konzeptionellen Retuschen anpaßte, sprach davon, daß im „Mittelpunkt des Städtebauproblems [...] eine Organisationsaufgabe" stehe, „wobei unter ‚organisieren' wörtlich das Schaffen eines Organismus zu verstehen ist"[49]. Die organisch gestaltete Stadt (die in der damaligen Diskussion eben nicht dem Leitbild der organischen Stadt entsprechen mußte) verkörperte einen räumlichen Idealtypus, der einmal über klare Hierarchien verfügte. Außerdem bestimmte der Architekt über die gesellschaftlich höheren und niedrigen Funktionen und verortete sie fest im Stadtgefüge. Das Organismus-Modell gründete somit auf der gleichen Überzeugung, die Städtebauer seit 1900 immer und immer wieder vertraten: Die technisch-ästhetische Kompetenz des Architekten sichere die durch die industriegesellschaftliche Entwicklung verloren gegangene Versöhnung von Natur und Kultur. Zu diesem Zweck wurde die Stadt auf dem Reißbrett gefügig gemacht. Sie wurde zu einem passiven Objekt, an welches der Architekt, dem Arzte gleich, sein Skalpell mit Sachverstand ansetzte.[50] Stadt mutierte zu einem Kompositum aus klar unterscheidbaren und gestaltbaren Teilen, für deren empirische Relevanz und Tauglichkeit es allerdings keine Belege gab.

Bei Licht betrachtet waren deshalb die Veränderungen der organischen Ansätze gegenüber dem städtebaulichen Denken der zwanziger Jahre nur gradueller Natur: Damals hatte die Vorstellung der radikal neuen Stadt, der neuen Gesellschaft der Moderne dominiert – idealtypisch verkörpert in Le Corbusiers von jeglichem Kontext abstrahierenden Stadtentwürfen. Nach dem Zweiten Weltkrieg waren es dann vor allem Bekenntnisse zu demokratischen Gesellschaftskonzepten, weshalb man in Architektenkreisen mehr und mehr auf Distanz zu flächendeckenden Tabula rasa-Vorstellungen ging. Ein Ausschnitt aus Hans Bernoullis städtebaulichem Werk *Die organische Erneuerung unserer Städte* illustriert dies in exemplarischer Weise: Bernoulli, Doyen des schweizerischen Städtebaus, war nach 1945 als international reputierter Urbanist namentlich bei Wiederaufbauplanungen in Deutschland und Polen tätig. In seinen städtebautheoretischen Schriften und seinen praktischen Arbeiten erachtete er das Bestehende als konstitutiv für die zu formulierende urbanistische Lösung und markierte damit eine deutliche Zäsur gegenüber den städtebaulichen Vorschlägen. Diese Zäsur war aber nur verbaler Natur. Bernoulli gehörte zu den vehementesten Verfechtern einer Vergesellschaftlichung des Bodenbesitzes – für ihn die ‚conditio sine qua non' jeglicher stadträumlicher Reform. Der notwendige Rückkauf von Grund und Boden sollte „allmählich vor sich gehen; der Übergang vom alten zum neuen Zustand soll so unauffällig, so natürlich als möglich geschehen. Es sollen dabei weder private noch öffentliche Interessen verletzt werden. Schon dieser Übergang, diese nachträgliche Korrektur eines schweren Fehlers – städtischer Grund und Boden in privatem Eigentum! soll sich als ruhige Entwicklung darstellen, als organische Entwicklung."[51] Nicht die für die Avantgarde der Zwischenkriegszeit charakteristischen entschiedenen Brüche und dramatischen Einschnitte bestimmten Bernoullis Stadtreformvorstellungen, sondern ein kontinuierlicher Transfer der Verfügungsgewalt über die städtebauliche Basisressource Boden von der privaten in die öffentliche Hand. Dadurch sollte schrittweise der städtebauliche Handlungsspielraum der Stadt erweitert werden. Stadtteil für Stadtteil sollte nach den aktuellen Regeln der Städtebaukunst gestaltet werden. Das an Bernoullis Organismus-Verständnis gegenüber den städtebaulichen Ansätzen der Zwischenkriegszeit Neuartige bestand im Umgang mit sanierungsbedürftigen Stadtteilen: Die schrittweise erfolgende Umwandlung von bestehenden in neue Stadträume, die den infrastrukturellen Anforderungen und städtebaulichen Erkenntnissen der Zeit entsprachen, machte die Stadt im Rhythmus der Erneuerung zur städtebaulichen Verfügungsmasse. Auf ein bestimmtes Planungsgebiet begrenzt, galt dann jeweils das moderne, von Kontexten abstrahierende Raumverständnis. Darin unterschied sich Bernoullis Vorschlag durchaus nicht von der Tabula rasa-Denkweise: Das Bestehende hatte dem Neuen zu weichen, um Stadt zeitgemäß werden zu lassen.

Stadtstruktur und Gesellschaft befanden sich gegen 1950 immer noch in demselben schematischen Verhältnis, das den Städtebaudiskurs seit den zwanziger Jahren begleitet hatte. Das mehr implizite denn explizite urbanistische Gesellschaftsmodell ging über die vielfältigen, sich ständig verändernden Netzwerke des städtischen Alltags hinweg, welche gleichzeitig die Stadtsoziologie ihrer Zeit in ihren Bann schlugen. Die Städtebauer modellierten ihre Stadtgesellschaft, ohne einen Blick auf stadtsoziologische Empirie zu werfen. Aus heutiger Sicht läßt sich in der Zwischenkriegszeit zugleich ein Prozeß erkennen, in welchem über kleine Schritte das städtebauliche Objekt ‚Stadt' seine konkreten Attribute erhielt. Die Grenzen und Charakteristika dieser Stadt lassen sich freilich nicht präzise bestimmen. Erst recht läßt sie sich nicht einfach mit einem allgemein verbindlichen Leitbild gleichsetzen. Über die Lektüre einer Vielzahl von Planmaterialien und Texten kristallisieren sich statt dessen ihre Umrisse und Eigenschaften heraus.

Eine Schlüsselrolle für die städtebaulichen Heuristiken jener Zeit spielte die Boden- und Raumkonzeption. Raum war nicht ein von Generation zu Generation neu beschriebenes Palimpsest, auf welchem sich Schicht um Schicht die Vergangenheit eingraviert hat. Raum und Boden wurden als abstrakte Einheiten interpretiert. Erst diese Deutung erlaubte es, unterschiedliche räumliche Konstellationen einander gleichzusetzen und mit einem allgemeinen Kriterienraster von ökonomischen, sozialen und planerischen Indikatoren zu bewerten. In einer solchen Abstraktion steckt eine gedankliche Loslösung vom Bestehenden, die längst nicht nur avantgardistische Entwurfshaltungen charakterisierte, sondern auch schwerfälligeren städtebaulichen Vorschlägen zugrunde lag. Die Welt der Zeichentische und Reißbretter strebte nach einer vollkommen neuen Organisation des Raums. Konsultieren wir dazu noch einmal Hans Bernoulli, der als engagierter Vertreter des Gartenstadtgedankens und eloquenter Gegner formal-modernistischer Bebauungskonzepte wirklich nicht als Avantgardist bezeichnet werden kann. 1947 erhielt er von der Stadt Freiburg im Breisgau den Auftrag, im Rahmen des Wiederaufbaus eine städtebauliche Studie zu verfassen: „Wir müssen", schrieb er an die Freiburger Stadtbehörden, „an eine Neuordnung denken, die eine organische Erneuerung möglich macht, die uns der operativen Sanierung enthebt. Sollte es nicht möglich sein, daß eine Stadt behandelt wird so wie man einen Wald behandelt, wo die schlagreifen Bäume gefällt werden, quartierweise, und wo alsdann solche Quartiere wieder aufgeforstet werden? Wir sollten endlich dazu kommen, statt eines allüberflutenden und immer weiter greifenden steinernen Meeres einen wirklichen Stadtorganismus zu bilden, da bebaute Gebiete ‚Nachbarschaften' und als nächsthöhere Einheit ‚Kommunen' sich bilden, und da solche Gebilde gegeneinander abgesetzt werden durch grüne Bänder, durch grüne Bezirke."[52] Für Bernoulli konnte die „wirkliche" Stadt nur über eine konsequente Aufgabe von bestehenden Bebauungsmustern entstehen. Die universelle, vom jeweiligen sozialräumlichen Kontext absehende planerische Norm ignorierte Eigentumsverhältnisse, Parzellierungen, Interessenlagen und Raum gewordene Geschichte. Die vorhandene Bebauung wurde nur als Behinderung, ja Verhinderung der humanen und sozioökonomischen Potentiale der Gesellschaft gesehen. Die Radikalität in den Visualisierungen der Stadtvorstellungen mochte sich somit seit den Projekten der modernen Bilderstürmer der zwanziger Jahre verflüchtigt haben; am umfassenden Umbauanspruch der räumlichen Verhältnisse hatte sich aber nichts geändert.

Das skizzierte räumliche Denken prägt nicht nur den Umgang mit kriegszerstörten Städten, es bestimmte auch die fachliche Wahrnehmung intakter Städte, deren Aufbau und Struktur als städtebautheoretischen Vorstellungen diametral entgegengesetzt betrachtet wurde. Der Städtebau jener Jahre reflektierte und konzipierte somit vorzugsweise in der industriegesellschaftlichen Totalen: Boden und Raum galten dabei als Rohstoffe des entwerferischen Akts. Dabei wurde angenommen, diese Faktoren hätten keinerlei Einfluß auf die Arbeit des Architekten, sondern würden ihren Wert erst durch diese erhalten. Diese Annahme formte wesentlich auch den Begriff „Stadt", der das Arbeiten der Architekten leitete. Die Stadt der Architekten wurde aus Bestandteilen komponiert, die Namen trugen wie Nachbarschaft, Quartierzentrum oder Stadtteil. Jeder dieser Begriffe war aber nicht viel mehr als eine Blackbox. Über die soziologischen Befunde zu Nachbarschaften beispielsweise oder die Voraussetzungen dazu setzte man sich nicht weiter in Kenntnis, auch wenn Städtebau hier zur Sozialtechnologie mutierte. Man vertraute auf die Prägekraft der gebauten Stadt und ihrer Räume und hielt deshalb konkrete Angebote wie Geschäfte, Schulen oder Gemeinschaftseinrichtungen zur Herstellung des städtischen Alltags für ausreichend. Dabei bemühten sich die planenden Architekten aber vorgängig, möglichst umfangreiche Steckbriefe der zu bearbeitenden Städte als Grundlagen der Planungsarbeiten zu erstellen. So listete der Amsterdamer Stadtarchitekt und CIAM-Präsident Cornelius van Eesteren 1930 in einem Bericht an CIAM-Sekretär Sigfried Giedion Punkt für Punkt auf, was er an „wissenschaftlichen Vorbereitungen der städtebaulichen Arbeit" für notwendig hielt. Gerade durch die systematische Beschreibung gesellschaftlich-räumlicher Zusammenhänge besaß Amsterdam in den Augen van Eesterens eine Pionierposition im damaligen Städtebau: Van Eesterens Bericht erlaubt dabei einen Einblick in die Bricolage, aus welcher die moderne Stadt entstand. In seinem Schreiben an Giedion berichtete er, daß sein Mitarbeiter „jetzt mit der Verkehrszählung fertig [ist], d. h. er fängt jetzt an die Ergebnisse aufzuarbeiten. Zwei Tage ist gezählt geworden. 2000 Mittelschüler hatten sich freiwillig dafür gemeldet, so wie auch die genannten Leute für die Prüfungen stehen. Die Sache hat tadellos geklappt. Das Ganze endete mit einem Essen der sämtlichen 2000 Leute. Die Amsterdamer sind sehr stolz auf diese d. h. ihre Leistung, sie meinen, daß macht keine Stadt uns so schnell nach."[53] Die von den Schülern durchgeführten Umfragen waren Teil einer umfassenden Basisdaten-Erhebung. Dazu zählten inhaltlich so unterschiedliche Bereiche wie demographische Untersuchungen, Studien zu Industrie und Handel – „soweit sie die Stadt beeinflussen" –, „Erholung", „meteorologisches Material", „Licht u. s. w.". Diese Faktoren sollten jeweils „für die Stadt wie für die Region" erhoben werden. Sie sollten die Bausteine sein, aus welchen der Architekt die Stadt zusammensetzte.

Das Amsterdamer Beispiel ist durchaus repräsentativ für die städtebaulichen Praktiken der Zeit: Die planerischen Methoden und Diskurse lieferten ein als „Stadt" bezeichnetes räumlich-gesellschaftliches Konstrukt, an dem sich die architektonische Gestaltung der Stadtstruktur orientierte. Die nachfolgend diskutierte Studie zum CIAM-Städtebau legt einige Facetten eines Konstruktionsprozesses frei, in dem die funktionalistische Stadt ihre Eigenschaften erhielt. Unser Bild von dieser Stadt ist stark von den Situationsmodellen und Planzeichnungen Le Corbusiers geprägt, die in der Retrospektive als Manifestationen einer in sich gefestigten Doktrin erscheinen. Das Bild allerdings trügt: Zu leicht werden dabei das Tasten und die Fragezeichen übersehen, welche das Arbeiten an der „funktionellen Stadt" zu jedem Zeitpunkt begleitet haben – Fragen, die sich nie in einen stabilen und konsensfähigen Stadtbegriff aufgelöst haben.

Fallstudie 1: CIAM – die funktionalistische Stadt, revisited

Die von den CIAM an ihrem Kongreß zur „Funktionellen Stadt" 1933 verabschiedete *Charta von Athen* gilt als das Manifest des modernen Städtebaus schlechthin.[54] Bei genauerer Betrachtung erweist sich die Charta weniger als urbanistischer Durchbruch denn als geschickte Zusammenstellung wesentlicher Eckpunkte der damaligen Fachdebatte.[55] Dazu gehörten die

räumlich-funktionale Entflechtung und Trennung von Arbeiten, Wohnen, Verkehr und Grünraum ebenso wie die Bildung von Nachbarschaften als Grundbaustein der zeitgemäßen Stadt, die Forderung nach höheren Freiraumanteilen sowie der starke Fokus auf Fragen des Wohnens.
Die Charta bildete – getreu der Arbeitsmaxime der CIAM – das Ergebnis komparativ angelegter Stadtstudien: CIAM-Kongresse waren als Arbeitstagungen angelegt, an welchen jeweils zum vorgegebenen Thema die von den verschiedenen Mitgliederländern eingereichten Studien diskutiert wurden.[56] Um die Vergleichbarkeit und Synthetisierung der Ergebnisse zu garantieren, waren Vorgehen und Darstellung jeweils bis ins Detail verbindlich geregelt. Seit ihrer Gründung in La Sarraz im Jahre 1928 etablierten sich die CIAM so als wichtige Plattform des fachlichen Austauschs bei der Untersuchung städtischer Zusammenhänge.
Der hohe Bekanntheitsgrad der Charta führt heute dazu, Themen wie die räumlich-funktionale Trennung als Errungenschaft der CIAM zu sehen. Die Lehrbuchwelten und die auf Hochglanzpapier gedruckten Städtebauvisionen der Moderne verstärken diesen Eindruck noch zusätzlich. Sie beanspruchen für sich hehre Prinzipien wie Wissenschaft, Universalität der Grundsätze, Objektivität, Planung oder Fortschritt. So bestechend die Bilder und die Wortwahl auch sein mögen, von Wissenschaftlichkeit, Objektivität und Universalität waren diese Studien weit entfernt, auch wenn man großes Gewicht auf die Einhaltung methodischer und darstellerischer Vorgaben legte. Zu einer Klärung der anstehenden Aufgaben und möglicher Lösungen lieferten sie Hinweise, aber keinen umfassenden Ansatz. Die funktionelle Stadt ist deshalb vor allem als Produkt einer äußerst effektiven Geschichtsschreibung zu verstehen. Wie die ideale Stadt der Industriegesellschaft auszusehen habe, war in den dreißiger Jahren auch in den CIAM theoretisch überaus umstritten. Vieles war in Bewegung, klärungsbedürftig und vage, auch wenn die Tableaus oft eine andere Sprache zu sprechen scheinen. Die Charta ist weniger Dominante als Bestandteil eines langsam sich verfestigenden städtebaulichen Denkraums; zu dessen Entwicklung haben die Bemühungen der CIAM allerdings einiges beigetragen. Es deuteten sich hier die Richtungen an, in welche die urbanistische Theoriediskussion sich in naher Zukunft entwickeln würde.
Der vierte CIAM-Kongreß sollte als erste CIAM-Veranstaltung ausschließlich dem Maßstab ‚Stadt' gewidmet sein: Die Wahl fiel auf Moskau als Veranstaltungsort, weil sich die Sowjetunion um 1930 durch eine ungemein intensive städtebauliche Aktivität auszeichnete, über die man bis dahin in Westeuropa nur bruchstückhaft im Bilde war. Niemand erwartete

vom kommenden Kongreß Patentlösungen, vielmehr wolle man, wie Hugo Häring in einem Brief an den CIAM-Präsidenten Karl Moser anmerkte, „über die Konfrontation der Ideen Corbusiers mit denen der russischen, deutschen Städtebauer doch in der Tat ein großes Bild über die Situation der ganzen Problematik im Städtebau geben"[57].

Die nach 1930 gravierenden politischen Veränderungen im stalinistischen Rußland führten allerdings rasch zu einer vollkommenen Isolierung moderner Städtebaupositionen und zur Absage des Kongresses. In einer Notlösung schifften sich deshalb die CIAM-Mitglieder im Hafen von Marseille auf die „Patris II" ein.[58] Auf ihrem Weg nach Athen verhandelten sie anschließend ihre für den Kongreß ausgearbeiteten Studienprojekte zur „funktionellen Stadt". In der griechischen Hauptstadt schließlich wurde die Charta in einer vorläufigen Fassung verabschiedet. Hans Schmidt, der sich 1930 der Städtebaugruppe um Ernst May angeschlossen hatte und mit ihr in die Sowjetunion gegangen war, zog in seiner Analyse des Athener Kongresses ein durchaus ambivalentes Fazit: „Wie war denn der Eindruck des Kongresses einmal auf sich selber und dann auf die übrige Welt? Ich habe den Eindruck, es ist das einzig Richtige gerade heute, daß wir auf diese Weise unsere Position in der Hand behalten, und durch möglichst sachliche Arbeit rechtfertigen. Wie weit die Untersuchungsarbeit für Euch konkret ist, kann ich schwerer sagen. Etwas komisch wirken Corbusiers begeisterte Reden an der Spitze eines Ganzen, das sich für sich selbst recht sachlich und kühl mit seiner Sache auseinandersetzt. Merkt Corbusier die Diskrepanz eigentlich nicht, oder will er sie nicht merken? Ich verstehe, daß man ihn [Le Corbusier, AE] als Poesie erhält aber ich muß sagen, daß gerade diese Seite ihm hier in der S. U. viel geschadet hat, weil man eben die Poesie für Wirklichkeit nahm und dann umso mehr enttäuscht war."[59] Schmidts Aussage illustriert, daß für tragende CIAM-Mitglieder grundlegende Fragen des Städtebaus auch nach dem Athener Kongreß weiterhin einer Klärung harrten. Deshalb hielten sie ein pragmatisches und schrittweise erfolgendes Weiterarbeiten für angezeigt – daran vermochten auch alle Wolkengebilde visionärer Zukunftsstädte nichts zu ändern.

Zwar ist es Le Corbusier Anfang der vierziger Jahre dann über die Redigierung und Herausgabe der *Charta von Athen* geglückt, der Athener Tagung nachträglich eine seinen Intentionen entsprechende Lesart zu verleihen.[60] Dennoch schien selbst Sigfried Giedion die praktische Tauglichkeit der Le Corbusierschen Vision der modernen Stadt Mitte der dreißiger Jahre zu bezweifeln. Zwischen den Zeilen läßt sich bei seinem Dankesbrief auf die Zusendung eines Exemplars der *Ville radieuse* bei aller Höflichkeit unschwer eine Kritik an der städtebaulichen Haltung Le Corbusiers herauslesen: „Je vous remercie de votre magnifique Ville Radieuse. Was mich vor allem daran berührt, das ist die Unbefangenheit und Unmittelbarkeit mit der alle Erscheinungen des Lebens erfaßt werden. Ich finde es durchaus richtig, daß Sie oft das Gleiche wiederholen, denn anders [!] kann das Publikum neue Gedankengänge nicht in sich aufnehmen. Vor allem aber machte mir die Zielsicherheit Vergnügen, mit der die Abbildungen ausgewählt sind und die selbstverständliche Mischung von fachlichen neuen Resultaten mit magazinhafter Volkstümlichkeit."[61]

Wie aber konstruierten CIAM-Architekten die Stadt der Industriegesellschaft? Die von der Zürcher CIAM-Gruppe zwischen 1935 und 1937 durchgeführte Sanierungsstudie des Zürcher Langstraßen-Quartiers war ein erster elaborierter Versuch, Stadtplanung in der Schweiz auf der Basis von Grundsätzen zu betreiben, wie sie in den CIAM festgelegt worden waren.[62] Dabei läßt sich das Stadtverständnis rekonstruieren, das die CIAM-Architekten damals bei ihren Arbeiten an einem den theoretischen Standards der Zeit angemessenen Stadtteil geleitet hat.

Das zum Stadtteil Aussersihl zählende Planungsgebiet ist ein überwiegend zwischen 1880 und 1910 entstandenes Arbeiter- und Einwandererquartier, das wegen der meist schlechten Bausubstanz und der hohen Bevölkerungsdichte verrufen war. Es galt darum auch bei konservativen Architekten als „gewissermaßen vogelfrei" und war immer wieder Ziel öffentlicher und privater Sanierungsplanungen. Die Zürcher CIAM-Gruppe orientierte sich bei ihren Studien an den methodischen Vorgaben für den 1937 in Paris anstehenden CIAM-Kongreß: Ein fixer Satz statistischer Kennzahlen zu ökonomischen, sozialen, infrastrukturellen und demographischen Beobachtungen sollte deshalb das Fundament für das weitere Vorgehen bilden. Im Zürcher Fall gestaltete sich aber die Auflage, „die statistischen Grundlagen auf sehr breite Basis zu stellen", als schwierig. Die Defizite der öffentlichen Statistik konnten auch durch die umfangreichen, von der Gruppe selbst durchgeführten Primärerhebungen nicht ganz behoben werden. Mit Hilfe des Zahlenmaterials und detaillierter Nutzungserhebungen wurde ein Status-quo-Profil des Langstraßenquartiers erstellt, an dem sich der Sanierungsvorschlag orientierte. Moderner Städtebau wurde hier zu raumorientierter Wirtschafts- und Sozialpolitik und zu einer sozialtechnologischen Expertenaufgabe: Es waren statistisch aufbereitete Datensätze, mit deren Hilfe die neue städtische Gesellschaft konstruiert werden sollte. Die Aufbereitung des Untersuchungsgebietes mit selbst erhobenen und öffentlichen Statistiken führte zusammen mit dem Prinzip der räumlich-

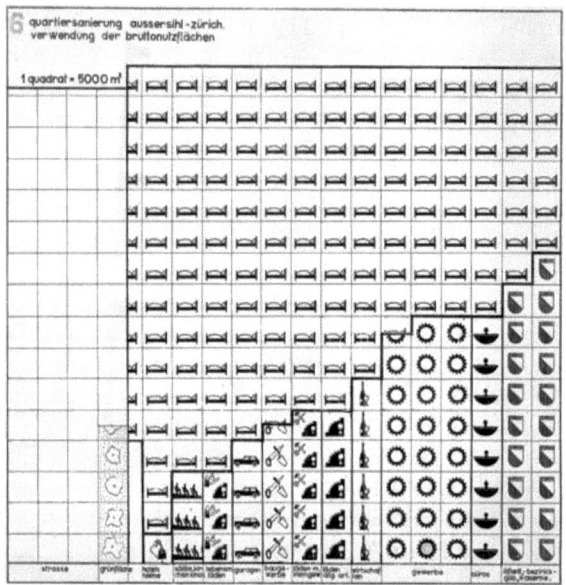

CIAM-Gruppe Zürich, Studie Langstrassen-Quartier, Zürich 1935–1937, künftige Verwendung der Bruttonutzflächen

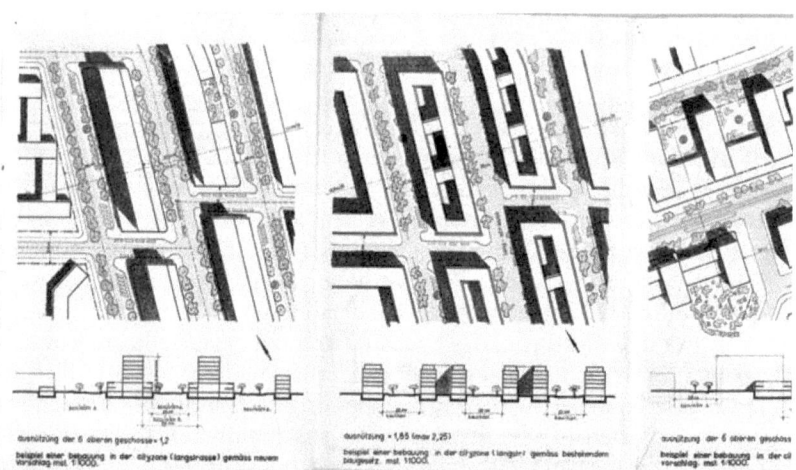

CIAM-Gruppe Zürich, Studie Langstrassen-Quartier, Zürich 1935–1937, Typologische Untersuchungen

funktionalen Trennung zu einer vollkommen neuen räumlichen Ordnung an der Langstrasse. Eine wichtige Rolle spielte dabei die bis dahin noch wenig bekannte Ausnutzungsziffer, wie die heutige Geschoßflächenziffer damals genannt wurde: Mit der Beschränkung der maximalen Ausnutzung eines Grundstücks ließen sich die aus den prekären Luft- und Lichtverhältnissen in den Spekulationswohnungsbauten abgeleiteten sozial- und gesundheitspolitischen Anliegen in eine Kennzahl übersetzen, mit welcher sich die Wohndichte und die Luft- und Lichtverhältnisse in den Gebäuden festlegen ließen. In der Ausnutzungsziffer verbanden sich somit sozial- und gesundheitspolitische Anliegen mit den architektonischen Interessen eines höheren städtebaulichen Gestaltungsspielraums. Bezogen auf die Konzeption und die Anordnung der Volumen war der Architekt nun frei, solange er die gesetzlich maximal tolerierte Ausnutzung nicht überschritt. Normen wie räumliche Entmischung von Funktionen, verschiedene Kennzahlen und die Geschoßflächenziffern formierten sich zu einem städtebauästhetischen Möglichkeitenraum, der sich in einer Planserie unterschiedlicher Bebauungsvarianten ausdrückte: Die Pläne zur Langstraße entwarfen einen Stadtraum, der sich gegenüber der bisherigen Situation durch eine drastische Senkung der Wohndichte, ein bereinigtes Verkehrssystem und neue Nutzungstrukturen auszeichnete. Ihre gemeinsame Grundlage bildete eine die bestehenden Parzellierungen ignorierende „minimale baueinheitsgröße". Der Schlußbericht enthielt einen Vorschlag über eine etappierte Neubebauung des Quartiers mit drei größeren Wohngebieten, einer Cityzone mit gemischter Wohn- und Dienstleistungsnutzung und einem verkehrstechnisch sinnvoll plazierten Gewerbegebiet. Damit wurden über die Zuweisung von Bevölkerungsgruppen auf bestimmte Bautypen, die Festlegung von Wohndichten und Belichtungsziffern und neue funktionale Nutzungsanordnungen gesellschaftliche Rollen und Rollenverteilungen entwickelt. Was die Gruppe deshalb präsentierte, war nicht das angestrebte „Abbild der Gesellschaft". So ignorierte die Planwelt der Langstrasse das bestehende „historisch-natürliche Milieu" (Paul Rabinow) des städtischen Alltags.[63] Die Architekten setzten an dessen Stelle eine räumlich grundlegend neu organisierte Sozioökonomie des Quartiers, über deren Alltagsprozesse im besten Falle spekuliert werden konnte. Der moderne Architekt versöhnte die Stadt mit den technisch-wissenschaftlichen Bedingungen der Zeit, indem er gegenüber der bestehenden Bebauung unversöhnlich blieb und sie durch eine neue ersetzte. Der abstrakte, von der Vergangenheit unbehelligte Raum, der auf den Planrollen herrschte, stellte einem solchen Entwerfen keine Hindernisse entgegen.

Am Zürcher Beispiel offenbarte sich neben der rudimentären Soziologie vor allem die politische Naivität des städtebaulichen Denkens jener Jahre in exemplarischer Weise. Der seit der Machtergreifung der Nationalsozialisten in der Türkei arbeitende ehemalige Berliner Stadtbaurat Martin Wagner legte in einem Brief an Giedion seinen Finger auf den wunden Punkt der CIAM-Arbeiten: „Warum – so wollte ich den CIAM fragen – befaßt er [der CIAM, AE] sich nicht mit den geistigen, den ökonomischen, den technischen und den politischen Problemen der alten und der neuen Zeit, des alten und des neuen Städtebaus, der alten und der neuen Wirtschaft usw.? Glaubt Corbusier wirklich, daß er seine neuen Städte, rein ästhetisch unterbaut, verwirklichen kann? Suchen wir auch nur ein einziges Beispiel in der Weltgeschichte, wo Städte auf anderem Wege, als durch Kapital und Maschinen, also durch Menschen mit größter Macht erbaut wurden und – wie heute in Spanien – auch zerstört wurden! Diese Mächte muß man aber ganz vordringlich kennen lernen, wenn man neue Städte mit neuen Formen und neuem Leben erbauen will. Es geht wirklich nicht an, diese Macht der Brutalität zu überlassen und dann zu warten, bis diese Brutalität einen Ramses oder einen Perikles erzeugt und großen Künstlern Arbeit gibt! [...] Was und wie sagen wir es der Macht, die Gewalt über uns hat?"[64] Martin Wagner erinnerte an eine Auseinandersetzung, die bisher in den CIAM unterblieben war. Die an den CIAM-Konferenzen diskutierten städtebaulichen Entwürfe entsprangen Laborsituationen in einem politischen Vakuum. An die politisch-institutionellen Implikationen und Voraussetzungen des städtebaulichen Arbeitens wurde dabei keine Zeit verschwendet. Dies förderte Vorschläge, die implizit auf einer vollständigen Neudefinition der Eigentumsrechte und der Kompetenzverteilung zwischen öffentlicher Hand und privater Seite aufbauten. Dieser kaum diskutierte Widerspruch zwischen aufklärerischem Pathos und gesellschaftlichen Voraussetzungen modernen Städtebaus begleitete auch Le Corbusiers irrlichternde Suche nach bauwilligen Staaten, die ihn in der Zwischenkriegszeit von Frankreich über Italien, Nordafrika, die Sowjetunion bis nach Südamerika trieb, um einen Ort zur Realisierung seiner „leuchtenden Stadt" zu finden.

Wir können nun die Konturen des städtebaulichen Denkens umreißen, wie sie sich von der Zwischenkriegszeit bis um 1950 kontinuierlich ausbildeten. Es gewann dabei ein Verständnis von Städtebau an Stabilität, das zwischen Architektur, Stadt, Regional- und Landesplanung, Gesellschaft, Raum und Modernisierung einen kausalen Zusammenhang herzustellen suchte. Der Architekt als Agent und Advokat einer zeitgemäßen Gesellschaft operierte darin auf drei räumlich verbundenen Ebenen. Die unterste Stufe bildete der Siedlungsbau. Auf der mittleren Ebene ging es um die Gestaltung des räumlichen Ganzen der Stadt, und schließlich fügte sich alles auf der übergeordneten Ebene der Regional- und Landesplanung zusammen – hier wurde die ideale Position und Einbindung der Stadt in den nationalstaatlichen Zusammenhang bestimmt.

Bis in die frühen fünfziger Jahre waren diese Tätigkeiten tatsächlich auch überall noch in der Person des Architekten vereint. Bei aller programmatischen Interdependenz entstanden aber über die Jahre für jede der drei Ebenen spezifische Untersuchungsmethoden und (Gestaltungs-)Prinzipien. In diesen Unterschieden äußerte sich die allmähliche Trennung der Arbeitsgebiete von Architekten und Planern, die bis gegen 1970 vollzogen war.[65] Noch um 1950 herrschte der Architekt der Diskurswelten über alle Maßstabsebenen. Gedankengänge wie die Martin Wagners fanden unter Berufskollegen nur wenig Resonanz, da sie aufs Grundsätzliche setzten, wie Ludwig Hilberseimers Beispiel zeigt: Dieser machte sich in einer Studie über Regionalplanung 1949 dafür stark, das Chaos zu entwirren („disentangle the chaos") um erneut [!] die grundlegenden Prinzipien („basic principles") zu finden, auf welchen sich allgemeine Vorstellungen („general ideas") und theoretische Prinzipien („theoretical principals") entwickeln und etablieren ließen. Den Praktikern warf er vor, sich gegenüber derartigen Überlegungen zu sperren und damit konfus und inkonsequent zu handeln. Dabei würden gerade diese für sich den Realismus beanspruchen und seien rasch mit Worten wie „unrealistisch" oder „utopisch" für jene zur Hand, die nach einer umfassenden („comprehensive") Lösung strebten.[66]

Hilberseimers Ruf nach grundlegenden Prinzipien wirft – stellvertretend für den Städtebau dieser Jahre – einige generelle Fragen hinsichtlich des damaligen Stadtbegriffs auf: Welche Beschaffenheit hatten solche „grundlegende Prinzipien"? Reichte das darin manifestierte Wissen aus, um über Städtebau Stadtgesellschaften sinnvoll zu reformieren, also das „Chaos zu entflechten" und eine „umfassende" Lösung zu präsentieren? Wann und auf Basis welcher Kriterien besaß ein städtebaulicher Vorschlag die dazu notwendigen Qualitäten? Und schließlich: Wie findet eine theoretisch akzeptierte Lösung ihren Weg von den Reißbrettern in die Siedlungsrealitäten? Für keine dieser Fragen gab es konsensfähige Beurteilungskriterien und erst recht keinen fachlichen Wissenskorpus, der eine schlüssige Beurteilung möglich gemacht hätte.

An solchen Stellen wird offenkundig, wie weit der Städtebau von dem reklamierten Anspruch entfernt war, Wissenschaft zu sein. Gerade auf die

Frage nach der Umsetzung hatte die internationale Fachdiskussion mit Ausnahme vereinzelt geführter bodenpolitischen Debatten keinerlei Zeit verwendet. Es sollte sich bald zeigen, daß die „grundsätzliche Arbeit", die Hilberseimer forderte, nur dann ihre Umsetzung in den Städten erfahren konnte, wenn die Städtebauer die vielfältigen Rahmenbedingungen in ihre Ausgangsüberlegungen miteinbezogen. Solange die Papierwelten isoliert an den Standards der Fachdisziplin ausgerichtet waren, ignorierten sie den Voraussetzungsreichtum städtebaulicher Praxis, den sie beschworen. Dieses Manko wurde durchaus schon in der Zeit diskutiert: So beklagte der britische Städtebauer William G. Holford während der ersten Phase des britischen Wiederaufbaus das Fehlen von sozialen, ökonomischen und planerischen Kenntnissen bei seinen Berufskollegen.[67] Sein Votum mag insofern erstaunen, als die urbanistische Debatte in England schon seit dem ausgehenden 19. Jahrhundert die politischen und juristischen Rahmenbedingungen als unverzichtbare Parameter jeden erfolgreichen städtebaulichen Agierens erkannt hatte. Diese Realitätsnähe und ihre Auswirkungen auf den Städtebau sei nun am Beispiel der „New Towns Policy" untersucht, die den Kern der britischen Wiederaufbaubemühungen bildete.

Fallstudie 2: New Towns

Es gibt neben Großbritannien kein zweites westliches Land, das die Vision des 20. Jahrhunderts, Gesellschaft durch Städtebau zu reformieren, mit ähnlicher Beharrlichkeit und in ähnlichen Größenordnungen verfolgt hat – weder die französischen „grand ensembles" noch die „social housing"-Projekte in den USA noch irgendein ein anderes städtebauliches Vorhaben waren so konsequent mit der Absicht verknüpft, Gesellschaft grundsätzlich durch Planen und Bauen von Städten zu ändern. Die „New Towns" geben uns nach den bisher eher städtebautheoretisch gehaltenen Analysen Gelegenheit, den Städtebau jener Jahre ‚in action' zu untersuchen. Zwischen Mitte der vierziger und Ende der siebziger Jahre sind nämlich in England, Nordirland, Schottland und Wales 30 „New Towns" gegründet worden sind, in welchen heute etwa zwei Millionen Menschen leben und arbeiten. Dabei interessieren besonders drei Fragen: Warum sind die Planwelten der britischen Urbanisten in einem so viel ausgeprägteren Maße umgesetzt worden als die Vorschläge ihrer Berufskollegen im übrigen Europa? Inwiefern sind beim Bau dieser Städte die gehegten Absichten realisiert worden?

Und drittens schließlich gilt es nach den Gründen zu suchen, worauf die bald beklagten Differenzen zwischen den imaginierten Städten und dem Stadtalltag der „New Towns" zurückzuführen sind. Die Eckpunkte des „New Towns"-Programms fallen praktisch mit den Jahreszahlen 1945 und 1979 zusammen, die Zäsuren der jüngeren britischen Geschichte markieren. An einem Eckpunkt steht Clement Attlees (Labour) ebenso überraschender wie überwältigender Wahlsieg über Winston Churchill. Dadurch kam es 1945 zur Etablierung eines in diesen Dimensionen bislang in Großbritannien unbekannten, alle gesellschaftlichen Bereiche erfassenden Staatsinterventionismus. Es folgten über drei Jahrzehnte des „postwar-settlement". Darin äußert sich die von den maßgebenden politischen Parteien geteilte Überzeugung, Politik habe den Gang der Dinge in einer modernen Industriegesellschaft aktiv und nachhaltig zu gestalten.[68] Dieser Konsens zersetzte sich sukzessive seit der zweiten Hälfte der sechziger Jahre, vor allem aber nach 1970. Wilde Streiks, anhaltende Stagnation in den verstaatlichten Industrien und in immer rascherer Folge auftretende Regierungswechsel waren klare Indizien dafür. Am anderen Eckpunkt steht der mit Margret Thatchers Wahlsieg 1979 lancierte Kreuzzug für ökonomische Freiheit und einen in seine Autorität wieder eingesetzten Staat, der das Land in den folgenden Jahren ähnlich dramatisch veränderte, wie dies nach Attlees Programm 1945 erfolgt war.

Nun ist es ausgesprochen verführerisch, die „New Towns" aufgrund des zeitlichen Zusammenfallens mit der Ära des „settlement" als dessen architektonische Manifestation zu deuten. Die Dramaturgie vom Aufstieg und Niedergang der „New Towns"-Politik scheint jener der Etablierung und Erosion des parteienübergreifenden Konsenses zu entsprechen. Eine solche Schlußfolgerung wäre aber falsch. Zwar bildeten die britischen Stadtneugründungen nach dem Zweiten Weltkrieg ein politisches Aktionsfeld, das seine Entstehung und seine weitere Entwicklung einer allgemeinen Übereinkunft über Grundsätze gesellschaftlicher Resourcenallokation verdankte, jedoch waren die „New Towns" zu keinem Zeitpunkt ein integrales Element der Ambitionen des „postwar settlements", die Konturen Großbritanniens in umfassender Weise durch die Politik festzulegen. Statt dessen lagen viele der Schwierigkeiten und Unzulänglichkeiten des Programms in seinem ungeklärten Verhältnis zu anderen Politikbereichen begründet.

Einen wesentlichen Anstoß empfing die „New Towns"-Politik durch die nach 1940 einsetzenden Debatten darüber, in welcher Form der Wiederaufbau in den britischen Städten nach den schweren deutschen Bombardements anzugehen sei. Viele der beteiligten Fachleute und Politiker teilten die

Ansicht des späteren „Minister for Town and Country Planning", Lewis Silkin, die Zerstörungen eröffneten eine einmalige Chance, die gesundheitlichen und sozialen Folgeerscheinungen der Industrialisierung in den Städten zu beseitigen und zugleich die Massierung von Menschen und Ressourcen in den Großstädten und die Zersiedlung zu unterbinden.[69] In diversen Regierungskommissionen wurden bis 1946 die Voraussetzungen für den „New Towns-Act" geschaffen.[70] Dieser bildete die gesetzliche Grundlage für vierzehn Stadtgründungen mittlerer Größe, die überwiegend im Umkreis von 30 bis 40 Kilometern um London realisiert werden sollten. Die neuen Städte sollten die beiden Absichten verfolgen, die von Silkin angesprochen worden waren. Einmal sollten in diesen neuen Städten Zehntausende von zeitgemäßen Wohnungen geschaffen werden. In dieser ersten Absicht lassen sich durchaus Parallelen zum Programm „Städtebau durch Wohnungsbau" erkennen, das Ernst May während der Weimarer Republik mit seinen Siedlungen in Frankfurt verfolgt hatte. Die zweite Absicht des Programms zielte auf eine vollkommene räumlich-funktionale Neuordnung des Großraums London. Durch aktive Industrieansiedlung sollten die neuen Städte zu selbstständigen Zentren werden und somit den seit Jahrzehnten anhaltenden Trend zur Konzentration wirtschaftlicher Wertschöpfung in London brechen.

Anfänge und Bezüge

Wo liegen die ideengeschichtlichen Gründe für diese Doppelfunktion, die den neuen Städten im künftigen England zugewiesen wurde? Die Absichten mögen an CIAM-Postulate erinnern. Gerade das „New Towns"-Programm illustriert aber, daß die Kernforderungen der selbst ernannten Avantgarde im wesentlichen einem Common Sense in Fachkreisen entsprachen, der sich seit der Jahrhundertwende kontinuierlich ausgebildet hatte. Die Suche nach den Ursprüngen und Intentionen des englischen Programms führt uns deshalb zurück in die Salons des spätviktorianischen Zeitalters. In diesen gesellschaftsreformerischen Zirkeln war es die Stadt, an welcher sich das intellektuelle Unbehagen mit den gesellschaftlichen Realitäten des Industriezeitalters entzündete. England galt damals als die verstädterte Gesellschaft schlechthin. Schon der Zensus von 1851 ergab eine mehrheitlich städtische Bevölkerung, 1900 lebten bereits 80 Prozent in Städten – zu großen Teilen unter prekären Lebensbedingungen. Wissenschaftliche, auf empirischen Untersuchungen basierende Studien wie Charles Booths soziale Karten Londons oder Seebohm Rowntrees *Poverty. A study of town life* enthielten akribische Beschreibungen der oft katastrophalen Situationen in den Städten.[71] Solche Studien wurden von prominenten Politikern wie Winston Churchill eifrig rezipiert und nährten dort Bedenken: Die urbanen Lebensverhältnisse wurden von ihnen als ein möglicher Grund gesehen für den Verlust der hegemonialen Position Großbritannien, der sich um 1900 in einer „wachsenden Pluralisierung der Weltwirtschaft" (Eric Hobsbawm) zeigte.[72] Die im Zuge der Rekrutierungen für die Burenkriege festgestellten schweren körperlichen und gesundheitlichen Beeinträchtigungen vieler Arbeiter unterstrichen dies noch einmal.[73] In den politischen Debatten erschien deshalb die Zukunft des Landes mehr und mehr als Resultante der allgemeinen Arbeits-, Lebens- und Wohnbauverhältnisse und ihrer räumlichen Organisation.

Nun existierten seit der Mitte des 19. Jahrhunderts schon verschiedene städtebauliche Vorschläge für eine Verbesserung der gesundheitlichen und sozialen Probleme in den Städten. Dabei handelte es sich meist um auf Initiative philanthropischer Kreise entstandene Siedlungen wie Saltaire oder Port Sunlight. Einen Quantensprung in der Herangehensweise an die städtischen Probleme bildete die um Ebenezer Howard entstandene Gartenstadt-Bewegung, die die Debatte um die industriegesellschaftliche Zukunft Englands mit einem urbanistischen Modell alimentierte. In Howards 1898 veröffentlichtem *To-morrow: a peaceful path to real reform*, das schon 1907 von Eugen Diederichs erstmals in einer deutschen Übersetzung vorgelegt wurde, trafen sich verschiedene Elemente des spätviktorianischen Reformdiskurses:[74] die Bodenreformdebatten, der Ruf nach einer gesünderen und effizienteren Industrialisierung und, besonders ausgeprägt bei William Morris, das Streben nach einer neuen Gemeinschaft.[75] Es gibt an der Gartenstadt viele Elemente wie die räumlich-funktionale Trennung oder die Strukturierung der Wohngebiete über kleine, übersichtliche Häusergruppen, die Schlüsselelemente der urbanistischen Zwischenkriegsdebatte und der New Towns vorbereiteten. Der Gartenstadt-Ansatz bediente sich dabei eines räumlichen Determinismus und einer Objektivierung der Stadt, die dann ganz allgemein ein wichtiges Charakteristikum der städtebaulichen Denkbewegungen im 20. Jahrhundert bilden sollten. Was meinen Determinismus und Objektivierung in diesem Zusammenhang? Der Determinismus äußerte sich in der Vermutung, es gebe einen direkten und unmittelbaren Zusammenhang zwischen der Qualität der baulichen Umwelt und den aus ihr resultierenden Lebensverhältnissen. Die Gartenstadt sollte in ihrem bevölkerungsmäßigen und räumlichen Wachstum begrenzt, politisch

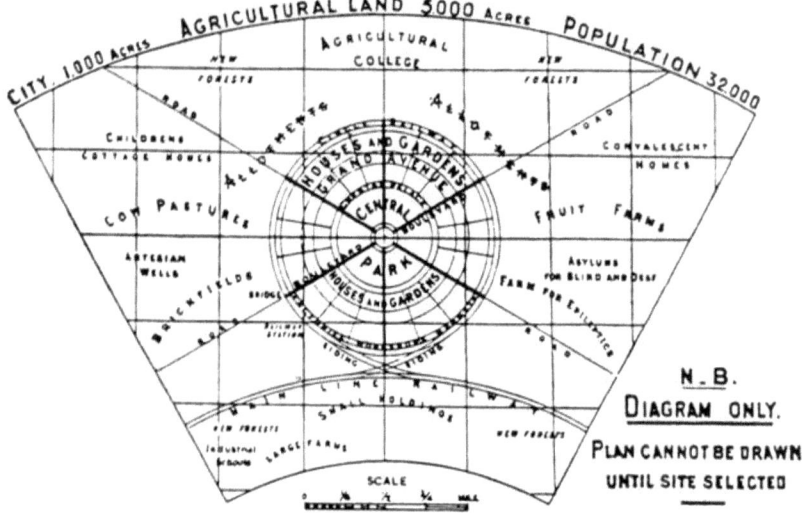

Ebenzer Howard, Schematischer Plan der Gartenstadt, 1898

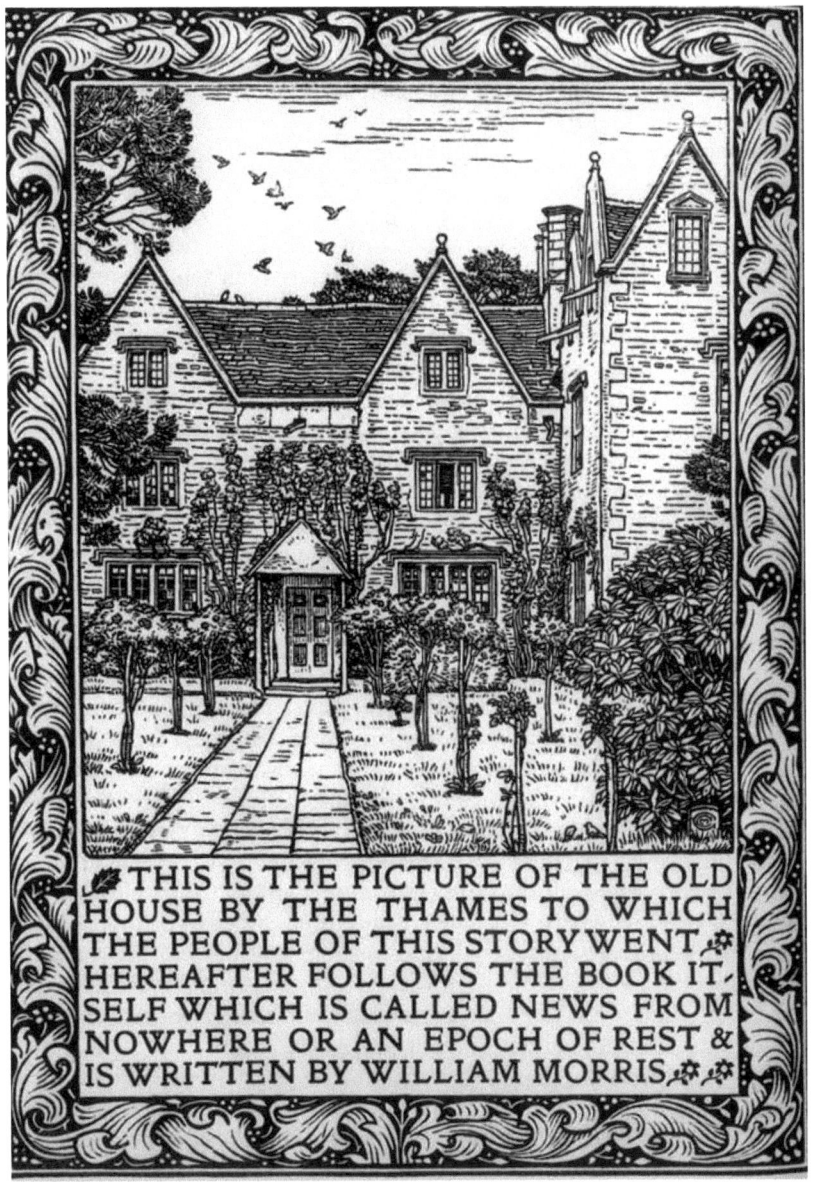

William Morris, Frontispiz *News from nowhere*, Hammersmith 1892

autonom und ökonomisch möglichst eigenständig sein. Damit verlangte die Gartenstadt ein planerisches Arbeiten mit der Stadt in der Totalen: Stadt war nicht mehr länger ein Gebilde aus Gebäuden und Räumen, an dem Generation für Generation weitergebaut wurde, sondern ein von Fachleuten in seiner Form, Gestalt und Funktion umfassend festgelegtes Objekt. In dieser Neufassung des Stadtverständnisses vollzieht sich ein städtebautheoretischer Quantensprung. Die Konzeptionen der bisherigen Idealstädte in der Renaissance oder im Barock folgten städtebauästhetischen Prinzipien oder orientierten sich beispielsweise an militärischen Überlegungen. Die Gartenstadt und die meisten der urbanistischen Modelle des 20. Jahrhunderts unterscheiden sich von solchen Überlegungen grundlegend: Das Ideal bildete nun kein rein ästhetisches mehr oder ein auf einen einzigen Zweck ausgerichtetes. Die ideale Stadt war nun funktional und gesellschaftspolitisch optimiert, die Städtebauer integral entwickelten und durchgestalteten. Von nun an bis ins letzte Quartal des 20. Jahrhunderts bedeutete Städtebau in der Theorie den Entwurf einer nach architektonischen und planerischen Fachkenntnissen bestimmten Sozioökonomie, die mit der Bezeichnung ‚Stadt' versehen wurde, sich aber bewußt von den bestehenden städtischen Verhältnisse distanzierte. Diese Stadt der Architekten war ein hybrides Gebilde, das nur mehr wenige Berührungspunkte mit bestehenden Städten kannte: So sprach schon etwa Howard davon, daß die Gartenstadt die besten der Qualitäten von Stadt und Land in sich vereinen solle.

Bis etwa 1920 entwickelten sich die Schemata der Gartenstadt über verschiedene Realisierungen – wie die Gründung der ersten Gartenstadt in Letchworth – zu praxisnahen stadtplanerischen Konzepten. Zudem bildeten sich erste methodische Grundlagen städtebaulichen Arbeitens heraus, die in der Folge wesentlich den disziplinären Fortschritt der noch jungen Disziplin „Town Planning" bestimmten.[76] Neben Patrick Abercrombie, der prägenden Figur für die erste Generation der *New Towns*, ist hier vor allem Patrick Geddes zu erwähnen. Sein Grundsatz „survey before plan" wies abstrakte Konzepte zurück und forderte statt dessen eine profunde Analyse topographischer und natürlicher, historischer und sozioökonomischer Verhältnisse als Ausgangspunkt einer räumlichen Reorganisation der Region, in welche die bisherige Stadt eingebettet war.[77]

Gerade diese frühen Phasen der britischen Urbanismusdebatte machen eindrücklich klar, wie städtebauliche Praktiken aus einer engen Interaktion von fachlichen Grundsätzen mit politischen und kulturellen Kontexten entstehen. Was schließlich im englischen Beispiel den Anforderungen an disziplinäre Konventionen standhielt, war mehr und mehr eine englische

Spielart der modernen Figur des planenden Architekten als des entscheidenden Agenten gesellschaftlicher Modernisierung. Progressiv war ein solcher Architekt in der Neuordnung der räumlichen Ordnungsmuster zwischen Stadt und Land. Lebensreformerisch verhielt er sich in der Senkung von Wohndichten und dem Arrangement von Luft und Licht. In gesellschaftlicher Hinsicht beschwor er den Mythos der Gemeinschaft, die – so sah es der gängige Diskurs der Zeit – den englischen Städten im Zuge der Industrialisierung verloren gegangen war. Die Planer erachteten es deshalb als ihre eigentliche Aufgabe, durch das Bauen von Städten eine neue Gemeinschaft zu formen, wie eine Aussage von Lewis Silkin unterstreicht: Für den mit dem Wiederaufbau betrauten Minister barg physische Stadtplanung das Versprechen auf einen neuen Menschen („a new type of citizen"). Die neuen Städte werde, so Silkin, ein gesunder, würdevoller Mensch bewohnen, der mit einem Sinn für Schönheit, Kultur und Bürgerlichkeit ausgestattet sei.[78]

Klärungen und Koalitionen

Der englische Städtebau verzeichnete während der Zwischenkriegszeit eine eindrückliche theoretische Aktivität.[79] Die Stadtplanungsgesetzgebung hingegen konnte bis 1940 nur bescheidene Fortschritte verzeichnen. Der *Town Planning Act* von 1909 hatte für städtische Behörden die Voraussetzungen für die Formulierung kommunaler Baugesetze geschaffen und bestimmte Kompetenzen besessen, um die künftige städtische Wohnbauentwicklung auch außerhalb der Stadtgrenzen zu planen. In der Revision der Gesetzgebung von 1919 wurden dann Gemeinden mit mehr als 20 000 Einwohnern angewiesen, Richtpläne ihrer künftigen Entwicklung auszuarbeiten. Die konkrete Umsetzung dieser Entwicklungsplanungen scheiterte aber immer wieder an unzureichenden Enteignungsregelungen. Auch wenn nur 5 Prozent der Gesamtfläche Großbritanniens zwischen 1920 und 1940 von öffentlichen Planungen erfaßt war – dies, wie angesprochen, bei einem Verstädterungsgrad von über 80 Prozent –, dürfen diese Bemühungen für den weiteren Verlauf der britischen Planungsgeschichte keineswegs unterschätzt werden.[80] Die Stadtplanungsämter, universitären Einrichtungen und Interessengruppen fungierten als kleine urbanistische Laboratorien, die Ideen entwickelten und evaluierten. In ihnen wurden kontinuierlich Erfahrungen gesammelt, auf welche dann später bei der Konzeption landesweit gültiger Regelungen zurückgegriffen werden konnte.

Bis zum Ausbruch des Zweiten Weltkriegs manifestierten sich die Folgen der unzureichenden Gesetzgebung auf besonders drastische Weise im explosionsartigen suburbanen Wachstum des Londoner Großraums, das sich unübersehbar in die Landschaft einschrieb. Quantitativ äußerte sich dieser Wachstumsschub darin, daß allein in den dreißiger Jahren ein Drittel aller im 20. Jahrhundert errichteten Gebäude realisiert worden war – der Großteil davon in und um London.[81] Die Suburbanisierung war zwar ein schon seit Mitte des 19. Jahrhunderts bekanntes Phänomen, das mit dem Bau der Untergrundbahn und der Vorortlinien eingesetzt hatte.[82] Solange in den um die Haltestellen des öffentlichen Verkehrsnetzes entstandenen Siedlungen der Fußgängerverkehr dominierte, kam es gleichsam automatisch zu einer Begrenzung des Siedlungswachstums. Mit der zunehmenden Verbreitung des Automobils entstanden nun – den Verästelungen ländlicher Verkehrswege folgend – nach den Launen des Bodenmarktes und privater Investoren verstreute Siedlungsfragmente ohne jede öffentliche und private Versorgung. Dieser Suburbanisierungsprozeß nährte sich wesentlich aus den anhaltenden Migrationsschüben, die Hunderttausende von den in wirtschaftlicher Depression liegenden alten Wirtschaftsregionen des Nordens in den Großraum London geführt hatten und weiterhin führten. Politische Exponenten jeglicher Couleur, Regierungsvertreter, Chefbeamte und Intellektuelle deuteten diesen Prozeß als untrügliches räumliches Symptom einer tiefen gesellschaftlichen Krise, in der sich für sie der Verlust der führenden Position Großbritanniens in der Weltpolitik und die anhaltende wirtschaftliche Stagnation spiegelten.

Als entscheidend für die „New Towns"-Politik sollte sich die kommunikative Bündelung der verschiedenen sozioökonomischen, kulturellen und politischen Krisenindikatoren als räumliche Politikaufgabe erweisen, die Ende der dreißiger Jahre einsetzte. Dabei gelang es den in die politische Meinungs- und Entscheidungsfindung integrierten Vertretern der Gartenstadtbewegung, Verbindungen zwischen den ordnungspolitischen Reformdebatten, die seit den zwanziger Jahren die Lähmung der Politik zu überwinden suchten, und ihrem eigenen Anliegen einer dezentralen Siedlungsentwicklung durch die Gründung von mittelgroßen Städten herzustellen. Die Krisenjahre ermöglichten damit ein fundamentales Lernen, in dessen Verlauf nicht nur ein grundlegend neues Verhältnis zwischen Staat und Wirtschaft kommunikativ getestet, sondern auch in politische Empfehlungen gefaßt werden konnte. Den eigentlichen Meilenstein bildeten dabei die Arbeiten der Barlow-Kommission, die zwischen 1937 und 1940 den Auftrag hatte, die sozialen und wirtschaftlichen Folgen der

Konzentration von Industrie und Bevölkerung auf den Großraum London zu untersuchen.[83] In ihrem Schlußbericht forderte die Kommission, künftig Fragen der Industrieentwicklung und der räumlichen Ordnung gemeinsam und mit einer nationalen Perspektive anzugehen. Ein „National Industrial Board", so die Empfehlung, solle mit Kompetenzen ausgestattet werden, die Industrie- und Siedlungsentwicklung über ein Netz von neuen und bestehenden Städten mittlerer Größe nach wissenschaftlichen und politischen Kriterien zu ordnen. Wie hoch die Bereitschaft für eine neue Justierung des Verhältnisses von privaten und öffentlichen Interessen war, zeigen die Empfehlungen der aus angesehenen Juristen und prominenten Vertretern der konservativen Partei zusammengesetzten Uthwatt-Kommission, die wenig später den Auftrag zur Neuregelung der Bodenfrage erhielt.[84] Die Kommission unterstützte nicht nur die Forderung nach einer nationalen Planungsbehörde, sondern empfahl auch, in Zukunft die Entwicklungsrechte an noch unbeplantem Grund und Boden zu nationalisieren.
Im „Greater London Plan" von Sir Patrick Abercrombie verbanden sich schließlich 1944 das Selbstverständnis und die Problemzugänge des planenden Architekten mit den in der Zwischenzeit in politischen Eliten konsensfähigen Deutungen über die Steuerung von Modernisierungsprozessen zu einer detaillierten Planwelt.[85] Der Plan betraf ein Gebiet von 2600 Quadratmeilen um das County of London, um welches Abercrombie vier Ringe legte. Sein Wiederaufbauvorschlag von London war zunächst einmal ein Umsiedlungsplan für über eine Million Menschen. Sie sollten das Londoner Stadtzentrum verlassen und neu in Erweiterungen bestehender Städte und in neu gegründeten Städten in den äußeren Ringen angesiedelt werden. Um die wirtschaftliche Anziehungskraft Londons zu brechen und die Großregion zu stärken, sollte die Industrie aus dem Zentrum in die neuen Städte verlagert werden. Der künftige räumliche Abschluß der Greater London Area bestand nach den Vorstellungen Abercrombies in einem großzügig dimensionierten Grüngürtel von 9 bis 25 Kilometern Breite, der den Großraum deutlich von der offenen Landschaft trennen sollte.
Wie schon bei den Gartenstadt-Konzepten verbanden sich im Plan bewahrende Absichten mit der Intention einer grundlegenden Neuordnung der Verhältnisse. Auf der räumlichen Makroebene beabsichtigte der Plan die weitgehende Umgestaltung des bestehenden wirtschaftsräumlichen Gefüges. Darin zeigt sich die moderne, also transformatorische Komponente des Vorhabens. Auf den unteren Maßstabsebenen des Städtebaus und der Siedlungsplanung hingegen waren die Ambitionen konservativer Natur. Abercrombie schlug die räumlich-soziale Reorganisation des Londoner

Großraums auf der Basis sogenannter „Neighbourhood-Units" vor. Diese, jeweils bis 2500 bis 3000 Einwohner umfassenden modularen Stadtbauteile waren dem ursprünglichen Aufbau Londons nachempfunden, das sich schrittweise aus dem Zusammenschluß vieler kleinerer Gemeinden entwickelt hatte. London sollte in Abercrombies Konzept wieder als ein Ensemble aus klar erkennbaren dörflichen und kleinstädtischen Einheiten erkennbar sein, die über die letzten Jahrhunderte verschwunden waren. So konservativ diese Zielsetzung dem Wort nach auch sein mochte, sie verlangte eine vollkommene Neuordnung räumlicher Strukturen. Abercrombies Planzeichnungen bedienten sich freilich einer anderen Rhetorik: Eine Karte, die von Abercrombies Team im Zusammenhang mit dem verwandten London County Plan von 1943 erstellt wurde, enthält eine sozioökonomische Analyse des Countys. Sie besteht aus einem Konglomerat von Gemeinden, jede wieder in klare Grenzen gesetzt und deutlich voneinander getrennt. Abercrombies Bericht führte dazu aus, daß jedes dieser Gebilde eine „Community" mit eigenständigem Charakter bilde, welche trotz ihrer Individualität in eine harmonische Beziehung mit der ganzen Region gesetzt sei.[86] Die damit beabsichtigte Botschaft lautet ganz offensichtlich, daß dank der umsichtigen Interventionen der Architekten und Planer der Großraum London wieder zu einem harmonischen Ganzen werden könne.

Die Ästhetik der Planzeichnungen legt im übrigen eine erstaunliche Erkenntnis frei, die wir bereits bei der Diskussion über den Organismus kurz gestreift haben: Zeichnerisch wurden die einzelnen Gemeinden im London Plan nämlich als Zellen dargestellt. Die aus heutiger Sicht befremdlichen organischen Analogien von Stadt zu Körper und Zellen beschränkten sich genausowenig nur auf den nationalsozialistischen Städtebau wie die Vorstellungen, Planung stelle die Gesundheit des kranken Stadtkörpers wieder her und schaffe städtische Gemeinschaften. So führte der britische Reith Report 1946 aus, Planung behebe eine der schwersten Krankheiten der gegenwärtigen Städte („one of the most serious of modern urban ills") und laße dadurch echte Gemeinschaften – „true communities" – entstehen.[87] Ähnliche Ideengemenge finden sich damals bei vielen Städtebauern in Großbritannien, Skandinavien oder auch der Schweiz. In diesem Faktum spiegelt sich die konzeptionelle Nähe unterschiedlicher urbanistischer Denkräume, die es dann nach 1945 den Planern des nationalsozialistischen Wiederaufbaus ermöglichte, aus „Siedlungszellen" in ein, zwei Handgriffen „Nachbarschaften" werden zu lassen und – neu beschriftet – ihre Pläne nahezu unverändert aus den Schubladen zu nehmen.[88]

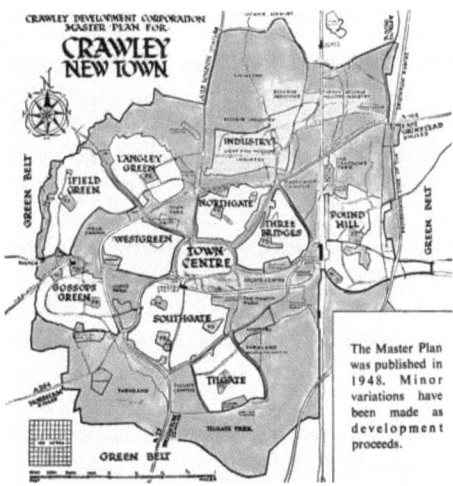

Crawley, West Sussex, Masterplan, 1948

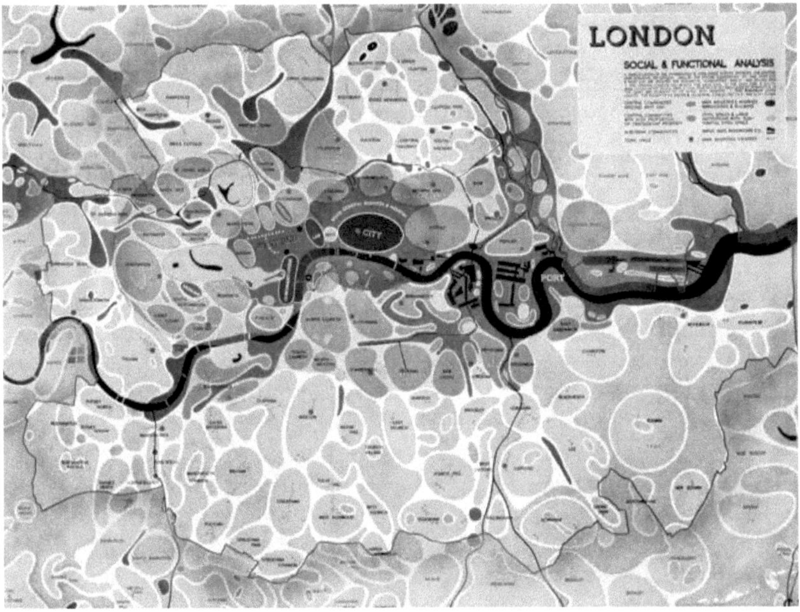

Patrick Abercrombie und J. H. Forshaw, London County Plan 1943

Mit dem „Greater London Plan" kam die seit der Jahrhundertwende anhaltende Annäherung zwischen Städtebau und Planung mit der Politik zum Abschluß. Der Plan von 1944 enthielt die Prinzipien, die wenige Jahre später die Grundpfeiler der „New Towns"-Strategie bilden sollten: Dezentralisierung von Wohnen und Industrie, Schaffung autonomer und sozial ausgewogener Klein- und Mittelstädte sowie das Konzept der „Community" als grundlegender Planungseinheit. Die Ende der vierziger Jahre begonnene erste Generation der „New Towns" besaß – aufbauend auf diesen Prinzipien – wesentliche Gemeinsamkeiten: Die Zielgröße war auf 35 000 bis 60 000 Einwohner beschränkt, die vom Verkehr befreiten Wohngebiete waren nach dem Prinzip der „Neighborhood-Units" organisiert – räumlich klar getrennt von den verkehrsgünstig plazierten Industriegebieten. Auf dieser Basis entstand ein breites Spektrum städtebaulicher und architektonischer Lösungen. Und dennoch sahen sich die ersten Realisierungen harschen Vorwürfen seitens der Architekturkritik ausgesetzt, da die Orte wenig mit dem pulsierenden Alltag von Großstädten gemeinsam hatten: In den neuen Städten dominiere eine „depressing provincial and suburban mood", wie die *Architectural Review* im Juli 1953 feststellte.

In der Verarbeitung solcher Kritiken und erster Evaluationen äußerte sich eine bemerkenswerte Eigenschaft des „New Towns"-Programms. Die neuen Städte folgten keineswegs unverrückbaren Dogmen. Die Kritik wurde vielmehr zusammen mit neuen Informationen ins Programm eingespeist und in revidierten Entwurfs- und Bebauungsstrategien nutzbar gemacht. Damit kam es sowohl für die zweite Generation von neuen Städten Anfang der sechziger als auch für die dritte an der Wende zu den siebziger Jahren zu kontinuierlich nach oben revidierten Dichtevorstellungen und wachsenden städtischen Idealgrößen. Das „New Towns"-Programm war damit ein breit angelegter, anhaltender urbanistischer Lernprozeß, der insbesondere bei den späten Realisierungen zu radikalen und unkonventionellen Lösungen führte, wie dies die Verkehrskonzepte von Milton Keynes und Runcorn exemplarisch zeigten.[89]

Der Bau der New Towns

Wie läßt sich das Ausmaß erklären, in welchem die Pläne für neue Städte in England umgesetzt wurden? Bei der Suche nach Erklärungen kommen architektonischen und städtebauästhetischen Aspekten nur nebensächliche Rollen zu. Statt dessen müssen – wie immer, wenn wir die städtebauliche

Praxis verstehen wollen – die gesellschaftlichen Kontexte sowie die Bedingungen der Entstehung und Veränderung der neuen Städte betrachtet werden. Dieser Fokus erlaubt uns auch eine Antwort darauf, warum die Absichten der Planer – wie das Versprechen der „true communities" – mit dem Alltag dieser Städte so wenig assoziiert worden sind.

Im „New Towns Act" von 1946 wurden zur Realisierung der neuen Städte die Prozeduren festgelegt, die in Grundzügen ihre Gültigkeit über die ganze Dauer des Programms behielten.[90] Die Verantwortung für den Bau einer neuen Stadt lag in den Händen einer „Development Corporation", deren Mitglieder vom „Minister for Town and Country Planning" ernannt wurden. Dieser hatte nicht nur die Oberaufsicht über das gesamte Programm, er bestimmte auch die Lage der neuen Stadt „in the national interest". Die eigentliche Aufgabe der „Corporation" lag in einer Richt- und Entwicklungsplanung sowie deren Umsetzung. Mit der Bewilligung des neuen Stadtstandorts erhielt die „Corporation" für den gesamten künftigen Stadtperimeter das Enteignungsrecht über den Boden. Damit besaßen die Planer die vollständige Kontrolle über die nach damaligem Verständnis eigentliche städtebauliche Schlüsselvariable. Allein, die angestrebten sozial ausgewogenen („balanced") und ökonomisch eigenständigen („self-contained") Städte blieben aus. Die Planer und Städtebauer hatten keine Möglichkeit, die dazu notwendigen betriebswirtschaftlichen Überlegungen, die unternehmerischen Standortentscheide oder makroökonomische Größen wie Arbeitsmarkt- und Preisentwicklungen zu beeinflussen. So behinderten gerade in der ersten Phase die konjunkturelle Baisse und die Finanz- und Materialknappheit die Bauentwicklung in den „New Towns" wesentlich: Anstelle der beabsichtigten gleichgewichtigen Stadtstrukturen entstanden Wohnstädte ohne Arbeits-, Freizeit- und Erholungsangebote. Aber auch mittelfristig sollte sich die angestrebte ausgewogene Alters-, Geschlechter-, Einkommens- und Qualifikationsstruktur nicht einstellen, wofür vor allem zweierlei verantwortlich war: Einerseits verunmöglichten die überdurchschnittlichen Mieten den Angehörigen der unteren Einkommensklassen einen Umzug, und andererseits hing das wirtschaftliche Überleben in den neuen Städten entscheidend davon ab, ob es gelang, Unternehmungen anzusiedeln. Die entsprechenden Standortbeschlüsse wurden aber durch das „Board of Trade" getroffen, dessen Prioritäten nicht auf die Bedürfnisse der „New Towns", sondern auf die Anforderungen der Exportindustrie und ausgewählter Krisengebiete ausgerichtet waren, was selten zusammenfiel.[91] Die mangelhafte Koordination zwischen den verschiedenen nationalen Politikbereichen trat während der zweiten und dritten Generation der

Stevenage, Hertfordshire, Wohnblock, 1952

Stevenage, Hertfordshire, Nachbarschaft mit Kinderspielplatz, um 1960

„New Towns" besonders spürbar zu Tage. Den neuen Städten in Mittelengland, Wales und Schottland kam nun in den Papieren des zuständigen Ministeriums explizit die Aufgabe zu, in ökonomischen Krisengebieten als Wachstumspole zu fungieren. Die nationale Verkehrspolitik und die Industrieförderung waren aber nicht an diesen Standorten ausgerichtet, sondern wurden von ganz anderen Prioritäten bestimmt. Zudem waren die in den sechziger Jahren zur Revitalisierung der Problemregionen lancierten „Development Areas" nicht mit dem „New Towns"-Programm koordiniert, was zu einer grotesken Konkurrenz unter strukturell schwachen Standorten führte. Die Absichten der Planer waren deshalb selten viel mehr als Absichtserklärungen.[92]

Schließlich erwies sich auch die Beziehung zwischen „New Towns" und bestehenden Großstädten als ausgesprochen problembehaftet. Die Grundüberlegung, die bereits im „Greater London Plan" gesteckt hatte, war ja, daß die neuen Städte den Siedlungsdruck von den Großstädten ablenken und so dort anschließend einen planerisch sinnvollen Wiederaufbau möglich machen sollten. Vor allem in den fünfziger Jahren wurden darum Bauinvestitionen in den bestehenden Städten ungemein restriktiven Bewilligungsverfahren unterzogen. Allerdings folgte das private Investitionsverhalten nicht den administrativ vorgedachten Pfaden.[93] Deshalb hatten die neuen und die alten Städte mit einem doppelten Negativeffekt fertig zu werden: Einmal fehlten die zur Realisierung der Dezentralisierungsstrategie notwendigen privaten Gelder, zum anderen fielen auch die Bauinvestitionen in den bestehenden Städten zu gering aus. Um 1975 hatten die innerstädtischen sozialen und wirtschaftlichen Probleme schließlich ein solches Ausmaß erreicht, daß das *London Times Magazine* die Diagnose stellte, die britischen Städte seien „rotting at the core"[94]. Eine Regeneration der Innenstädte war aber nur möglich, wenn die entsprechenden Mittel von den „New Towns" abgezogen wurden. Genau das geschah: Die Umschichtung der Mittel hat bald darauf das „New Towns"-Programm faktisch sistiert. Damit kam ein ehrgeiziges Vorhaben zum Erliegen, die drängende Schaffung von Wohnraum politisch nicht einfach als staatliches Wohnungsbauprogramm zu begreifen, sondern diese Aufgabe als Ausgangspunkt einer grundlegenden räumlichen Reorganisation der englischen Gesellschaft zu begreifen.

Milton Keynes, Buckinghamshire, Vision des Zentrums 1991

Das Allgemeine im Spezifischen – Schlußfolgerungen

Die Geschichte der „New Towns" ist ein Paradebeispiel für das im 20. Jahrhundert charakteristische räumliche Steuerungsproblem: Von der kommunalen bis zur nationalen Ebene lassen sich zwar Interessenlagen der unterschiedlichen Akteure benennen, es fehlt aber ein Koordinationsinstrument, das die verschiedenen Entscheide zu einem planvollen Ganzen zu integrieren vermag. Das englische Beispiel illustriert eindrücklich die nicht auszuräumende Differenz zwischen städtebaulichen Leitbildern und planerischen Konzepten auf der einen Seite und deren Umsetzungen auf der anderen. Auch die englischen Planungen stolperten, um mit Niklas Luhmann zu sprechen, über den „Bruch zwischen der gegenwärtigen Zukunft und den künftigen Gegenwarten"[95]. In dieser Spanne zwischen Heute und Morgen manifestiert sich eine der ernüchternden urbanistischen und planerischen Erfahrungen des vergangenen Jahrhunderts: Die räumliche Struktur und deren Veränderung sind nicht einfach das Ergebnis professionellen Arbeitens, nachdem die Planer und Städtebauer von der Politik die dafür notwendigen Kompetenzen erhalten haben. Sie sind Ergebnisse einer gesellschaftlichen Dynamik, die ausreichend zu beeinflussen Planung und Städtebau nicht imstande sind.

Schließlich illustriert die englische Stadtentwicklung stellvertretend für den Städtebau jener Jahre, wie deutlich die Planungsarbeiten der Architekten von einem Unbehagen gegenüber der bestehenden Stadt geprägt waren. Das Stadtbild der „New Towns" – vor allem der ersten und zweiten Generation – nährte sich aus einer philanthropischen Kritik an den Industriestädten und ihren Lebensverhältnissen, die ihre Ursprünge im 19. Jahrhundert hatte. Mit ihrer Orientierung an der „Community" übersetzten die Planer der „New Towns" das besagte Unbehagen in Annahmen über Dichten, funktionale Durchmischungen und Wachstum. Sie knüpften die räumlichen Netze des städtischen Alltags neu, definierten regionale Beziehungen um und bauten Hierarchien. Wie die Moderne wich damit der englische Städtebau nach dem Zweiten Weltkrieg einer Auseinandersetzung mit dem Bestehenden über die Vorstellung aus, der Boden als abstrakte Verfügungsmasse technisch-wissenschaftlichen Arbeitens bilde eine vollkommen ausreichende Grundlage für den Neuentwurf. Durch die breit abgestützte Orientierung des englischen Städtebaus an konservativen Gemeinschaftsvorstellungen mag dort die Unsicherheit gegenüber der idealen Form der zeitgemäßen Stadt lange Zeit weniger ausgeprägt gewesen sein als in der kontinentaleuropäischen Debatte, wir brauchen da nur Patrick Abercrombies „Greater London Plan" zu konsultieren. Auf beiden Seiten des Ärmelkanals führte aber die Umsetzung der am Zeichentisch entwickelten Konstrukte idealer städtischer Gesellschaften zu städtischen Räumen, die das politische und intellektuelle Unbehagen gegenüber dem Alltag in den Städten, das am Ausgangspunkt des städtebaulichen Arbeitens stand, durch ein anderes Unbehagen ersetzte.

Selbstbilder

Ende Juni 1948 versammelten sich unter dem Vorsitz von Patrick Abercrombie in Lausanne über 450 Architektinnen und Architekten aus der ganzen Welt zur Gründung der „Internationalen Architektenunion" (UIA). Schon der Tagungstitel „Der Architekt vor seinen neuen Aufgaben" deutete auf eine grundlegende Standortbestimmung hin. Wer durch das Tagungsprogramm blätterte, entdeckte rasch die „neuen Aufgaben". Sie betrafen die drei Bereiche Städtebau und Planung, die Industrialisierung des Bauwesens sowie das Verhältnis des Architekten zu Staat und Gesellschaft. Am letzten Kongreßtag verabschiedeten die Anwesenden zu jedem der drei thematischen Schwerpunkte eine Kongreßresolution. Die drei Resolutionen lassen uns die Konturen und Brennpunkte des Aufgabenfelds des Architekten genauer bestimmen, das sich die Disziplin damals selbst zuschrieb.[96]
In ihren Entschlüssen begrüßte die UIA grundsätzlich die fortschreitende Transformation der Industriegesellschaft.[97] Die Union betrachtete die Industrialisierung und die technisch-organisatorischen Verbesserungen aus sozialen Gründen für unumgänglich, um günstigen, qualitativ ansprechenden Wohnraum für breite Bevölkerungsschichten zu gewährleisten. Der Resolutionstext zu den Industrialisierungsbemühungen warnte zugleich vor ausschließlich an technischen Überlegungen ausgerichteten Industrialisierungsschritten im Wohnungsbau. Daraus resultiere nämlich die Gefahr stereotyper Gebäude- und Wohnungskonzeptionen. Dem könne durch möglichst flexible Lösungen anstrebende Modulverfahren begegnet werden. Zudem sei es aber notwendig, die Industrialisierung unter die Obhut der Architekten zu stellen, dem kraft seines Bewußtseins („conscience de son rôle humaine") die Rolle zukomme, die menschlichen Aspekte in der technischen Entwicklung sicherzustellen. Die kulturellen und technischen Qualifikationen („sa culture générale et ses connaissance techniques") und seine ästhetischen Fähigkeiten („facultés créatrices") würden den Architekten dazu befähigen, aktiv in die industrielle Forschung zu intervenieren. Die

grundlegende Denkfigur der Resolution war nicht neu: Die Überzeugung, ein privilegierter Beobachter und Dirigent aktueller gesellschaftlicher Veränderung zu sein, steckte in Planzeichnungen, fand sich auf Notizbögen und begleitete Vorträge und Manuskripte. In der UIA-Resolution zur Industrialisierung des Bauwesens formten sich diese verstreuten Indizien zu einem kohärenten Selbstbild, das auch den Charakter der übrigen Resolutionen prägte.

Die Resolution zu Städtebau und Planung forderte eine bestmögliche räumliche Organisation nach den Bedürfnissen der menschlichen Gemeinschaft. Dazu sollten Planungen auf lokaler, regionaler und nationaler Ebene ineinandergreifen.[98] Zwar verlange die Auseinandersetzung mit der Stadt nach Teamarbeit von Fachleuten aus verschiedensten Disziplinen, Städtebau sei aber Kunst und Wissenschaft in einem. Daher stehe es einzig dem Architekten als Techniker und Künstler in einer Person zu, Städte und Agglomerationen räumlich zu ordnen und zu gestalten. Er allein sei dank seines Wissens, seiner Gabe zur Koordination und seiner harmonischen Vorstellungsgabe von Raum und Zeit („vision d'harmonie dans l'espace et le temps") zur Führungsposition bei diesem Vorhaben berufen.

Die Resolution zu Staat und Gesellschaft vervollständigte schließlich das Paralleluniversum architektonischer Kongreßrhetorik, in welchem der Architekt ein unabhängiger, dem Dienste am Menschen verpflichteter Universalist sein konnte. In diesen Jahren der „Prähistorie" systematischer methodenbasierter Stadtplanung, um Peter Halls maliziöses Diktum zu zitieren, stilisierte der Text den Architekten zu einem weitsichtigen, alle gesellschaftlichen Bereiche durchdringenden Planer und Künstler.[99] Zur Einlösung dieses Anspruchs stattete die Resolutionswirklichkeit den Architekten mit verschiedenen Qualifikationen aus: Seine künstlerische Begabung, die angeblich wissenschaftliche Fundierung seines Vorgehens und die Universalität seiner Orientierung erhoben ihn darin vor allen anderen dazu, die Industriegesellschaft vor der „Planlosigkeit", der „Vermassung" und „übertriebenem Individualismus" zu bewahren.

Die urbanistischen Diagnostiker der „Planlosigkeit" waren, was ihr Arbeiten in einer Industriegesellschaft betraf, paradoxerweise selbst planlos im Umgang mit dieser Gesellschaft. Gesellschaft blieb ihnen in wesentlichen Punkten eine ‚terra incognita'. So richteten sich ihre Forderungspakete und Planwelten an eine imaginäre Industriegesellschaft, deren Gegenwart in dunklen Tönen gefaßt wurde. Die Vorzüge eines derartigen schematischen Vorgehens für die tägliche Arbeit waren evident: Abgehobene Abstraktionen des industriegesellschaftlichen Alltags ließen sich ungleich leichter als Verbindung räumlicher und gesellschaftlicher Ordnungsformen präsentieren. Damit drückte sich dieses Vorgehen davor, die aus praktischen Gründen unumgänglichen eigentumsrechtlichen, organisatorischen und gesellschaftlichen Problemfelder anzusprechen, die einer Umsetzung dieser Vorhaben entgegenstanden. Die Großsiedlungen, die dann während der fünfziger und sechziger Jahre entstanden, liefern dazu keine Gegenbelege – ganz im Gegenteil: Sie stehen für dasselbe urbanistische Denken, das sich selbst überschätzt, weil es sein gesellschaftliches Gegenüber – in diesem Fall: die städtische Wohnbevölkerung – in den konzeptionellen Studien kaum zur Kenntnis nimmt und sich deshalb zutraut, vom Zeichentisch aus diesen Maßstab in all seinen Facetten zu kontrollieren. Die konzeptionellen Mängel dieses kurzsichtigen „Pragmatismus" manifestieren sich im regionalen und nationalen Maßstab besonders deutlich, den die UIA-Resolutionen ja explizit zum Anspruchsbereich der Architektur erhoben hatten. Wie wir am Beispiel der „New Towns" gesehen haben, wird dort nämlich schmerzhaft spürbar, daß faktische Raumordnungen von anderen Kräften entwickelt werden als denen, über welche Architekten räsonieren. Die UIA-Resolutionen faßten prägnant zusammen, was die theoretischen Arbeiten und praktischen Experimente der zurückliegenden Jahrzehnte geleitet hatte. Sie proklamierten und verteidigten ein Sendungsbewußtsein, das kaum zu den vielen offenen Fragen und Widersprüchen passen will, die das praktische Arbeiten an der Stadt immer begleiten. Zweifelnde oder gar kritische Stimmen waren dennoch kaum zu vernehmen. Noch immer blieben Voten wie jenes von Bruno Taut die Ausnahme, der sich bereits im Vorfeld des Zweiten CIAM-Kongresses hinsichtlich des allgemein proklamierten Selbstbildes mit einigen Bedenken an Hugo Häring gewandt hatte. Taut bezweifelte, daß Architekten auch nur im Bereich des Wohnungsbaus zu den drängenden Problemen überhaupt Relevantes beizutragen hätten. Im gängigen Vorgehen sah er die „Gefahr des Dilettantismus", „den Architekten von seinen Aufgaben eher ab[zu]lenken als ihnen zu[zu]führen". Eine solche Kritik an der Sichtweise, als Architekt – wie Taut spitz anmerkte – „Übersoziologe", „Übernationalökonom", „Überingenieur" und „Überhygieniker" in einer Person zu sein, war selten.[100] In den Rollen- und Gesellschaftsvorstellungen der UIA aktualisierte sich 1948 der gleiche, in Fachkreisen kaum umstrittene Anspruch, weit über gestalterische Belange hinaus für die Gesellschaft zuständig zu sein. Nur der Architekt verfügte nach dieser Lesart über das Rüstzeug, zum Kern der Dinge vorzudringen, diesen freizulegen und ihn zur Grundlage der Lösung zu machen. Von den Maschinenmetaphern der Zwischenkriegszeit war diese Vision einer von

Architekten orchestrierten, umfassenden industriegesellschaftlichen Harmonie weit entfernt – an der Totalität des Vorhabens hatte sich allerdings genauso wenig geändert wie an der Unzulänglichkeit der Werkzeuge, deren man sich zur Realisierung dieser Harmonie bedienen wollte.
Darüber hinaus steckte in den Kongreßresolutionen der UIA ein gravierendes Mißverständnis, das im Grunde die Architektur- und Städtebaudiskussion bis heute begleitet. Verweise auf aktuelle gesellschaftliche Trends wie Rationalisierung, Verkehr und Massenkonsumgüter sollten die Aktualität der architektonischen Diskurswelten und Arbeiten belegen. Solche Referenzen auf gegenwärtige Entwicklungen waren aber weder von Auseinandersetzungen mit Entstehungsbedingungen dieser Phänomene begleitet noch basierten sie auf Analysen ihrer Wechselwirkungen mit der gesellschaftlichen Entwicklung. So war zwar der Verweis auf das Fordsche Fließband durchaus beliebt und beflügelte nicht zuletzt die Phantasie im industriellen Wohnungsbau. Wie wenig plausibel diese Metapher war, Häuser wie Autos zu bauen, zeigte sich schon daran, daß die Marktbedingungen mit einem traditionellen, aber ausgesprochen flexiblen Bausektor sich grundlegend von den Entstehungs- und Produktionsbedingungen der Automobilindustrie und des Automobilmarkts unterschieden.[101]
Die Stadt der Moderne hätte sich auch damals schon durchaus anders lesen lassen, als dies in den Harmonie- und Versöhnungsansprüchen der Lehrbücher und Resolutionen geschah. So haben ja die damalige Soziologie oder Belletristik gerade das Gegenteil ins Auge gefaßt, indem sie eine Auffächerung von Perspektiven und Interessen thematisierten, die in modernen Gesellschaften nicht mehr in Übereinstimmung gebracht werden konnten. Ein Architektur- und Städtebaudiskurs wie der hier dargelegte konnte seine Harmonie- und Kontrollvorstellungen nicht mit Maßnahmen und Konzepten stützen, die eine harmonische industriegesellschaftliche Realitäten hätten Wirklichkeit werden lassen. Die Rhetorik der UIA-Resolutionen war dafür symptomatisch und repräsentativ. Darin stilisierte sich der Architekt zum Baumeister der Industriegesellschaft, ohne sich je um die institutionellen Kontexte zu kümmern und sie auf ihre Auswirkungen auf das städtebauliche Arbeiten zu prüfen. Die Chancen für die beabsichtigte Einflußnahme auf den räumlichen Wandel waren damit schon auf der konzeptionellen Ebene kompromittiert.

3 Die Neue Stadt:
Arbeiten am Faksimile der Industriegesellschaft

Italienische Architekten-, Intellektuellen- und Politikerkreise haben, wie Carlo Olmo nachgewiesen hat, nach dem Ende des Zweiten Weltkriegs bis 1960 die Frage der sozialen Ordnung zunehmend als Angelegenheit der urbanen Form begriffen, ohne allerdings theoretisch über eine genauere Vorstellung von Stadt zu verfügen.[102] Die italienische Entwicklung läßt sich durchaus verallgemeinern: Um 1950 waren zwar überall in Europa die genauen Konturen der Stadt der Gegenwart nach wie vor reichlich unklar. Der Dynamik der städtebaulichen Debatten tat dies aber keinen Abbruch. Ganz im Gegenteil: Daß sich in dieser Zeit der Brennpunkt der Diskussion zusehends vom Wohnungsbau auf die Neue Stadt verlagerte – also auf eine umfassende, alle Lebensbereiche berücksichtigende Stadtstruktur –, kann als Zeichen gesehen werden für die wachsende Zuversicht der Planer und Architekten, die Parameter benennen zu können, an welchen sich die künftigen Siedlungsformen und die weitere Siedlungsentwicklung orientieren sollten.

Die Vision von der modernen Stadt der Zwischenkriegszeit war eine Wohnstadt gewesen. Licht, Luft und Öffnung bildeten ihre am Universellen ausgerichteten Koordinaten. Daraus resultierte eine Konzentration der theoretischen Arbeiten auf den sozialen Wohnungsbau, die sich längst nicht nur in CIAM-Kreisen feststellen ließ. Auch hinsichtlich des Umfangs waren die bedeutendsten städtebaulichen Realisierungen der Zeit sozialpolitisch motivierte Siedlungsbauten gewesen, wenn wir an Ernst Mays Städtebau in Frankfurt oder die Amsterdamer Stadterweiterungen denken. Die „Wohnung für das Existenzminimum" wurde nach 1945 rasch von einer Orientierung urbanistischer Konzepte an der Idee einer differenzierten Gesellschaft abgelöst.[103] Diese stand für vielschichtigere Bedürfnisse und breiter gefaßte Wertvorstellungen, denen Architekten einen idealen räumlichen Rahmen und architektonischen Ausdruck schaffen sollten. Das Neue in der Debatte lag also bei genauerer Betrachtung im Gesellschaftlichen: Anfänglich äußerte es sich nur in einem aufgefächerten Anforderungsprofil, das in neue Bebauungsmuster wie die „gemischte Bauweise" umgesetzt wurden. Im Laufe der darauffolgenden Jahre aber bildeten sich in der Architektur-

und Städtebaudiskussion, wie wir in diesem Kapitel sehen werden, explizit ausformulierte soziologische Modelle idealer Stadtgesellschaften heraus.[104] Noch 1950 war klar, wovon man sich entschieden distanzierte. So ortete man weiterhin in den Hinterhöfen und Großsiedlungen der bestehenden Stadt Keimzellen der „Vermassung" und des „Kollektivismus". Zugleich lehnte man mehr und mehr genossenschaftliche Überbauungen wegen ihrer stadträumlichen Monotonie ab und bemängelte bald auch den Schematismus der städtebaulichen Theoriebildung der Zwischenkriegsjahre. So waren in den CIAM derartige Kritiken schon bald nach dem Zweiten Weltkrieg zu vernehmen: Aldo van Eyck sprach bereits 1947 am ersten CIAM-Kongreß nach dem Kriege von einem Wendepunkt, der die Architektur von Irrwegen der Vorkriegszeit wegführen werde: Der alte Kampf zwischen Imagination und Common Sense sei tragischerweise zugunsten des letzteren ausgegangen. Zugleich entdeckte van Eyck aber in den CIAM Anzeichen, die auf eine Überwindung der Tyrannei durch ein cartesianisches Verständnis deuteten. Die Macht der künstlichen Werte, die zeitgenössischen Existenzen oktroyiert würden, beginne zu wanken.[105]

Van Eycks Diagnose unterstreicht, wie stark nach der Wiederaufnahme der kriegsbedingten Unterbrechung des internationalen Austauschs das Bedürfnis war, zu neuen Ufern aufzubrechen. Neue Ufer hieß dabei, nicht sich bisher eher vernachlässigten Beispielen zuzuwenden, sondern ganz neue Wege zu beschreiten. Auf dem Weg zur Stadt der Zukunft dienten die Hochhausgebirge der US-amerikanischen Städte als Anschauungsbeispiele dafür, was dabei vermieden werden sollte. Dazu die skizzenhaften Impressionen eines New Yorker Spätsommertags im Jahre 1949, die der Schweizer Architekt Werner M. Moser niederschrieb: „1. Die dunstige, kohlenstauberfüllte Luft [...] 2. Die hohen Blöcke sind immer noch so weit auseinander, daß große Lücken entstehen und die dichte monotone Fassade einer langen Straßenfront nicht entsteht, die das gefangene Schauderbild ergibt, das psychologisch beengt. 3. Fifth Avenue: nur 30 m breit 4. Grün: Bäume kommen nicht mehr auf, gehen kaputt. Der Kohlenstaub und der Gasolinegestank schlimm 5. Die Auflösung von Rockefeller Center in einzelne Hochblöcke = das einzig richtige. Der Teint der Frauen muß mit einer Mangelerscheinung der Luft zusammenhängen 6. Die Überhöhe der Bauten vom 15. Stock an wird aus der Nähe nicht mehr realisiert, weil von etwa 45 m an Distanz nach der Höhe, die absolute Entfernung (in der perspekt. Wirkung) noch unterstützt wird als wir den Kopf nur selten erheben. Die Erfahrung können wir auch in der Schweiz machen z.B. Kirchturmspitzen in 40 m viel weiter weg als 40 m in horizontalem Abstand

7. Glas Spiegel: Läden u. Restaurants, alle mit Glas aufgelösten Wänden und Türen [...] Künstliches Licht: überall, auch, da wo Tageslicht eintritt. Allerdings ist das Tageslicht sehr schwach! (Dunst und Dreck in der Luft)."[106] In den Blick des Fachmanns, der Proportionen und Raumorganisationen analysiert, der nicht ohne Bewunderung die Raumwirkungen eines Ensembles von Körpern untersucht und den konsequenten Einsatz neuer Materialien und Konstruktionsweisen notiert, mischen sich kursorische Beobachtungen des städtischen Alltags. Der beobachtende Flaneur findet schließlich in der Hautfarbe der großstädtischen Frauen Symptome dafür, daß sich diese Stadt und ihre Architektur im Endeffekt gegen den Menschen richten. New York war in der Dramaturgie der fachlichen Debatte jener Jahre der Höhepunkt urbaner Fehlentwicklung, der die Städtebautheoretiker in suggestivem Kontrast zum bedrückenden „Schauderbild" von Hochhausschluchten nach dem „menschlichen Maßstab" rufen ließ. Aus dem Beispiel ‚New York' hatte der Fachmann seine Lektionen zu ziehen, wenngleich nur ungünstige, wie auch das folgende Beispiel belegt: Der Vorlesungszyklus, den Sigfried Giedion im Wintersemester 1951/1952 an der ETH Zürich gehalten hat, stand unter dem Titel „Stadt und Gemeinschaft". „New York", ließ Giedion die Studierenden wissen, sei „eines der ersten Beispiele, wo der ganze Plan ausschließlich von Spekulativrücksichten banalster Art bestimmt wird."[107] Der Stadtgrundriß sei deshalb eine Lösung von „Pragmatikern", die öffentliche Räume praktisch vollkommen vernachlässigt hätten: „Bis heute hat New York in jeder Stunde für diesen Mangel an Instinkt zu zahlen, der sich erst viel später auswirkte. Die Fläche von Manhattan ist in enge und falsch orientierte Streifen aufgeteilt, die die Lösung des Verkehrsproblems unmöglich macht." Die Stadt versage nicht nur funktional bei der Bewältigung aktueller Anforderungen, sondern wende sich durch ihre städtebauliche Grundstruktur gegen ihre Bürger: „Man muß in der tropischen Feuchtigkeit eines Hochsommers in den engen Ost-West-Straßen gelebt haben, wenn ihre Wände nächtlich die aufgespeicherte Hitze ausstrahlen. Dann erst kann man voll einschätzen, was ein mechanisches Schachbrettmuster ins Menschliche übersetzt bedeutet." Das Urteil des Theoretikers ging aber noch weiter: In New York ließen sich die „Zerstörungen der menschlichen Bindungen und der Struktur der Stadt als sich gegenseitig bedingende Erscheinungen" in beispielhafter Weise nachvollziehen: Zerstörungen, an deren Ursprung ein Übermaß an Individualismus und die Einseitigkeit wirtschaftlicher Interessen stünden. Unverkennbares architektonisches Indiz dafür waren den europäischen Kritikern die Hochhäuser, die den Himmel von Manhattan dominierten.

In dieser New Yorker Lektüre lassen sich neben der weiterhin entschiedenen Zurückweisung der amerikanischen Stadt veränderte Aufmerksamkeiten der internationalen Fachdebatte ausmachen. Nachdem die städtebaulichen Theorieansätze der Zwischenkriegszeit in der funktional-räumlichen Trennung die Lösung vermutet hatten, mit welcher die städtischen Verhältnisse wieder ins Lot zu bringen waren, gingen nach dem Ende des Zweiten Weltkriegs zunehmend Überlegungen über die Rolle gemeinschaftlicher Einrichtungen in funktionale Betrachtungsweisen ein. Gemeinschaft als neuer Orientierungspunkt bei stadträumlichen Ordnungsbemühungen sollte nun die plausible Vermittlung zwischen Individuum und Stadt ermöglichen, die rein funktionale Betrachtungen nicht zu leisten imstande gewesen waren. Gemeinschaftsorientierte Vorstellungen spielten nicht nur in den auf „neighbourhood-units" aufbauenden Siedlungskonzepten jener Jahre eine Rolle. Sie fanden ihre Fortsetzung in der Entdeckung des Stadtzentrums als Ort der Integration des Individuums in die städtische Gesellschaft. Wie sehr man damals überzeugt war, damit ein vollkommen neues Kapitel des Städtebaus anzugehen, läßt sich schon daran ablesen, daß die CIAM ihren Kongreß von Hoddesdom (1951) dem Stadtzentrum und dessen möglichen Aufgaben widmeten.

Das Postulat eines neuen Ausgleichs des Verhältnisses von Individuum und Gemeinschaft gipfelte schließlich in den Arbeiten an der Neuen Stadt, die im Laufe der fünfziger Jahre überall in Europa Fachleute und Universitätseinrichtungen zu beschäftigen begannen. Aus heutiger Perspektive fasziniert die Neue Stadt als umfassender Versuch, konzeptionell vollständig aus den Verstrickungen und Behinderungen bestehender Stadträume auszubrechen und die Netzwerke der gesellschaftlichen Entwicklung in einem von der Vergangenheit gereinigten Raum neu zu bilden. Deshalb ging auch die Theorie gewöhnlich von der Prämisse aus, urbane Probleme ließen sich nur aus einem übergeordneten regionalen Zusammenhang begreifen und lösen. Somit synthetisierten sich nun die siedlungsästhetischen und nationalökonomischen, versorgungspolitischen und kulturellen Überlegungen, welche die städtebauliche Theoriearbeit schon seit längerem begleitet hatten, im Postulat der Neuen Stadt. Darin wurde der methodische Bruch im Umgang mit der Stadt, den die Moderne gefordert hatte, konsequent vollzogen. Seit der Zwischenkriegszeit orientierte man sich zunehmend an den Kriterien Effizienz, Produktivität und Gesundheit. Sie bildeten die in abstrakte Chiffren gefaßten Antithesen zu den dichten und durchmischten Stadträumen der Großstädte. Das räumliche Erbe der ersten hundert Jahre Industrialisierungsgeschichte wurde so als verwirrende Unübersichtlichkeit und anarchisches Chaos verstanden und radikal verworfen. Dieser methodisch geleitete Blick auf die Stadt mußte darum auch die emanzipatorischen Potentiale übersehen, die die Städte des 19. Jahrhunderts besaßen.[108] Die Neue Stadt bildete nun den nächsten Schritt in dieser modernen Stadtsicht: Die Entwertung, ja sogar Vernichtung bestehender Bausubstanz durch Verkehr, Wirtschaftswachstum, Spekulation und Bevölkerungsentwicklung waren für viele Architekten und Planer ein untrüglicher Beweis für die These, mit den bisherigen städtebaulichen und planerischen Methoden und traditionellen Arbeitsperimetern ließe sich die Lage nicht mehr bewältigen. Das Erbe der Vergangenheit ließ sich in ihren Augen deshalb nur bewahren, wenn ein fundamental neuer Umgang mit der industriegesellschaftlichen Dynamik gefunden werden konnte – konkret: wenn ohne jegliche Beeinträchtigung durch das Bestehende entworfen und geplant werden konnte. Die Planwelten der Neuen Städte, die um 1955 immer mehr Feuilletons und Fachzeitschriften zierten, überschrieben die Flächen außerhalb bestehender Städte nach Maßgabe städtebaulicher und regionalplanerischer Vorgaben. Es waren, wie es Thilo Hilpert ausdrückt, Entwürfe, die auf der „Utopie des Plans" die „Utopie der Gemeinschaft" begründeten.[109] Die Neue Stadt erhielt in bezug auf das regionale und nationale Raumgefüge ihre exakte Position und ihre präzise festgelegten Ausstattungsmerkmale. Von diesen Verankerungsbemühungen und Definitionsprozessen zeugen Dutzende von Regionalplanungsstudien, Fachpublikationen und politische Empfehlungen der Zeit.

Objekte und Subjekte

Die Zeit, die Neuen Städte zu bauen, war nach allgemeiner Berufsmeinung reif. Es galt nun den Schritt aus den Ateliers und weg von den Reißbrettern in die konkrete Gesellschaft der Wiederaufbaujahre zu machen. „Nach fast 25 Jahren wertvoller Forschungsarbeit und theoretischer Formulierung unserer Gedanken für die Planung," meldete sich 1956 Walter Gropius mit einem Aufruf aus Harvard zu Wort, „müssen wir endlich zur aktiven Verwirklichung schreiten. Trotz der Fülle theoretischer Gedanken über die Organisation des Zusammenlebens der Menschen, die sich angesammelt hat, sind wir kaum zu irgendwelchen neuen praktischen Erfahrungen gekommen. Es gibt keinen anderen Weg, als mutig und vorurteilslos neue praktische Versuchssiedlungen in einem Zug aufzubauen, um dann ihren Lebenswert systematisch zu untersuchen. Welche Fülle neuer Erkenntnisse ergäbe sich für Soziologen, Wirtschaftler, Wissenschaftler und Künstler, wenn ausgewählte Teams der fähigsten Städtebauer und Architekten mit Entwurf und Bau neuer Modellsiedlungen betraut würden! Das Ergebnis solcher Versuche würde auch wertvolle Unterlagen zur Lösung des schwierigen Problems der Sanierung bestehender Städte liefern. Die Hindernisse, die wir aus dem Wege räumen müssen, ehe wir solche Versuchslaboratorien für praktisches Leben wirklich bauen können, sind offensichtlich politischer und juristischer Natur. Ohne gesetzkräftige Handhaben werden solche Idealpläne sonst nur zum Symbol schöner Träume und praktischer Ohnmacht."[110] Gropius operierte hier nur mit den erlesenen Ingredienzien der Moderne: Städte und ihre Bewohner als Bestandteile eines wissenschaftlichen Feldversuches, zu dem es keine Alternative gibt – versehen mit dem euphorischen Glauben an die Kalkulier- und Normierbarkeit gesellschaftlich wünschenswerter Zustände. Die ideale und somit auch die gesellschaftlich richtige Stadtform und Stadtstruktur war allein Angelegenheit der Architekten. Die zeitgemäße Gesellschaft verlangte nach unbeeinträchtigter Expertentätigkeit, nach deren untrüglicher Intuition. Die Aufgeschlossenheit der Bevölkerung, läßt sich zumindest vermuten, bemaß sich somit daran, ob und wie sie die ihr unterbreiteten Vorschläge nachzuvollziehen bereit war. Sicherlich: Die Realisierungen sollten durch sozialwissenschaftliche Folgestudien analysiert werden. Aber nicht Interdisziplinarität geisterte durch Gropius' Zeilen, sondern eine klare Hierarchie der Kompetenzen und Entscheidungsbefugnisse, an deren Spitze wie eh und je der Architekt stand. Wenn es die Frage nach der den Anforderungen der Zeit entsprechenden Stadt zu beantworten galt, konnten größere Abweichungen von der Planwirklichkeit nur als unzeitgemäß und rückständig verstanden werden.

In dieser Ansicht liegt eine Grundfigur des städtebaulichen Denkens, die sich nach 1950 zunehmend stabilisierte. Nichts illustriert den Glauben der Disziplin an die eigenen Fähigkeiten besser: Nicht das Stadtbild, die architektonische Durchgestaltung der Volumen oder die Grundsätze zur Anordnung der Baukörper im Raum waren das Verbindende der Entwürfe zu den Neuen Städten – in diesen Punkten offenbarten sich oft sogar große Unterschiede. Der gemeinsame Nenner bestand im Methodischen: Wissenschaftlichkeit, Kalkulierbarkeit und Prognosefähigkeit bestimmten den Zugang zur Stadt – ergänzt um die künstlerische Vision des Architekten. Der Architekt war der Spiritus Rector der Stadt, der die dazu notwendigen Erkenntnisse aus anderen Disziplinen in seine städtebaulichen Überlegungen integrierte.[111] Die Omnipotenzvorstellungen beschränkten sich nicht nur auf die Lehrbücher und Werkausgaben der großen Protagonisten der Moderne, wie auch folgender Ausschnitt aus einem 1955 erschienenen Aufsatz bestätigt, den der Stuttgarter Architekt Manfred Pahl unter dem bezeichnenden Titel „Der ständige Auftrag zur Verwandlung der Landschaft" veröffentlichte: „Jeder Richtlinie für die Entwicklung und Gestaltung der Kulturlandschaft muß die Klarheit über das wahre Wesen des Menschen, in dessen Interesse wir Eingriffe in die Natur machen, zugrunde liegen. Seiner wahren Natur nachzuspüren ist also eine der wesentlichen Voraussetzungen für die Findung seiner echten Gegenwartsbedürfnisse. Das zeitlose Lebensgesetz des Menschen aber zu finden, ist höchste Aufgabe des Städtebauers. Das setzt die Bereitschaft zur Kritik am vorhandenen Bestand, am Überkommenen, ja an Sitte und Brauch voraus, die sich häufig in Unsitte und Mißbrauch gegenüber den ethischen und sachlichen Forderungen der Gegenwart verkehren. Alte Schlagworte müssen bekämpft und abgeräumt, neue Schlagworte müssen geprägt und befolgt werden."[112] In diesem Passus wird der moderne Kanon, dem wir gerade bei Gropius begegnet sind, mit einem noch pompöseren Arrangement versehen. Nicht mehr nur die Ordnung der Gegenwart obliegt dem Städtebauer, sondern auch die Entdeckung der Raum und Zeit transzendierenden Wahrheit menschlicher Existenz. Durch Introspektion legt der Urbanist ihre Charakteristika frei und durchleuchtet gleichzeitig alle Unzulänglichkeiten gesellschaftlicher Realität. Rigoros wird das Bisherige zur Seite geschoben. Freilich besteht das Neue, das der Urbanist zu bieten hat, aus nicht viel mehr als Worthülsen. Wie sind solche Forderungen zu deuten? Haben wir es hier mit den Verirrungen eines heute als funktionalistisch verschrienen Städtebaus zu tun? Von Wolfgang Welsch stammt das schöne Wort, daß der Funktionalismus nicht folge, sondern diktiere.[113] Mit ihm läßt sich vielleicht eine erste Diagnose solcher Städtebauhaltungen und ihres Schematismus vornehmen, keineswegs aber die Mechanik verstehen, mit welchen dieser Städtebau Gesellschaft zu beeinflussen suchte. Der Funktionalismus-Stempel für den Städtebau jener Jahre ist aus mehreren Gründen trügerisch: Denn seine Diagnose unterstellt eine allgemein geteilte Norm, an welcher sich das architektonische Entwerfen und Planen der Zeit orientiert habe. Es gibt aber wenig, was auf einen derartigen Konsens deuten würde. So hat sich beispielsweise Hans Schmidt – ein konsequenter Vertreter der CIAM-Grundsätze – immer ganz entschieden dagegen verwehrt, daß der Funktionalismus – also die simple Entsprechung von Zweck und Form – in den Arbeiten der CIAM eine Rolle gespielt habe.[114] Schmidt legte seiner Architekturhaltung ein Rationalitätsverständnis zugrunde, das zu möglichst offenen Vorschlägen führen und deshalb ein Gebäude auch nicht auf eine bestimmte Nutzung fixieren sollte.[115] Auch ließ sich, wie die schon während ihrer Realisierung umstrittene „Torre Velasca" von BBPR (Banfi, Belgiojoso, Peressutti, Rogers) in Mailand zeigte, der Funktionenbegriff leicht um weitere Facetten neben Wohnen, Arbeiten, Erholen und Verkehr anreichern. Der an die norditalienischen Geschlechtertürme erinnernde neue Turm in der Stadtsilhouette Mailands warf die Frage auf, ob nicht auch historische und kontextuelle Aspekte zu Prämissen eines funktionalistischen architektonischen Entwurfs erhoben werden müßten.[116] Der Anspruch, die „höchste Aufgabe des Städtebauers" in der Suche nach dem „zeitlosen Lebensgesetz" des Menschen zu entdecken, beschränkte sich jedenfalls nicht darauf, Funktionsabläufe zu dekomponieren und analysieren. Diese Schritte waren im damaligen Verständnis nur unverzichtbare Requisiten bei der Komposition einer zeitgemäßen Stadt.

Die Schwachstelle des Umgangs mit Stadt in der damaligen Städtebaudebatte äußerte sich an einem ganz anderen Punkt, der von der an dieser Stelle üblichen Funktionalismus-Kritik nur allzu leicht verdeckt wird: Die städtebaulichen Entwürfe der Zeit behandelten die Beziehung zwischen Architekt und Stadt beziehungsweise städtischer Gesellschaft als eine Art Einwegkommunikation. Dieses Modell, dem wir schon bei Gropius begegnet sind, vermochte zwar funktionale Überlegungen zu integrieren und vielleicht auch statistische Daten in den Entwurf miteinzubeziehen. Es stand aber für ein Städtebauverständnis, das an Städten bauen nur als eindeutige Übertragungen räumlicher, sozialer und funktionaler Vorgaben von Planzeichnungen auf einen bestimmten Ort gesehen hat. Die Krux dieser Einbahnvorstellung manifestierte sich auch im Menschenbild, in der Idee des „wahren Wesens", auf welcher ein solcher Städtebau aufbauen wollte. Das diesem Wesen entsprechende Individuum der Planvorstellungen war ein diskursiv knapp umrissenes und über technische Zeichnungen und Kennziffern konstruiertes Passivum, dessen Alltag nach Maßgabe von Expertenvorstellungen konstruiert und gelenkt wurde. Es bildete die gesellschaftliche Stadtrealität, wie Architekten sie sahen. Davon unterschied (und unterscheidet) sich aber der aktive Aspekt des Stadtbewohners grundlegend: Individuelles Verhalten stimmt(e) ja oft genug kaum mit den Vorgaben urbanistischer Modelle überein. Das verweist auf die fehlerhaften und unvollständigen Modellierungen individueller und gesellschaftlicher Prozesse in städtebaulichen Entwurfsprozessen. Das städtebauliche Arbeiten und Reflektieren nahm solche Indizien nicht auf. Es kannte keine Feedback-Prozesse, welche Abweichungen vom Plan in das zukünftige

Arbeiten eingespeist hätten. Es hielt deshalb auch am Phantom eines Faksimiles des Stadtbewohners fest, das die Grundeinheit des urbanistischen Arbeitens bilden sollte. Der Wissenschaftsphilosoph Ian Hacking hat vor wenigen Jahren mit Blick auf solche Konstruktionsprozesse und ihre Auswirkungen festgehalten, daß wir die Realität, die Experten gleichsam von oben herstellen, entschieden von der Realität trennen müssen, die das autonome Verhalten von unten schafft.[117] Der Städtebau hat dies gerade mit der Neuen Stadt schmerzlich erfahren müssen, widersprachen doch die faktischen Verhältnisse in den neu gebauten Stadtgebieten schmerzlich den planerischen Vorstellungen.[118]

Diese Widersprüche können aber nicht einfach als „Funktionalismus" oder „Taylorisierung der städtischen Lebensfunktionen" erfaßt werden.[119] Sie begleiten jedes städtebauliche Arbeiten. Genauer besehen besagen solche Zuschreibungen wenig. In den Planwelten spiegelt sich nicht einfach das Leitbild einer Zeit; vielmehr verbinden sich städtebauliche Ansätze mit kulturellen Denkgewohnheiten, politischen Präferenzen oder ästhetischen Vorstellungen. Die mit der Taylorismus-Diagnose gerne gekoppelte Maschinenmetapher der Stadt beispielsweise ignoriert diese komplexen Verklammerungen, die auf den Zeichentischen und in den Situationsmodellen jener Jahre Gestalt annehmen. Anders formuliert: Die Stadt als Maschine war Teil einer modernen Rhetorik, die bis heute zur Beschreibung dieser Zeit herangezogen wird, um die Technikfixiertheit der damaligen städtebaulichen Arbeitsweisen zu benennen. Über die konkreten Heuristiken bei der Arbeit in den Ateliers vermögen uns aber sowohl Taylorismus-Diagnose als auch Maschinenmetapher wenig zu erhellen: Wie kritisch nämlich in der Zeit die technische Entwicklung in europäischen Fachkreisen kommentiert wurde, läßt sich an der janusköpfigen Faszination ablesen, welche die Vereinigten Staaten nach dem Zweiten Weltkrieg in den Architekturdebatten auslösten: Die Bewunderung für die rasanten Veränderungen, für die ungeahnten kreativen Möglichkeiten kollidierte mit einer tiefen Skepsis, ja sogar Furcht vor den gesellschaftlichen Realitäten in einer allein auf Technik und Wissenschaft setzenden Gesellschaft, als welche die US-amerikanische damals angesehen wurde. Die europäische Technikdiskussion wurde darum in dem Bemühen geführt, die technische Entwicklung politisch und kulturell zu lenken: Das Bekenntnis zu einem Leben auf der Höhe der Zeit und der Wunsch nach einem harmonischen Einssein mit der Realität der Industriegesellschaft äußerten sich in der Überzeugung, die ästhetischen Empfindungen, die Aufgeschlossenheit und die Moralität der Existenz sollten den gleichen Entwicklungsstand wie die wirtschaftlich-technische Leistungsfähigkeit besitzen. Mit anderen Worten: Die Universalität von Technik und Wissenschaft treten hier als Indikatoren einer authentischen Lebensgestaltung auf, in der die kulturelle Produktion – hier die architektonische und städtebauliche Arbeit – bis ins Private hinein das gesellschaftlich Mögliche umfassend reflektiert. Technik für sich sollte also kein Gradmesser sein. Vielmehr sollten Technik und Kultur zusammengeführt werden. Die Maschinenmetapher übersieht diese Dimensionen.

Die auf den nächsten Seiten folgende Auseinandersetzung mit der Neuen Stadt widmet sich den Differenzen zwischen den Gesellschaftsmodellen der Urbanisten und städtischem Alltag. Die erste Studie fragt nach den konkreten Modalitäten, mit denen die neue städtische Gemeinschaft konzipiert worden ist. Anlaß dazu sind Überlegungen wie jene Sigfried Giedions, der 1955 die überragende Qualität von Le Corbusiers Werk in der Verflechtung von „räumlicher Imagination" und „sozialer Imagination" behauptet hat.[120] In Le Corbusiers Schaffen verbindet sich tatsächlich – wenn wir beispielsweise an den Typus der „Unité d'Habitation" denken – eine ungemeine gestalterische Kraft mit einer sozialen Kreativität, die bestehende Ordnungen verwirft und an ihre Stelle etwas Neues setzt, das aus der Intuition geboren ist. Gerade darin zeigt sich aber, daß das, was Giedion Le Corbusier als genialische Eigenschaft zuschreibt, nur ein Spezialfall des allgemeinen Umgangs mit Gesellschaft in Architektur und Städtebau ist: Städtebau entwirft immer Gesellschaft – oft allerdings nur intuitiv, wenig reflektiert. Die Neue Stadt erweckt diesbezüglich besonderes Interesse, weil damals auch Studien durchgeführt wurden, die das Ziel der Schaffung einer neuen Stadtgesellschaft im eigentlichen Wortsinne begriffen haben und deshalb Stadt explizit in ihren gesellschaftlichen Strukturen entwerfen wollten: Die Fallstudie 3 untersucht die Bemühungen einer schweizerischen Architekten- und Planergruppe, für ihr Studienprojekt „die neue stadt im furttal" den idealtypischen Gesellschaftsaufbau methodisch herzuleiten, der das Gestalten und Ordnen der Baukörper leiten sollte. Daraus lassen sich Rückschlüsse auf die gesellschaftlichen Konstruktionsprozesse ziehen, die jeglicher städtebaulicher Vorgehensweise inhärent sind.

Die Fallstudie 4 wendet sich Brasilia zu (vgl. S. 81f) – dem wohl paradigmatischen Beispiel der Neuen Stadt. Brasilia illustriert ein städtebauliches Denken, das Stadtwerdung komparativ-statisch begreift. Die Vorzüge, die ein solches Vorgehen für Architekten mit sich bringt, liegen auf der Hand. Das urbane Heute wird messerscharf vom Morgen getrennt. Es ist kein Hindernis mehr. Ungeklärte Aspekte der gegenwärtigen Stadtrealität trüben nicht länger das städtebauliche Arbeiten. Den ermittelten Befunden der aktuellen Situation – statistisch erfaßt über Bevölkerungszusammenstellungen, Wertschöpfungsanalysen und anderes mehr – lassen sich so Alternativen gegenüberstellen, die eine aus diesen Daten zusammengesetzte Gesellschaft räumlich in einem entschiedenen Gegensatz zum Bestehenden entstehen lassen. Die stupende Klarheit des methodischen Sprungs vom Bestehenden zum Kommenden hat aber auch ihre toten Winkel: Sie übergeht die komplexe Bestimmung des empirischen städtischen Raums – des bestehenden wie des kommenden. Auch in Brasilia, wo Planierraupen die großen Achsen des Stadtgrundrisses in die rotbraune Erde geschrieben haben, verfügten – wie wir heute wissen – die Architekten keineswegs über die ersehnten demiurgischen Fähigkeiten, eine ideale Gesellschaft zu schaffen. Zwischen Costas Masterplan und dem heutigen Brasilia liegen verschlungene Prozesse gesellschaftlichen Wandels, in welchen die Stadt erst ihre faktischen Eigenschaften entwickelt hat. Dabei hat Brasilia in vielen Punkten die Gesellschaft reproduziert, die zu überwinden die visionären Politiker und die avantgardistische Architektengruppe angetreten waren.

Fallstudie 3: Im Labor der Neuen Stadt[121]

Die „Neue Stadt" in Otelfingen bei Zürich ist virtuell geblieben – übrigens ganz im Sinne ihrer Schöpfer. Eine nach 1957 mehrere Jahre an dem Projekt arbeitende fünfköpfige Architekten- und Planergruppe um Ernst Egli, Professor für Städtebau an der Eidgenössischen Technischen Hochschule Zürich, wollte in der Abgeschiedenheit ihrer Studios und Arbeitsräume in einer Gesamtschau aller Aspekte die Grundlagen einer zeitgemäßen schweizerischen Stadt bestimmen.
Es gibt nicht viele planerische oder städtebauliche Projekte, an denen mit vergleichbarer Akribie und mit ähnlichem Anspruch gearbeitet worden wäre. In über dreißig Sitzungen (Mai 1957 bis März 1958) wurde ein weites Spektrum von Fragen behandelt. Die aus regional- und raumplanerischer Sicht ideale Lage der Stadt wurde ebenso bestimmt wie ihre wirtschaftlichen Grundlagen. Teiluntersuchungen beschäftigten sich mit wohnsoziologischen Erörterungen oder mit den Infrastrukturbedürfnissen. Die Ergebnisse bildeten die Basis für ein konventionelles städtebauliches Vorgehen, bei welchem nach einer räumlichen Komposition des Stadtkörpers und einer idealen Einbettung in die Landschaft gesucht wurde. Der allen Untersuchungen gemeinsame Fokus bestand in dem Bemühen, eine den Bedingun-

gen und Besonderheiten der Schweiz gerecht werdende Lösung zu erarbeiten. Städtebaulich und stadtplanerisch orientierte sich die Gruppe an den maßgebenden Theorien der Zeit und arbeitete aktuelle Ergebnisse der internationalen Fachdebatte ein. Ihre Untersuchungen und Vorschläge bieten eine ausgezeichnete Gelegenheit, Experten um 1960 bei ihrer Arbeit an der idealen Stadt über die Schultern zu blicken. Städte bauen war für sie nicht politische Utopie, sondern eine mit dem Know-how des beruflichen Alltags bestrittene Optimierung bestehender gesellschaftlicher Verhältnisse.

Neue Zugänge zur Stadt

Noch 1952 hatte ein weitsichtiger Augur wie Sigfried Giedion die Dinge nach wie vor im Fluß gewähnt: „Wenn eine Stadtform sich ändert", teilte er seiner Zuhörerschaft mit, „so ist das ein Anzeichen, daß die Lebensform sich ändert, d. h. daß man sich in einer Krisen- oder, präziser ausgedrückt, in einer Übergangsperiode befindet."[122] Bald darauf schien für Fachleute in ganz Europa in der Leitvorstellung der Neuen Stadt die Stadtform wieder gefestigt. Die Neue Stadt stand für ein sprunghaft gewachsenes Vertrauen der Architekten in die Fähigkeiten der eigenen Disziplin, das Wesen der Stadt räumlich, funktional und gestalterisch verbindlich festlegen zu können. Das Besondere an dem konzeptionellen Sprung, der sich an Otelfingen, stellvertretend für viele ähnliche Vorhaben jener Jahre, festmachen läßt, ist allerdings nicht an den verwendeten Gebäudetypen abzulesen. Die für Otelfingen vorgeschlagenen Punkt- oder Scheibenhochhäuser oder die über 200 Meter langen Zeilenbauten waren längst in Einzelprojekten und Siedlungen realisiert worden – sie gehörten gewissermaßen zum damaligen Standardrepertoire. Die Neuerung bestand auch nicht darin, daß diese Gebäudetypen das Arsenal bildeten, aus welchem eine ganze Stadt nach dem Leitbild der „gemischten Bauweise" geschaffen wurde. Die entscheidende Zäsur gegenüber dem bis dahin üblichen Vorgehen war, daß hier die Gestaltungsansprüche des Städtebaus, die seit der Rhetorik der Moderne erklärtermaßen auch soziale und ökonomische Prozesse miteinbezogen, explizit ausformuliert wurden.
Die Neue Stadt Otelfingen war somit weit mehr als eine stadträumliche Übung, sie war die verfahrensgestützte Konstruktion einer Laborwirklichkeit von Stadt. Dies zeigt sich am deutlichsten bei anscheinend harmlosen Aufgaben, etwa bei der Frage, welche Dienstleistungspalette für eine mit der Zeit im Einklang stehende Neue Stadt anzustreben sei. So bemühte sich

Studiengruppe Neue Stadt, Die Neue Stadt Otelfingen, 1961,
Kleinquartier

Studiengruppe Neue Stadt, Die Neue Stadt Otelfingen, 1961,
Blick über die Neue Stadt von Süden

Ernst Egli in einer Teilstudie um die Ermittlung des Flächenbedarfs der Neuen Stadt. Dazu versuchte er zunächst, die aktuellen individuellen und kollektiven Bedürfnisse vollständig zu erfassen und sie dann räumlich nach ihrer Größe und Verortung verbindlich festzulegen.[123] Für Kleinquartiere wurden sogenannte „A-Dienste" festgelegt. Diese waren in sieben Kategorien – „Persönliche Dienste", „Verkehrsdienste", „Versorgungsdienste", „Gewerbliche Dienste", „Warendienste", „Kulturdienste" und „Öffentliche Dienste" – gegliedert, die insgesamt etwa fünfzig verschiedene Dienstleistungen erfaßten. Für die nächsthöhere Einheit, das Quartier, sollten im Zentrum „B-Dienste" eingerichtet werden. Diese umfaßten in denselben sieben Kategorien etwa hundert verschiedene Dienstleistungen, die von „Pedicure" über „Südfrüchte/Gemüse, Delikateßgeschäfte", ein Bildhaueratelier und eine Bierhandlung, eine Sprachschule bis „Landeskirche und Zubehör" reichten. In der City schließlich fanden sich die sogenannten „C-Dienste": Insgesamt wurde im Stadtzentrum für etwa 150 Positionen ein Raumbedarf ausgeschieden, der unter anderem so unterschiedliche Dienste wie Pferde-Metzgereien, einen Geflügel-Wild-Spezialisten, eine mormonische und ein bis zwei mennonitische Kirchen, einen Pfannenmacher, zwei Sparkassen, das Fundbüro, ein Schönheitspflege-Studio und eine Schreib- und Stenographieschule vorsah.

Diese Arbeit mochte zwar von der Absicht angeleitet gewesen sein, die gesellschaftlichen Bedürfnisse der Zeit objektiv zu notieren. Allein: Indem Egli diese abschließend aufzählte, setzte er die industriegesellschaftlich geprägte Wirklichkeit mit einem bestimmten – konventionellen – Satz ihrer Phänomene gleich. Damit machte er die Auseinandersetzung mit den Bedingungen der Zeit zu einer imaginären: Der Architekt *konstruierte* einen industriegesellschaftlichen Normalltag für industriegesellschaftliche Normalexistenzen. Hier schlägt die Absicht der Projektanten, ausschließlich mit Hilfe objektiver wissenschaftlicher Kriterien eine ganze Stadt zu entwerfen, in eine Art „walk on the wild side" um, der technokratische Vorhaben begleitet, wenn bei der Bestimmung gesellschaftlicher Prozesse die Politik der Wissenschaft Platz machen soll. Für die Planungsgruppe standen bezeichnenderweise „in vermehrtem Maße ethische Maximen" im Vordergrund. Auf das feste Fundament „wissenschaftlichen" Vorgehens gestellt, befanden sich ethische Fragestellungen, konkrete Bedürfnisse und Planungsgrundsätze nicht mehr länger im Widerstreit: „Wir beginnen einzusehen", meinte Werner Aebli, der für die „soziologischen Grundlagen" des Otelfinger Projekts zuständig war, „daß die Resultate einer gewissenhaften und leidenschaftslosen Erforschung der psychischen und physischen Bedürfnisse des Menschen uns die Richtlinien einer modernen Stadtplanung zu liefern haben, einer Planung, die nach Abklärung [!] dieser Bedürfnisse sich leidenschaftslos der Technik bedienen darf, um sie zu befriedigen."[124] Hier irrten die Planer: Vertikal und horizontal ausdifferenzierte Klassenbildungen beschrieben eben nicht einfach soziale Zusammenhänge, sondern verordneten ihnen, was städtisches Leben zu sein habe und wo es stattzufinden habe.

Montagearbeiten an einer neuen Stadtgesellschaft

Wie in den Jahrzehnten zuvor war Städtebau in diesen Jahren über weite Strecken räumliche Ordnung und Organisation der Stadt in der Totalen. Der Ordnungsbegriff meinte einen strikt hierarchischen und geregelten Aufbau des städtischen Raumgefüges, innerhalb dessen die spezifische räumlich-funktionale Organisation der einzelnen Teile für sich und in ihrer Beziehung zueinander erfolgte. Solche auf raumästhetischen Kriterien und planerischen Kennzahlen aufbauende Überlegungen wurden nach 1955 zusehends um eine gesellschaftliche Dimension erweitert. Auslöser dafür waren die sich überall in Europa mehrenden Anzeichen eines wenig befriedigend verlaufenden Wiederaufbaus und Stadtumbaus, die zu der Einsicht führten, daß, wie der Stadtsoziologe Hans-Paul Bahrdt es formulierte, „wesentliche Merkmale städtischen Lebens verkümmert sind"[125]. Sein 1961 erschienenes Buch *Die moderne Großstadt* stellte mit viel Sachverstand die aktuellen Leitideen und Konzepte in Städtebau und Stadtplanung in Frage. Bahrdt votierte entschieden dafür, die Großstadt als Faktum anzunehmen und planerisch wie auch städtebaulich entsprechend zu behandeln. Ihr eigentliches Charakteristikum lag für ihn in ihrem besonderen Verhältnis von Privatem und Öffentlichem. Daraus destillierte er die seines Erachtens anstehende entscheidende urbanistische Aufgabe: Privates und Öffentliches jeweils für sich und in ihrem wechselseitigen Verhältnis zu sehen. Ein Anhaltspunkt sollte die soziale Durchmischung der Quartiere sein; zudem sollte der Erosion der städtischen Öffentlichkeit Einhalt geboten werden. Bahrdt zufolge bestand sie wesentlich in der Vereinnahmung von Plätzen und Straßen durch den motorisierten Verkehr.[126]
Überlegungen für eine stärkere Ausrichtung auf die städtische Gemeinschaft waren im Städtebaudiskurs schon seit einiger Zeit diskutiert worden. So hatte bereits 1951 der CIAM-Kongreß im britischen Hoddesdon unter

dem Titel *The core of the city* eine Abkehr vom strikt räumlich-funktionalen Vorgehen der Zwischenkriegszeit thematisiert, indem er das Stadtzentrum als den bisher vergessenen Ort der Interaktion von Individuum und Gemeinschaft entdeckte. Giedions 1956 erschienenes Bändchen *Architektur und Gemeinschaft* entdeckte im Architekten denjenigen, der kraft seiner künstlerischen Sicht zeigen könne, daß wirtschaftliches Wachstum nicht zu dem damals von vielen Kritikern diagnostizierten Verlust von städtischer Gemeinschaft führen müsse. Wie der Kunst war es auch der Architektur und der Planung beschieden, der „sozialen Lethargie" zu begegnen und über „räumliche" und „soziale Imagination" zur „Bewußtmachung des Lebens, das nebelhaft in den Zeitgenossen schlummert", beizutragen und damit „Gesellschaft" wieder zu einer „Gemeinschaft" zu machen.[127]

Für viele Fachleute kristallisierte sich damit die neue Schlüsselaufgabe heraus, die Schaffung von „Gemeinschaft" zum Ausgangspunkt der konzeptionellen Arbeit an städtebaulichen Ordnungen und Gebäudetypologien zu erheben. Bald machte auch das Wort von der Soziologisierung des Städtebaus die Runde. „Architekt = Arzt – das ist richtig u. Soziologe" lautete beispielsweise die mit dicken roten und blauen Farbstiftstrichen eingerahmte Formel des ETH-Professors für Architektur, Werner M. Moser, die sich unter seinen Notizen zu einem Kolloquium über die Wechselbeziehung zwischen dem „Schöpferischen und dem Fortschritt" findet.[128] In Mosers Gleichung steckte die gegenüber der Zwischenkriegsphase deutlicher artikulierte Meinung, der Architekt verfüge über die Werkzeuge, die gesellschaftliche Wirklichkeit den aktuellen Bedürfnissen und Anforderungen entsprechend zu konzipieren. Im Lichte des Kolloquiumstitels erhält dieser Anspruch konkrete Konturen: Das „Schöpferische" des Architekten sollte den bisherigen, rein instrumentellen „Fortschritt" durch eine umfassendere, auch ästhetische und kulturelle Aspekte integrierende Vorstellung ersetzen.

Worin bestand die „soziale Imagination" des Architekten, und wie veränderte der gesellschaftliche Impetus die städtebauliche und architektonische Praxis? Die Untersuchungen zur Neuen Stadt Otelfingen liefern reiches Anschauungsmaterial, wie der Städtebau jener Jahre Gesellschaft auf dem Reißbrett konstruiert hat. Dabei vollzieht sich der Übergang von der impliziten zu einer expliziten Modellierung der Stadtgesellschaft. Das Neue an den städtebaulichen Arbeiten für Otelfingen läßt sich deutlich am Umgang mit Statistiken ablesen. Statistiken lieferten der städtebaulichen Praxis immer schon wichtige Basisdaten. Bereits seit dem 19. Jahrhundert haben Städte durch die zunehmend umfassendere Erhebung demographischer, sozialer und ökonomischer Daten Aufmerksamkeit für medizinische, bildungsbezogene etc. Vorhaben ebenso geschaffen wie für städtebauliche Erweiterungs- oder Sanierungsprogramme.[129] Wahrscheinlichkeiten, Häufigkeiten und Verteilungen markierten somit Ansatzpunkte zur Festlegung von stadtplanerischen Interventionsgebieten. Neu war nun nicht, daß im Konzept der Neuen Stadt die Lebenszusammenhänge – Wohnen, Arbeiten, infrastrukturelle Bedürfnisse, Erholung – auf die ganze Stadt ausgedehnt wurden; das hatte auch schon die großen Siedlungsplanungen in der Zwischenkriegszeit gekennzeichnet. Der entscheidende Schritt war ein anderer: Statistische Erhebungen dienten nun dazu, die Lebenszusammenhänge detailliert zu entwerfen und nach planerischen und gestalterischen Gesichtspunkten optimal zu lokalisieren.

In Otelfingen wurden die räumlich-ästhetische Organisation und die gesellschaftliche Struktur in analogen Hierarchien aufgebaut. Kleinste städtebauliche Einheiten bildeten aus mehreren Wohnhäusern bestehende „Nachbarschaften" für etwa 200 Personen, von denen drei jeweils eine „Nachbarschaftsgruppe" bildeten. Jedes der insgesamt 16 Kleinquartiere mit je 1800 Einwohnern umfaßte drei solcher Gruppen. In den Kleinquartieren war ein Zentrum mit den für diese Größe notwendigen öffentlichen Funktionen und Versorgungsdienstleistungen vorgesehen. Je vier Kleinquartiere bildeten auf der nächsthöheren Stufe ein Quartier, dessen Zentrum die entsprechenden übergeordneten Funktionen zu erfüllen hatte. Die City schließlich sollte Ort der Verwaltung und der zentralen kulturellen Funktionen der Neuen Stadt sein. Jede der räumlichen Ebenen oder „Stufen" der Neuen Stadt wurde nach den drei Ordnungsgrundsätzen „Stufung", „Überschaubarkeit" und „Kernbildung" konzipiert, wobei jeder dieser Grundsätze gestalterische und gesellschaftliche Implikationen besaß.[130] Unter „Stufung" verstand man eine präzise Zuordnung spezifischer Funktionen zu den verschiedenen Raumebenen der Stadt, die auch städtebaulich entsprechend ausgebildet wurden. „Überschaubarkeit" meinte nicht nur die architektonische Lesbarkeit der neu geschaffenen stadträumlichen Zusammenhänge, sondern beabsichtigte auch die Wiederherstellung jener Transparenz stadtgesellschaftlicher Strukturen, die, wie Städtebauer und Planer schon seit längerem monierten, im Zuge der industriegesellschaftlichen Dynamik verloren gegangen sei. In einer „Kette von Sichtverbindungen von der Familie bis zum Stadtzentrum" sollte die Einbindung der baulichen Hierarchie in den stadtgesellschaftlichen Gesamtzusammenhang sichtbar gemacht und damit auch für die angestrebte gesellschaftliche Lesbarkeit gesorgt werden.[131] In der „Kernbildung" schließlich war die Verbindung

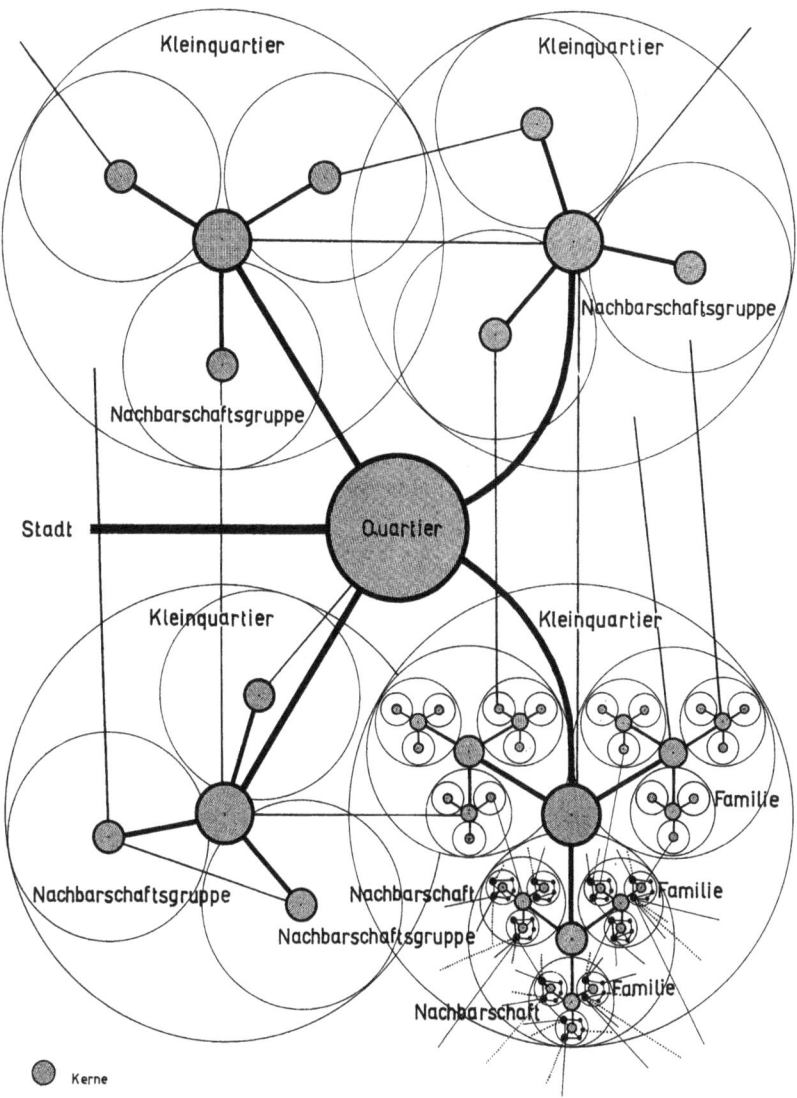

Studiengruppe Neue Stadt, Die Neue Stadt Otelfingen, 1961, Schematische Darstellung der menschlichen Beziehungen in der Stadt

von räumlichen und gesellschaftlichen Intentionen besonders deutlich: Die Schaffung eines Quartierzentrums etwa sollte als räumlich wahrnehmbarer und stadtgesellschaftlicher Schwerpunkt konzipiert werden. Die um und auf einem zentralen Platz angeordneten Nutzungen – Hauptschule, Oberstufen der Volksschule, untergeordnete öffentliche Verwaltung, die Kirche und das Gemeinschaftszentrum mit Quartiersaal – orientierten den staatsbürgerlichen Alltag auf das Quartierzentrum und sollten so zur Ausbildung eines tragfähigen Kollektivs beitragen.

An dieser Stelle scheint es sinnvoll, noch einmal die industriegesellschaftliche Normalexistenz in Erinnerung zu rufen, die in Ernst Eglis Dienstleistungsstudie das Licht der Atelierwelt erblickt hatte. Mit ihr nämlich erhielt das in der Studie erhobene Postulat, „die Stellung des Menschen im Stadtgefüge neu zu festigen", erst konkrete Bedeutung.[132] Dem durch disziplinär fragmentierte Wahrnehmungsweisen gefilterten städtischen Alltag wird eine alternative Welt mit präzise vermessenen Bezügen und Werten entgegengestellt: Es gelte, „zuerst dieses Netz der menschlichen Beziehungen, so wie es sich aus dem Verhalten des heutigen Menschen ablesen läßt, klar herauszuarbeiten. Dabei muß unterschieden werden zwischen den Erscheinungen, die der heutigen menschlichen Siedlung [...] entsprechen, menschlich jedoch von Übel sind, und den Beziehungen, die heute bestehen und bestehen bleiben müssen. Vor allem müssen auch die Beziehungen aufgedeckt werden, die dem heutigen Menschen und seinen Vorstellungen von einer glücklichen Zukunft entsprechen würden, die aber jetzt kaum zum Ausdruck kommen."[133] Der Text offenbart eine erstaunliche Zuversicht, die komplexe Phänomenologie urbaner Verhaltensmuster trennscharf zwei Lagern zuweisen zu können, von denen künftig ausschließlich das eine den Gang der Dinge in der Stadt bestimmen würde. Das auf diese Weise freigesetzte Gute, Saubere und Ordentliche der industriegesellschaftlichen Normalexistenz kennt keine Schatten, keine dunklen Winkel, sondern nur mehr die fröhlich-optimistische Moderne, in der jeder Schritt und jede Handbewegung bereits in der Voraussicht des Planers bedacht, klassifiziert und räumlich verortet wird. Moderne Planungsprinzipien wie die räumlich-funktionale Trennung oder strikte Entflechtung der Verkehrsarten waren die Werkzeuge, mit denen die Studiengruppe ihre Arbeit fortsetzte. Beim Arbeiten am Guten, Sauberen und Ordentlichen verrieten die Planer eine fundamentale Skepsis gegenüber der kompakten, dichten und gemischten Stadt, die damals Planer und Architekten (oft unbewußt oder in Kennziffern und anderem verborgen) bestimmt hat. Das Wesen der Stadt war und blieb ihnen fremd.

Fallstudie 4: Brasilia – Grautöne in der weißen Stadt

Das Glück erzählt sich nur schwer, läßt sich einmal die Stimme des Chronisten in François Truffauts Film *Jules et Jim* vernehmen. Das Glück falle immer wieder durch die Maschen der Sprachnetze, mit welchen wir die Welt zu ordnen hoffen; nur in wenigen Momenten gelinge es uns, es in Sprache zu fassen und anderen verständlich zu machen. In Truffauts aphoristischer Bemerkung klingt die Melancholie über die Vergeblichkeit an, Gründe für ein gutes und glückliches Leben benennen zu können. Darin wird sie zu einer Parabel auf die lange gehegte Zuversicht, der wissenschaftlich-technische Fortschritt genüge, um den Menschen ein aufgeklärtes, und damit glückliches und zufriedenes Leben zu bereiten. Die Stadt war der archimedische Punkt, von dem aus die Industriegesellschaft eine rationale und zugleich humane Ordnung ihrer Determinanten erhalten sollte.

Die Absicht des Neubeginns verdeutlicht sich gerade am Beispiel der im Laufe der fünfziger und sechziger Jahre des zwanzigsten Jahrhunderts verfolgten Hauptstadtneugründungen in Entwicklungsländern: Brasilien, Bangladesh, Indien oder Ghana – um nur einige zu nennen – bedienten sich der modernen Urbanistik als eines weithin sichtbaren Werkzeugkastens dafür, in der Gegenwart angekommen zu sein und die künftige gesellschaftliche Entwicklung auf die Trinität Ordnung, Vernunft und Wissenschaft zu gründen.[134]

Brasilia spielt in diesem Zusammenhang eine Sonderrolle – schon seit ihren Anfängen. Wie wenige andere Beispiele verleiht die Stadt der Melancholie des nachindustriellen Zeitalters konkrete Gestalt. Bei heutigen Betrachtern löst Brasilia ein unablässiges Schwanken zwischen Bewunderung und erschreckter Ablehnung aus: Die „Stadt der Hoffnung" ist Tagtraum und Sündenfall zugleich. Kaum einmal in der Geschichte städtebaulicher Realisierungen begründete sich das Neue so entschieden aus einer Rhetorik, die alles Bisherige aufzugeben vorgab. Bereits die Idee, die neue Hauptstadt in die noch kaum besiedelte Savannenlandschaft des brasilianischen Hochlandes zu verlegen, inszenierte den Neubeginn mit viel Pathos; Umberto Eco sprach von Brasilia als der „letzten Utopie des 20. Jahrhunderts". Heute erzählt die Stadt davon, daß die Zukunft immer nur an den Horizont der Gegenwart gezeichnet werden kann – von den Bedingungen der Zeit kann sie sich nicht freimachen. In der unausräumbaren Differenz zwischen dem heutigen Morgen und dem zukünftigen Heute – um noch einmal Niklas Luhmann zu paraphrasieren – zersetzt sich deshalb notwendigerweise das utopische Versprechen.

Anfänge

Brasilia gilt heute als späte Blüte eines städtebaulichen Denkens, das während der Zwischenkriegszeit entwickelt worden war. Damit ist aber nur eine Facette der Stadt erzählt. Brasilia war auch nicht einfach nur Symbol eines neuen Abschnitts brasilianischer Geschichte. Das Versprechen, das sich das Land mit der Stadt geben wollte, war umfassender: Eine Stadt sollte zum Transformator einer ganzen Gesellschaft werden; die im Alltag des Landes immer noch prägende feudale und kolonialistische Vergangenheit sollte getilgt, Brasilien an die Moderne angeschlossen werden. Erst aus der Verbindung von Städtebau und politischem Umbau erhellt sich die wahre Dimension des Projekts.

Vorstellungen, Brasiliens künftige Hauptstadt von der Küste ins Landesinnere zu verlegen, fanden sich bereits im 18. Jahrhundert. Oft waren sie, wie 1883 bei dem italienischen Salesianerpriester Don Bosco, an die Vision geknüpft, auf dem Hochplateau werde eine große Zivilisation entstehen.[135] 1891 kam es dazu, daß das Vorhaben zum Bau einer neuen Hauptstadt in Artikel 3 der brasilianischen Verfassung verankert wurde. Danach gab es einige zaghafte Versuche, der Idee Taten folgen zu lassen. Angesichts der vielen politischen und ökonomischen Unwägbarkeiten, die das Unternehmen mit sich gebracht hätte, wurde es lange Zeit kaum ernsthaft in Erwägung gezogen. 1946 bekräftigte dann ein neuer Verfassungsartikel die Idee einer Verlegung der Hauptstadt noch einmal, was dem Plan neue Schubkraft verlieh. So wurden in der ersten Hälfte des darauffolgenden Jahrzehnts Standortevaluationen durchgeführt, aus denen das Gebiet des heutigen Brasilia als das am besten geeignete hervorging. Bald darauf wurden erste provisorische Straßen und ein improvisierter Flugplatz angelegt sowie Finanzmittel für den Bau der neuen Hauptstadt bereitgestellt. Im Rahmen seiner erfolgreichen Präsidentschaftskampagne machte Juscelino Kubitschek 1955 die Realisierung der neuen Hauptstadt zum zentralen Programmpunkt seines Wahlkampfs.

Kubitscheks von 1956 bis 1961 dauernde Amtszeit stand dann ganz unter dem Zeichen der Stadtgründung. Diese sollte als „grand projet" funktionieren, mit Hilfe dessen Brasilien auf das Niveau einer modernen Industriegesellschaft gebracht werden sollte. Zur Realisierung der neuen Hauptstadt waren in Schlüsselbereichen – Kommunikation, Verkehr, Planungstechniken, Konstruktion etc. – erhebliche Wissens- und Technologietransfers notwendig, die auf die ganze brasilianische Gesellschaft ausstrahlen sollten. Das neue transnationale Verkehrsnetz sollte die Küstengebiete mit der neuen Hauptstadt verbinden und dadurch das Landesinnere erschließen und modernisieren. Brasilia kam eine Rolle zu, die Leonardo Benevolo später als allgemeinen Auftrag der modernen Architektur betrachtete:[136] Zeitgemäße Architektur sei kein Teil der elitären Avantgarde, sie hatte sich in seinen Augen vielmehr zu einer Dienstleistung gewandelt, die unmittelbar zum gesellschaftlichen Fortschritt beitrug und eine Dynamik entfaltete, die die Gesellschaft transformierte. Demokratie war ihr politischer Ausdruck, Planung ihre Grundlage. Das paternalistische Moment aber blieb. Demokratie sollte sich allein durch die geschickte Hand des städtebauenden Architekten und die ihn leitenden Prinzipien herstellen – Mitsprache und Konsens als grundlegende Prinzipien demokratischer Gesellschaft gehörten nicht dazu.

Der Wettbewerb und Costas Masterplan

Die architektonische Schlüsselposition beim Brasilia-Projekt war Oscar Niemeyer zugedacht. Er wurde vom Staatspräsidenten Kubitschek nicht nur zum Chefarchitekten der verschiedenen öffentlichen und repräsentativen Gebäude ernannt, Niemeyer war auch für die Ausarbeitung und die Durchführung des im September 1956 national ausgeschriebenen Planungswettbewerbs für die neue Hauptstadt verantwortlich. Nicht einmal ein halbes Jahr blieb den Teilnehmern zur Ausarbeitung ihrer Vorstellungen. Schließlich begutachtete eine internationale Jury die 26 Beiträge.[137] Jedes Team hatte einen Übersichtsplan im Maßstab 1:25 000 sowie einen Bericht abzuliefern. Auf dem Plan waren die stadträumliche Ordnung und die Verbindung ihrer Elemente, die Freiflächen und die Verkehrsinfrastrukturen, die technischen Leitungen sowie die Einbindung in den regionalen Kontext darzulegen.
Unter den eingegangenen Arbeiten stach Lúcio Costas Beitrag durch ein ausgesprochen prägnantes, geradezu suggestives städtebauliches Bild hervor. Darum sah sich auch die Jury bei der Einschätzung des Projekts zu Charakterisierungen wie „klar", „direkt" oder „grundsätzlich einfach" veranlaßt. Costa hatte auf Berge von technischen Zeichnungen, statistischen Untermauerungen und ökonomischen Prognosen – Standardrequisiten städtebaulichen Arbeitens – verzichtet. Sein Projekt enthielt weder Standortevaluationen noch Etappierungsvorschläge. Nur 15 Handskizzen auf fünf Papierbögen lagen der Jury vor, dazu der geforderte Bericht, der allerdings nur 23 kurz gehaltene Artikel umfaßte.

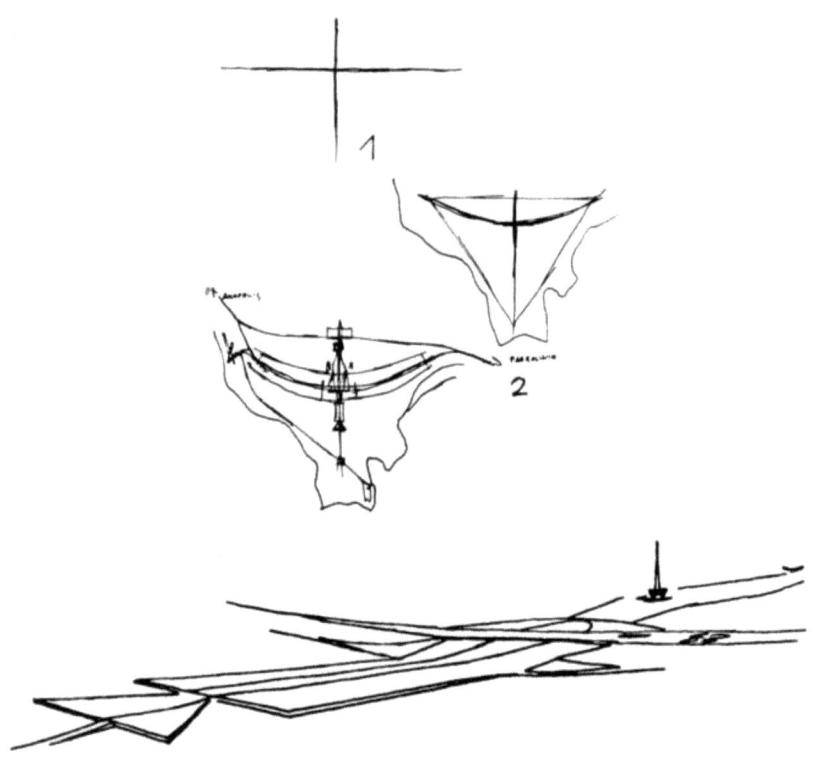

Lúcio Costa, Wettbewerbsbeitrag Brasilia, 1957

Costa begann die Folge seiner Skizzen mit einem bedeutungsträchtigen Zeichen. Mit wenigen Strichen zog er ein Achsenkreuz, eine Figur, die seit alters den Bauplatz bezeichnet. Städtebau erschien damit als Geste, die den Akt des Schöpferischen über profane Überlegungen zu Wirtschaft und Gesellschaft stellte. Mit dieser gleichsam „archaischen" Figur hatte Costa bereits das städtebauliche Gerüst der künftigen Hauptstadt festlegt. Es betonte Abgeschlossenheit und Vollkommenheit als Grundqualitäten des räumlichen Konzepts. Nicht Wachstum und Ausdehnung waren die Orientierungspunkte, sondern die suggestive Kraft des Vollendeten. Über die weiteren Skizzen entwickelte Costa die städtebauliche Ordnung Brasilias aus einer Folge einfacher geometrischer Schritte. Schließlich entpuppte sich die Vertikale des Kreuzes als die repräsentative, in Ost-West-Richtung verlaufende *Eixo Monumental* (Monumentalachse) mit Ministerien und Dienstleistungsangeboten; auf den beiden Seiten der *Eixo Rodoviário Norte* beziehungsweise *Eixo Rodoviário Sud* genannten Horizontalen sollten die Wohngebiete der neuen Hauptstadt liegen. Die weiteren Skizzen galten eher technischen Fragen. Sie enthielten konzeptionelle Vorstellungen hinsichtlich der Platzgestaltungen, der Lage und Form der repräsentativen Gebäude, formulierten verkehrstechnische Lösungen wie Zufahrten und Abfahrten oder diskutierten den Grundaufbau der Wohnviertel.

In seinem ergänzenden Bericht orchestrierte Costa die konzeptionelle Grundidee seines Masterplans mit einer raffinierten narrativen Strategie. Die einleitenden Zeilen zeigten einen sperrigen Wettbewerbsteilnehmer, der ganz der Intuition folgte. Brasilia sollte nicht einfach „urbs", sondern gleich „civitas" sein. Mehr noch: Costa machte den Plan zum eigentlichen Gründungsdokument der egalitären Gesellschaft. Die brasilianische Gesellschaft werde sich, schrieb er, durch den Bau der neuen Hauptstadt ihres kolonialistischen Erbes entledigen. Allerdings fehlte jeder Hinweis auf praktisch-politische Anforderungen und institutionelle Notwendigkeiten; die Transformation der Gesellschaft setzte allein auf die Kraft räumlicher Ordnungsmuster.

Costas Skizzenbündel und Ausführungen formulierten eine städtebauliche Figur von prägnanter Geometrie, in der Wohnen, Arbeiten, Freizeit und Verkehr konsequent voneinander getrennt waren. Als Regierungssitz war Brasilia zunächst einmal eine Stadt der Ministerien und der Repräsentation, die sich auf die Monumentalachse konzentriert. Diese Stadt beginnt im Osten beim von Parlament, Regierungssitz und Gericht begrenzten Platz der drei Gewalten. An ihn schließt die *Esplanada dos Ministérios* (Esplanade der Ministerien) mit ihren exakt in einer Reihe gestaffelten

Scheibenhochhäusern an. Sie flankieren die beiden fünfspurigen Verkehrsachsen, die beidseits entlang der gesamten Monumentalachse verlaufen. Die Wohngebiete beschränken sich auf die Nord- und Südflügel der neuen Hauptstadt. Einfamilienhäuser sollte es in einer *egalitären* Hauptstadt nur mehr in Ausnahmefällen geben; sie sollten nur außerhalb der städtebaulichen Grundfigur realisiert werden dürfen, jedes vom nächsten wenigstens einen Kilometer entfernt. Am Schnittpunkt der beiden Achsen hatte Costa eine Plattform mit mehreren Ebenen vorgesehen, die er als Zentrum der künftigen Stadt vorstellte. Hier befindet sich der Busbahnhof, hier queren auch die Straßenverbindungen zwischen dem Nord- und Südflügel der Stadt. Costa verstand die Plattform als einen Ort des Ankommens, der die Sicht auf die repräsentativen Gebäude freigeben und die Verbindung zu den Sitzen der städtischen Verwaltung und den Sportanlagen in der westlichen Fortsetzung der Monumentalachse herstellen sollte.

Wie läßt sich der Masterplan in der damaligen städtebaulichen Diskussion verorten? Das von Costa und Niemeyer verwendete Konzept des fließenden, kontinuierlichen Raums beruht auf der Idee einer *kontextlosen Universalität der Geometrie*. Ähnliche Vorstellungen begleiteten damals auch Le Corbusiers erhabenes Wort vom „espace indicible" – dem unbeschreiblichen, mit Worten nicht zu erfassenden Raum – oder Sigfried Giedions Idee vom „unteilbaren Raum". Raum aktualisiert sich in der Moderne als ein von konkreten Verhältnissen unberührtes Medium architektonischer Kreativität. Die Idee des unbeschreibbaren und unteilbaren Raums war eine elementare Voraussetzung für die Dispositionsgewinne, die Costas Planwelten erst möglich machten.

Nun ist es zwar üblich, in Costas Brasilia die Anmaßungen verfehlter CIAM-Doktrinen wie der räumlich-funktionalen Trennung am Werk zu sehen. Funktion für Funktion wurde vom Architekten genau bezeichneten Stadtsegmenten entlang der Monumentalachse zugeordnet. So hat Brasilia heute Sektoren für Botschaften, ausschließlich Hotels vorbehaltene Sektoren, solche, die nur über Freizeitangebote verfügen, Felder für kulturelle Einrichtungen, für Spitäler, für Dienstleistungen oder auch ausschließlich Banken enthaltende Sektoren. Allerdings hatten die CIAM um diese Zeit das Dogma der strikten räumlichen Trennung der Funktionen schon längst aufgegeben. Auch Giedions entschiedene Ablehnung von Costas Masterplan unterstreicht dies. Noch in der Planungsphase hatte er sich in einem Schreiben an Niemeyer gewandt und den Chefarchitekten der neuen Hauptstadt vor dem „urbanistic failure" gewarnt, der in Brasilia drohe. Die *Eixo Monumental* hatte er als „rather dangerous" bewertet; eine solche

Stadt würde kaum je mit Leben erfüllt sein. Für wie grundlegend Giedion die konzeptionellen Fehler hielt, unterstreicht der emphatische Aufruf am Ende seines Schreibens: „Change, change the plan!"[138]
Wie haben wir Costas Planung einzuschätzen, wenn das Label „CIAM" dazu nicht recht passen will? Ein Blick auf andere Beiträge zum Hauptstadtwettbewerb hilft hier weiter. Das mit der Nummer 8 versehene Projekt stammte vom Büro MMM Roberto. Die Gebrüder Roberto schlugen an den Ufern des Stausees die Anordnung von sieben zwölf-eckigen Gebilden vor, die sich wie übergroße Blumen ans Seeufer legten – ergänzt um eine weitere städtebauliche Einheit. Die Zentren dieser „Unidades Urbanas" sollten durch ein Schnellstraßensystem und eine „Monorail" verbunden werden. Jede dieser Einheiten sollte in ihrem Zentrum einen bestimmten Sektor der nationalen Verwaltung enthalten: Während die Ministerien für Kultur, Finanzen oder Wissenschaft in den sieben Unidades angesiedelt werden sollten, sah der Masterplan das Regierungszentrum in der separaten Einheit am See vor. Der strikte Schematismus setzte sich beim Aufbau dieser Einheiten fort: Bereiche mit privatem und kollektivem Wohnen waren in den äußeren Ringsegmenten abwechselnd nebeneinander angeordnet. Der innere der beiden Ringe bestand aus zwölf Elementen, von denen jeweils zwei identisch aufgebaut und einander gegenübergesetzt waren. In der Mitte schließlich lag das jeweilige Ministerium in einer großzügigen, bebauten Parklandschaft mit Scheibenhochhäusern und Flachbauten. Rino Levi dagegen baute sein Brasilia ausgesprochen weitläufig auf, gliederte die Stadt in verschiedene Segmente und definierte dichtere und weniger dichte Nachbarschaften von 48 000 bzw. 16 000 Einwohnern. Neben der flacheren Bebauung für die größeren der Nachbarschaften sah er die Errichtung von 18 jeweils 300 Meter hohen Scheibenhochhäusern vor, in denen je 16 000 Menschen leben sollten. Die verschiedenen Stadteinheiten waren in großflächige Grünräume eingebettet und durch ein effizientes, linear angelegtes Schnellstraßennetz verbunden.
Läßt man die verschiedenen Wettbewerbsbeiträge Revue passieren, so entdeckt man wesentliche Übereinstimmungen mit Costas Vorgehen. Alle Beiträge folgten einer strikt funktionalen Trennung. Der Aufbau der Wohngebiete bediente sich – wie damals allgemein üblich – des Vokabulars von Zellen und Nachbarschaften. Alle Pläne zeigten möglichst kreuzungsfreie, orthogonale Straßenführungen, deren Ein- und Auffahrten elegante Geometrien beschrieben. Hochhausscheiben wechselten mit Flachbauten ab. Kein Plan vertraute der kompakten Stadt mit ihren engen Straßen und Plätzen – statt dessen ragten Kompositionen architektonischer Solitäre im

Stadtraum auf. Schließlich setzte jeder Wettbewerbsbeitrag die Kontrolle über den Boden und die Macht des Staates voraus, diese geometrischen Bilder vollständig umzusetzen. Der *Zeit* war jeder gestaltende Einfluß auf die kommende Stadt abgesprochen. Costas Beitrag befand sich somit konzeptionell durchaus im Einklang mit seinen Berufskollegen, auch wenn seine Skizzen diese Haltungen nicht unmittelbar verrieten.

Gebaute Planwelten

Nach der Jurierung wurde rasch zur Realisierung geschritten. Bereits am 21. April 1960, am 168. Todestag des brasilianischen Freiheitskämpfers Tiradentes, konnte die Hauptstadt eingeweiht werden. Die fotografischen Aufnahmen der ersten Baustellen in Brasilia umgibt heute ein leicht surrealer Eindruck. So ragt auf einer Aufnahme vor einem dramatischen Himmel ein primitives Baugerüst bis zu dreißig Geschossen auf. Daneben zeichnet sich in der öden Steppenlandschaft bereits Niemeyers gigantische Betonschale markant ab. Was bald als Nationalkongreß eingeweiht werden sollte, gruppiert sich auf diesem Bild mit dem Regierungssitz und dem Gerichtsgebäude zu einem bizarren Stillleben. Ein anderes Beispiel: An den frühen Flugaufnahmen der *Esplanada dos Ministérios* irritiert, wie wenig die rigide Linearität des großmaßstäblichen Denkens mit dem Boden verbunden wirkt, auf dem diese Gebäude errichtet worden sind. Die Bilder der langsam wachsenden *Superquadras* – wie die mit mehreren großen Wohnbauten bestückten quadratischen Blocks des Nord- und Südflügels von Costa genannt wurden – erinnern an Wohnwagensiedlungen, die zwar in strikter Geometrie angeordnet sind, aber keinerlei Beziehung zum Baugrund haben. Die Fotografien scheinen die Absicht der Architekten zu unterstreichen, für die Initialisierung der neuen brasilianischen Gesellschaft bauliche und räumliche Sachzwänge zu schaffen, indem sie eine möglichst große Differenz zwischen die existierende Situation und die Zukunft legen. Gerade darin wird Brasilia zu einem exemplarischen Fall, der die wesentlichen Züge des städtebaulichen Denkens der Zeit sichtbar macht. Die Absichten und die Instrumente unterscheiden sich in ihrem Wesen nicht vom damaligen disziplinären Stand der Dinge. Nur das ungewöhnliche Ausmaß der Umsetzung trennt den Städtebau in Brasilia vom „courant normal".

Costas Visionen der weißen Stadt der Moderne, wie Brasilia auch genannt wurde, mochten wie Niemeyers skulpturale Architektur ihrer Repräsen-

Brasilia, Platz der drei Gewalten mit der Esplanade der Ministerien, um 1960

Brasilia, Busbahnhof am Schnittpunkt der beiden Achsen, nach 1960

tationsgebäude zwar den Anschein erwecken, dem ererbten Bild der Stadt komplett entrückt zu sein. Wie aber die Geschichte Brasilias bis heute zeigt, konnten weder ihr Städtebau noch ihre Architektur die Gesellschaft überwinden, deren Nachfolgerin Costa und Niemeyer auf ihren Zeichnungen bereits eingeschrieben glaubten.

Superquadras: Wohnen in der egalitären brasilianischen Gesellschaft

Eine wichtige Annahme der entwerferischen Arbeiten an Brasilia bestand in der Unterstellung einer unmittelbaren Beziehung zwischen der modernen Architektur und der Entstehung einer modernen brasilianischen Gesellschaft. In Brasilien besaß moderne Architektur bei öffentlichen Gebäuden eine in die Zwischenkriegszeit zurückreichende Tradition, mit einem neuen architektonischen Ausdruck die entschiedene Distanzierung von der kolonialen Vergangenheit zu signalisieren. Der Bau einer ganzen Stadt bot die Möglichkeit zu einer Verdeutlichung der Idee. 1959 sprach Oscar Niemeyer in einem programmatischen Aufsatz über Form und Funktion in der Architektur davon, daß die architektonischen Freiheiten moderner Konstruktionsweisen den Betrachter vom bisherigen Korpus an ästhetischen Erfahrungen und kulturellem Wissen befreiten und damit bereits auf der Wahrnehmungsebene die Bedingungen für einen Neuanfang schüfen.[139] Bei den öffentlichen Gebäuden bediente sich Niemeyer für Brasilia einer ungemein plastischen, mit geschwungenen Formen arbeitenden Architektur. Auch in ihrer Maßstäblichkeit entsagten die Gebäude bestehenden Konventionen. Als einzelne Körper waren sie in einen offenen, nicht begrenzt gedachten Raum gesetzt – freistehend sollten sie ihre Wirkung möglichst unbeeinträchtigt entfalten können.

Dieser Bruch mit dem Bisherigen sollte auch das Wohnen in der neuen Hauptstadt prägen. Unter Punkt 16 seiner ergänzenden Erklärungen hatte Costa die Entwicklung von „Superquadras" als städtebaulicher Grundeinheiten der etwa 14 Kilometer langen Nord-Süd-Achse vorgeschlagen. Die 240 auf 240 Meter großen Quadrate sind heute mit je acht bis elf Wohngebäuden bebaut. Insgesamt wird in der heutigen Stadt dieses Modul in vier Bändern auf beiden Seiten der Stadtautobahn einhundertzwanzig Mal wiederholt. Die Superquadras bildeten die stadtgesellschaftliche Grundeinheit, die den ästhetischen Bruch mit dem Vergangenen, den Niemeyer bei den öffentlichen Gebäuden verfolgte, um eine grundlegende soziale Zäsur ergänzte.

Brasilia, Blick über Superquadras, nach 1960

Die Superquadras beherbergen auch heute noch die Mehrheit der Bewohner im „Plano Piloto". Jede der 120 Einheiten wird heute von 2500 bis 3000 Einwohnern bewohnt. Die Wohngebäude sind meist auf Pilotis stehende, sechsgeschossige Gebäude ohne Balkone, eingebettet in einen großzügig dimensionierten Grünraum. Nach Costas Vorstellung sollten die einzelnen Superquadras im städtischen Alltag funktional möglichst autonom sein. Im Inneren des quadratischen Rasters befinden sich darum Kindergärten und Schulen, an einer Seite liegen zur Straße gewandt die Einkaufsgelegenheiten. Vier Superquadras bilden eine Nachbarschaft; gemeinsam nutzen sie Kirche, Park, Kino und Sportanlagen, Clubs, Supermarkt und Tankstellen. Das emanzipatorische Programm machte Brasilia rasch zu einem beliebten Untersuchungsgebiet für anthropologische Feldforschungen.[140] Diverse Studien haben gezeigt, daß die Superquadras und Nachbarschaften, die Costa zur Formulierung und Festigung der neuen brasilianischen Gesellschaft vorgesehen hatte, von den Menschen nicht entsprechend angenommen wurden. Bald schon war in Brasilia deshalb ein Wort geboren, das zum Ausdruck bringen wollte, wie stark sich das verordnete Leben in der neuen Hauptstadt vom gewohnten brasilianischen Alltag unterschied. Der Ausdruck „brasilite" bezeichnete einen Alltag in privater Abgeschiedenheit. Brasilias Bewohner lobten zwar die überdurchschnittliche ökonomische Situation, die gute Versorgung mit Infrastruktur über alle Stadtteile, sowie die geringe Kriminalität. Diese im Vergleich mit anderen brasilianischen Städten unbestreitbaren Vorzüge hatten aber ihren Preis. In Brasilia machte sich ein monotoner Alltag in privater Abgeschiedenheit breit. James Holston hat 1989 überzeugend dargelegt, wie das städtebauliche Konzept und der Bruch mit dem überkommenen Stadtaufbau genau dazu beigetragen haben.[141] Straßen beschränken sich darauf, eine möglichst schnelle motorisierte Verbindung zwischen zwei Punkten bereitzustellen; Orte des öffentlichen Lebens wollen sie hingegen nicht mehr sein. Ihnen fehlen die Menschen, wie sie die Straßen brasilianischer Städte bevölkern.
Was sich in vielen Kommentaren zu Brasilia einstellt, ist der Eindruck einer ungemeinen psychischen und räumlichen Leere. Sie findet sich in den Regierungsvierteln und setzt sich in den Wohngebieten fort. In den als Zentren gedachten Orten – Busterminal, Freizeit- und Einkaufseinrichtungen – dominiert eine routinemäßige Nützlichkeit, mit der jeweils eine Funktion – Mobilität, Unterhaltung, Einkaufen – erledigt wird. Stadträumlich in Serie geschaltet, repräsentieren die Funktionen nur diejenigen menschlichen Aktivitäten, die auf Reißbrettwelten als städtisch definiert worden sind. Städtisches Leben entsteht so aber nicht. Die geradezu unheimliche Leere

von Brasilias Stadträumen aktualisiert vor Ort eine wesentliche Konstante moderner und nachmoderner Existenzweisen. Marc Augé hat für diesen Zustand den Begriff „Nicht-Orte" geprägt. Seine hellsichtige anthropologische Lektüre der räumlichen Beziehungsmuster der Gegenwart meint dabei aber nicht einfach die Negation des Ortes, der keine architektonische Gestaltung erfahren hat. Vielmehr fehlen Nicht-Orten Eigenschaften, mit denen sich städtische Identitäten und Identifikation erst ausbilden können. Die Erklärung dafür entdeckt Augé in den Rollen, die den Menschen in diesen Räumen zugewiesen sind: „Sobald Individuen zusammenkommen", schreibt er, „bringen sie Soziales hervor und erzeugen Orte. Der Raum der Übermoderne ist von diesem Widerspruch geprägt: Er hat es stets nur mit Individuen zu tun (mit Kunden, Passagieren, Benutzern, Zuhörern), doch er identifiziert, sozialisiert und lokalisiert diese Individuen lediglich am Eingang oder am Ausgang. Sofern die Nicht-Orte den Raum der Übermoderne bilden, müssen wir folgendes Paradoxon erklären: Das soziale Spiel scheint anderswo als an den Vorposten der Gegenwart stattzufinden."[142] Genau darin dürfte die Irritation ihren Ausgangspunkt nehmen, die im Ausdruck „brasilite" eingefangen ist. Die Straße war in den alten brasilianischen Städten der Ort, wo sich Rollen und Selbstverständnisse erst wesentlich ausbildeten. Die öffentlichen Räume in Brasilia suchen, den Planungsideologien ihrer Schöpfer folgend, solche immer auch unkontrollierbaren Prozesse zu unterbinden. Die Superquadras blenden schon durch die verschiedenen konzeptionellen Setzungen das Offene und Unbestimmte aus. Der neue egalitäre brasilianische Mensch der Planwelten schrumpft auf die Rollen, die die monofunktionalen Räume festlegen oder zulassen. Am deutlichsten wird dies paradoxerweise auf dem Platz der drei Gewalten – gerade dort also, wo sich die transformierte brasilianische Gesellschaft am sichtbarsten manifestieren sollte. In enormen Dimensionen zelebriert dieser Stadtplatz das demokratische Staatsgefüge. Seine Ausmaße und die Maßstäblichkeit der umliegenden Regierungsgebäude ignorieren aber das Individuum, auf dessen Rechten und Freiheiten jede taugliche Demokratie aufbauen muß. So wirken die auf dem Platz angebrachten Sitzbänke als akzentuierende Staffagen, die den Gesamteindruck des städtebaulichen Gefüges markanter hervorheben. Menschen hingegen scheinen die Eleganz und Erhabenheit zu stören, die Niemeyers Schöpfungen ausstrahlen. Der Platz der drei Gewalten kennt die Öffentlichkeit nicht, ohne welche Demokratie eine leere Worthülse bleibt.
Nicht verfehlte Machtansprüche der Architektur und des Urbanismus, sondern die Ohnmacht beider Disziplinen gegenüber dem gesellschaftlichen

Wandel ist wohl das entscheidende Fazit. Brasilien war stärker als die architektonischen Vorstellungen und die gesellschaftliche Utopie eines fortschrittlichen Landes. Gleichheit läßt sich zwar in Verfassungsartikeln und planerischen Richtwerten formulieren, garantieren allerdings nicht. Die Wohlhabenden der Stadt wollen mit der Idee des egalitären Nebeneinanders in den Wohnblocks der „Superquadras" längst nichts mehr zu tun haben und sind in die Villenviertel gezogen, denen Costa und Niemeyer kaum mehr Raum zugestehen wollten. Die Mehrheit der Menschen lebt heute in Armutsquartieren außerhalb des „Plano Piloto". Auch in Brasilia zeigt sich somit die einseitige Verteilung von Ressourcen und Möglichkeiten, die lateinamerikanische Gesellschaften charakterisiert. Doch nicht nur die ungleich verteilten Lebenschancen schreiben sich seit der Inaugurationsfeier räumlich unübersehbar in den Alltag der brasilianischen Hauptstadt ein. Auch die Menschen haben sich den Plandiktaten verweigert, sie haben hartnäckig den Straßenraum zurückerobert, den ihnen Costas Masterplan verweigern wollte. Von tausenden Füßen gebildete Trampelpfade über die großen Grünräume der Monumentalachse zeugen ebenso vom Eigensinn der Stadtbewohner wie die Umbauten der Ladenzonen in den Nachbarschaften, die sich von den Straßen ab- und den Fußgängern zuwenden, die in Costas Gedanken so spärlich bedacht worden waren.

Aus der Perspektive des Städtebaus symbolisiert Brasilia weniger die naiv-idealistische Verirrung, mit Städtebau Gesellschaft reformieren zu wollen, als eine ungewollt markante Zuspitzung einer urbanistischen Schlüsselerfahrung des 20. Jahrhunderts: Stadt wird nie so umgesetzt, wie Architekten es sich vorstellen. Auch noch so ausgeklügelte Pläne laufen an Politischem, Kulturellem und Gesellschaftlichem auf und verkehren oft genug gut Gemeintes in sein Gegenteil. In diesem flirrenden Unbestimmten zwischen richtig und falsch mag auch ein wesentlicher Grund dafür liegen, warum Brasilia bis heute Architekten, Kulturschaffende und Sozialwissenschaftler beschäftigt.

Eintrübungen

Kunst kann früh Perspektivenwechsel in den Grundlagen unseres Denkens und Handelns erahnen. Das gilt auch für den Film. In unserem Zusammenhang geht es bei Filmen primär um die kulturelle Vorprägung von Stadtvorstellungen. Dabei haben wir zu beachten, daß Filme nicht nur Stadtbilder spiegeln, sondern diese ja immer auch entwerfen. Nun hat das Unternehmen „Neue Stadt" verschiedentlich Regisseure inspiriert. Ich möchte meine abschließenden Überlegungen zur Neuen Stadt mit einer Sichtung zweier Filme zu diesem Thema einleiten. Der deutsche Filmmacher Matthias Müller hat 1999 seinen Kurzfilm *Vacancy* präsentiert, in welchem er eine künstlerische Annäherung an Brasilia vornahm. Sein Brasilia-Bild sei mit Überlegungen zu Jacques Tatis *Playtime* kontrastiert, der 1967 eine leise und feinfühlige Ironisierung moderner Städtebauphantasien betrieb. Sie werden uns Hinweise liefern auf die Perspektivenwechsel, welche die kulturelle Bestimmung des Städtischen über die letzten Jahrzehnte vorgenommen hat.

Vacancy ist eine Montage eigener Aufnahmen aus dem Jahre 1998 mit Amateuraufnahmen von der Einweihungsfeier im Jahre 1960. Müllers Kamerabewegungen und seine Verfremdungen von Bild und Tonspur nähern sich Brasilia als Botschafter einer Melancholie, die sich aus dem nachmodernen Wissen um das Scheitern der Utopien des 20. Jahrhunderts speist. Schon die grellen Farben und Defekte der alten Amateuraufnahmen lassen das Optimistische des Eröffnungstages als wenig real erscheinen; die verfremdeten Neuaufnahmen und die dumpfen Geräuschkulissen steigern diesen Eindruck noch einmal.

„Die alten Städte, sie siechen dahin", lauten die ersten Worte in *Vacancy*. Sie eröffnen ein Gemurmel von einzelnen Worten und längeren Texten. Flüsternd, kaum verständlich werden die Reflexionen hingesagt. Bald einmal fällt das Wort vom „exquisite corps", vom toten Körper in vollkommener Schönheit. Es ist die Totenwache vor dem aufgebahrten Versprechen der Moderne, die hier abgehalten wird. Es ist aber auch eine Verwünschung: „Die Gebäude ziehen die Blitze an" bemerkt die Stimme im Off während eines Gewitters, das sich über den „Superquadras" entlädt. Gegen den Frevel, sich neu erfinden zu wollen, schleudert die Natur ihre wütenden Blitze.

Vacancy verdoppelt die visuell komplexe Überlagerung der Bilder sprachlich in Überkreuzungen der Deutungsmuster. Mit den im Off gelesenen Gedanken und literarischen Exzerpten bildet sich ein beunruhigendes Ganzes aus, in welchem der moderne Gestus der Kritik dem Fragen und Vermuten gewichen ist. *Vacancy* ist eine Meditation über das Scheitern des Neubeginns, über die Unmöglichkeit des Sich-Neu-Erfinden-Wollens. In Müllers Film wandelt sich der architektonische und städtebauliche Entwurf der Zukunft zur altbackenen Romantik. Die Schmetterlingssonnenbrillen der Frauen in ihren eng taillierten Kleidern, die die Linsen der Amateurkameras damals erfaßt haben, weisen diesen Visionen ihren Platz zu. Sie sind genauso der unaufhaltsam fortschreitenden Zeit zum Opfer gefallen wie die Straßenkreuzer und die altmodischen Kunstfliegerstaffeln am Eröffnungstag. Der neue Mensch, der in dieser Stadt seinen Raum erhalten sollte, erweist sich nur mehr als brüchige Bildersequenz eines längst entzauberten Wunschtraums. Noch immer triumphiert dafür eine der Feudalordnung noch wenig entstiegene Gesellschaftshierarchie, wie jene Einstellungen nahelegen, in welchen Schwarze die Kacheln der Straßenunterführung mit Schrubbern reinigen.

Auf der Suche nach den kulturellen Bedingtheiten unserer Stadtbilder lohnt sich hier ein Blick auf Jacques Tatis *Playtime*, der die Allmachtsphantasien moderner Weltdeutungen schon 1967 einer ambitionierten Parodie aussetzte. Der Film spielt in einem Paris, in dem die Tabula rasa-Phantasien Le Corbusiers wahrgeworden sind. Die alte Stadt ist ausradiert worden, und an ihre Stelle ist eine langweilige, aber nicht unfreundliche Moderne getreten. Die dumpfe Nüchternheit und die peinliche Strukturiertheit ihrer Räume und ihres Alltags lassen die Menschen einander verfehlen. Die Architektur trägt dazu viel bei. Ob Bürogebäude, Wohnhaus oder städtischer Platz – alles hat den gleichen hellgrauen Ausdruck. Die Menschen haben zwar noch etwas von ihren alten Verhaltensweisen bewahrt, die sie vor diesem jeden Quadratzentimeter Boden überwuchernden Triumph der Moderne gepflegt haben. Ein „Wonderful, yeah" begleitet beispielsweise die hektische Fotografiererei der amerikanischen Touristengruppe, doch das Spezifische, das diesen Ausruf des Entzückens einmal begleitet hatte, gibt es nicht mehr. In *Playtime* existieren die Differenz und das Nonkonforme nur noch als Verweis auf die Vergangenheit. Die Gegenwart ist eine technische Welt der Stille und der Sauberkeit, gereinigt von allem Zeitlichen. Vergangenheit und Zukunft sind hier zum Stillstand gekommen und machen einer permanenten Gegenwart Platz. Hier zeigt sich auch Tatis komödiantische Meisterschaft: Wenn man dem Leben in der Ordnung der modernen Raumkonzeptionen nur genügend Zeit läßt, die technischen Abläufe genügend lange laufen läßt, wird der Alltag zu einer einzigen Kaskade des Chaos. Die omnipräsente Technik folgt eigenen Abläufen, ihre Präzision vermag zuweilen gar ästhetische Assoziationen zu wecken. Sie kann das aber nur in kompletter Isolation vom Menschen. Sobald bei Tati Technik auf Menschen trifft, schaltet sie sich zwischen die Menschen und ihre Absichten und der Tumult nimmt seinen Lauf. Technik und Mensch folgen in Tatis Welt ihren eigenen Gesetzmäßigkeiten, gehorchen unterschiedlichen Ordnungen, die jeweils für sich allein genommen auch funktionieren. Im Zusammentreffen von Technik und Mensch gibt es nur

Jacques Tati, Filmstill aus *Playtime*, 1967

das Durcheinander. Beide passen nicht zusammen. Die technisch gesteuerte Ordnung und die architektonische Transparenz finden darum auch keine Übersetzung ins Leben der Menschen.

Playtime und *Vacancy* wecken unser Interesse insbesondere wegen ihres jeweiligen Umgangs mit der Zukunft und dem Faktor Zeit. Zwischen beiden Realisierungen liegen über dreißig Jahre und ein grundlegender Blickwechsel auf die Stadt und die Moderne. Stadt ist heute nicht mehr der Ansatzpunkt, über den die Welt wieder ins Lot gebracht werden kann. *Playtime* wirkt gefangen in der Vorstellung einer Zwangsläufigkeit, die technisierte Gesellschaft bemächtige sich aller Lebensbereiche. Nichts spricht in diesem Paris dafür, sich diesen Kräften entgegenstellen zu können. Der einzige Widerstand liegt in der altmodischen Verschrobenheit von Tatis Helden Hulot, und allein dadurch ist der Widerstand schon begrenzt. Bei Tati erringt die Moderne einen vollständigen Sieg – ihre Insignien sind Technik, Automobil, Stahl- und Glasbauten. Seine Karikaturen des modernen Alltags, die effiziente Leere von Arbeitsabläufen, die inhaltslose Verwendung von Regeln und Normen, deren Bedeutung für die Betroffenen nicht zu erschließen sind, wirken aus heutiger Perspektive liebenswürdig, in ihrer analytischen Kraft und ihrer Prognostik aber matt. Sie transportieren ein Bild vom Morgen, das sich das Heute von 1967 machte. Dagegen sehen wir in Müllers *Vacancy* eine Wirklichkeit gewordene Zukunft, die sich in einer rätselhaften, ungeklärten Beziehung zu ihrem Entwurf befindet. Das Hoffnungsvolle an Tatis moderner Welt war der Glaube an die Menschen, sich auch in einer immer stärker technisierten Welt zurechtfinden zu können und dabei ihren Eigensinn zu bewahren. Das Zeitgebundene an Tatis *Playtime* liegt damit einzig in der Denkhaltung des Regisseurs, die in der Parodie das Panorama der Zukunft so stark verengt. Müllers Brasilia hingegen führt die Zeit als bestimmendes und formendes Element wieder ein. Die permanente Gegenwart der Moderne besitzt eine Vergangenheit, die allerdings verborgen bleibt: Die Stadt erzähle ihre Vergangenheit nicht, sondern sie seien ihr eingeschrieben in die Straßenecken, die Ebenen und Grünräume wie die Linien einer Hand, heißt es an einer Stelle. Darin liegt der entscheidende Moment, der Müllers Film als aktuellen Essay erkennbar macht. Heute kann die Moderne ihre Geschichtlichkeit nicht mehr länger verstecken: Ihr Neues trägt die Zeichen der Zeitlichkeit tief eingraviert, auch wenn es darüber schweigt. Der Film schließt mit Bildern der Leere, der Stille, zeigt Landschaften und Pflanzen. „I am a stranger and I am moving" heißt es irgendwo in Müllers Film. In der Nachmoderne sind die Menschen sich und der Welt fremd geworden. Nicht fremd wie Tatis

Monsieur Hulot, der in seiner Körperhaltung, seinen Manieren und seinen Kleidern den Anachronismus bezeugt. Das Fremdsein ist heute gleichsam zu einem Gattungsmerkmal geworden.
Um 1960 war man davon noch weit entfernt. Statt dessen war aber in Fachkreisen eine wachsende Verunsicherung über den künftigen Gang der Dinge festzustellen. In Deutschland sprach man mit Blick auf die Zersiedlung, die monotonen, wenig urbanen Siedlungsgebilde in den Städten und die in den Agglomerationen entstandenen Schlafstädte aus den Jahren des Wiederaufbaus von einer verpaßten Chance. In England waren schon seit längerem engagierte Voten gegen die biederen Siedlungsrealitäten der New Towns zu vernehmen. Hier deuteten sich die Anfänge einer Absetzbewegung an, an deren Ende schließlich die komplette Sistierung des Projekts der Neuen Stadt stand. Dabei handelte es sich aber um weit mehr als um ein bloßes Ende eines städtebaulichen Idealtypus: Die Aufgabe der Neuen Stadt fiel zusammen mit einer nach 1960 nicht mehr zu übersehenden städtebautheoretischen Krise.
So wurde der Ruf nach Visionen laut, ohne daß aber für die Rufer mögliche Ansatzpunkte eines Neuanfangs greifbar gewesen wären. Die Situation läßt sich beispielhaft an zwei Handbucharikeln illustrieren, die 1957 der damals an der University of Texas lehrende Bernhard Hoesli veröffentlicht hat.[143] Nicht mehr die herrschenden Verhältnisse in den Städten wurden mit düsteren Worten beschrieben, der Zustand der Disziplin selbst wurde nun dunkel charakterisiert. So sprach der Autor von der „Gewalttätigkeit [...], die so viele Planungsprojekte auszeichnet"[144]. Weiter diagnostizierte er, daß die beiden paradigmatischen städtebaulichen Ansätze des 20. Jahrhunderts, die Gartenstadt und die CIAM-Tradition der „ville radieuse", „die Stadt als Bild zerstört und als Idee erschüttert" hätten.[145] Schließlich verweigerten seine Artikel auch nur Andeutungen erfolgsversprechender Ansätze. Vielmehr erkannte der Architekt in der Krise des Städtebaus eine Krise der Gesellschaft, die es zuerst zu überwinden gelte. Er war hier nicht mehr der Visionär der modernen Gesellschaft, der über einen Stadtentwurf Kultur, Natur und Technik virtuos in Einklang bringt. Sein Blick auf die Wirklichkeit litt nun an Eintrübungen, die allein zu beheben ihm nicht mehr möglich war.

4 Wendungen und Verzweigungen: Die Stadt der Architekten nach der Moderne

Am Ende der städtebaulichen Moderne – also um 1970 – stand die Entzauberung. Max Weber hatte einst von der „Entzauberung der Welt" gesprochen, welche sich über die Routinen des natur- und ingenieurwissenschaftlichen Arbeitens gleichsam beiläufig einstelle.[146] Nun betraf die Entzauberung die Disziplin Städtebau selbst, ihre Verfahren, Analysetechniken und Ansprüche. Die Ernüchterung wurde schon während der sechziger Jahre in urbanistischen und planerischen Debatten zunehmend greifbar. Woran sie sich festmachte und wie sie in neuen Ansätzen und Diskursfiguren verarbeitet wurde, damit beschäftigt sich das folgende Kapitel.
Bis zu dieser Entzauberung hatte der Städtebau insbesondere in der Neuen Stadt das moderne Versprechen geradezu materialisiert, die Versöhnung der Gesellschaft mit ihren technischen, politischen und kulturellen Grundlagen bewerkstelligen zu können. Im Scheitern dieses Versprechens kündigte sich im Städtebau schon früh an, was bald auch die Kybernetik, die keynesianische Wirtschaftspolitik, prestigeträchtige Entwicklungsprogramme oder das „social engineering" erfahren sollten: Während der Umsetzung von ambitiösen Großvorhaben führten die guten Absichten der Experten und gewissenhaften Empfehlungen wissenschaftlicher Gutachtergremien oft genug zu Ergebnissen, die den ursprünglichen Zielsetzungen diametral entgegengesetzt waren.[147] Darin schien eine hartnäckige Differenz auf zwischen den reduzierten Komplexitäten der Modellwelten und der Komplexität der faktischen Wirklichkeiten. An ihr zerbrachen die technokratischen Ambitionen, politische und gesellschaftliche Zielsetzungen durch präzise Steuerung erreichen zu können.[148]
Die Parallelen zum Städtebau sind kaum zu übersehen. Heute konstatiert man in Formeln wie der „eigenschaftslosen Stadt" (Rem Koolhaas) oder der „posteuropäischen Stadt" (Eckhart Ribbeck) den Triumph dessen, wogegen man eigentlich einst angetreten war. Theoriegebäude zur Umgestaltung dieser Stadt- und Siedlungswirklichkeiten werden kaum mehr lanciert. Die Ansprüche, Gesellschaft über den Raum umfassend zu gestalten, klingen aktuell vorwiegend nur mehr als melancholische Erinnerung oder Belege einer vergangenen Vermessenheit an, auch wenn die Vorstellung, der Ar-

chitekt sei der (mittlerweile akut gefährdete) Generalist, nach wie vor einen festen Bestandteil von Festtagsreden und Verbandsleitsätzen darstellt. Um diese eigenartige Konstellation zu verstehen, empfiehlt sich ein Blick auf die theoretischen Debatten, in welchen nach 1960 das Auseinanderbrechen des umfassenden modernen Projekts im Fachdiskurs begleitet, kommentiert und befördert wurde. In der Zeit selbst war nämlich eine solche Entwicklung keineswegs abzusehen. Für führende Figuren der damaligen architektonischen Selbstreflexion wie Bruno Zevi und Leonardo Benevolo war das Projekt der Moderne schon längst nicht mehr ein auf eine kleine Elite beschränktes Vorhaben, sondern die entwerferische und urbanistische Konvention der Zeit.[149] Die Moderne hatte in dieser Sichtweise gewissermaßen Referenzstatus erreicht. Sie war nicht mehr länger an die Rezeption der Werke ihrer Vertreter gebunden, sondern verbreitete sich gleichsam anonymisiert und in Lehrplänen verankert über die Ausbildungsgänge an allen wichtigen Hochschulen. Für die beiden italienischen Vordenker galt es nach diesen Schritten der Formalisierung nun, die Fundamente der Moderne zu erneuern und zu stärken.

Daneben ließen sich zwar auch andere Stimmen vernehmen, die den einmaligen, kohärenten Charakter des modernen Projekts in Frage stellten: So meldete sich damals Reyner Banham mit der ketzerischen These, die Moderne stelle keineswegs die überall anerkannte Revolution des architektonischen und städtebaulichen Denkens dar, als welche sie gemeinhin gesehen werde.[150] Vielmehr sei sie einfach als eine weitere Etappe in der architektonischer Theorie- und Praxisentfaltung zu verstehen, die über vielerlei Bezugspunkte und Kontinuitäten zu vorangegangenen Bewegungen und Entwicklungen verfüge und wesentliche Elemente ihres Ideengebäudes darauf aufbaue.

Einmal abgesehen von der Frage der ideengeschichtlichen Bezüge und Referenzpunkte konnte aber um 1960 von einem erheblichen Konsens hinsichtlich der wesentlichen Zustandsbefunde und Zielsetzungen, der Planungsinstrumente und Methoden gesprochen werden. Über die Jahrzehnte zuvor war also das in der Zwischenkriegszeit noch bruchstückhafte theoretische Objekt „Stadt" weiterentwickelt und präzisiert worden. Neue Aspekte waren dazugekommen und wurden in bestehende diskursive und methodische Muster eingepaßt. Bei allen Kontroversen um Dichtewerte, Bebauungshöhen und Ähnlichem trafen sich die verschiedenen Vorschläge im Grundsätzlichen: Die Stadt war noch immer das exklusive Objekt des Architekten, für welches er ein prägnantes Bild zu entwerfen hatte. Man verfolgte weiterhin einen aus heutiger Perspektive ausschließlich ästhetischen und ausgesprochen statischen Zugang zur Stadt; daran hatten auch die mittlerweile üblichen Rückgriffe auf Statistiken und das Reden von der Soziologie als neuem Referenzpunkt kaum etwas geändert. Die übersichtliche Stadt der Theorie spiegelte sich allerdings kaum in den faktischen Wirklichkeiten der Städte. Um 1960 beschäftigten sich dann unterschiedliche Gruppen von Architekten und Stadttheoretikern mit diesen bestehenden Städten, ihren Qualitäten und Eigenheiten, ihren baulichen Strukturen und ihrem baulichen Erbe. Unter diesen Annäherungen werden wir nun die Arbeiten des Team 10, die morphologischen Theorieansätze Aldo Rossis und phänomenologischen Vorschläge Kevin Lynchs sowie den damals einsetzenden Diskurs um Urbanität genauer beleuchten. Die vier Ansätze trafen sich im Bestreben Stadt neuen Formen der Wahrnehmung zu unterziehen. Unser Augenmerk gilt dabei der Frage, wie sich das städtebauliche Denken dadurch verändert hat, welche Fortschreibungen und welche Zäsuren gegenüber der Moderne vollzogen worden sind.

Fallstudie 5: Auf modernen Pfaden aus der Moderne – Alison und Peter Smithson und das Team 10

Um Mitte der fünfziger Jahre bestimmte in den CIAM immer noch die Gründergeneration um Le Corbusier, Walter Gropius und Sigfried Giedion den Gang der Dinge, doch mehrten sich die Anzeichen auf einen bevorstehenden personellen und inhaltlichen Umbruch. Seit der Wiederaufnahme der während des Zweiten Weltkriegs abgerissenen internationalen Kontakte hatten sich zwar die CIAM als Brennpunkt der internationalen architektonischen und städtebaulichen Debatte etabliert, doch war der Schwung der Auseinandersetzung zusehends verflogen. Auch die analytischen Werkzeuge und angewandten Methoden stießen mehr und mehr an ihre Grenzen oder wiesen – wie die räumlich-funktionale Trennung – offenkundig Defizite auf. Gleichzeitig konnte auch das seit dem Kongreß von 1953 in Aix-en-Provence lancierte Konzept des Habitats nicht das erhoffte Momentum verleihen. Seit Aix trugen dann die Reformbestrebungen einen Namen: Team 10. Dieser anfänglich vorwiegend aus jungen holländischen und britischen Architekten gebildete Zusammenschluß verstand sich als die dritte Generation der Moderne. Ihre Memoranden, Vorstöße und Projekte stellten die inhaltlichen Orientierungen und organisatorischen Strukturen der CIAM grundlegend in Frage und versuchten den Kongressen eine neue Ausrichtung zu geben. Über die Auseinandersetzungen und Ergebnisse der beiden folgenden (und letzten) Kongresse von Dubrovnik 1956 und Otterlo 1959 verdeutlichte sich aber, daß die Unstimmigkeiten zu groß geworden waren.[151] Der Rücktritt der alten Führung am Dubrovniker Kongreß und die Stabsübergabe an die jüngere Garde kamen deshalb zu spät. Das Team 10 konnte (und wollte) ihre Nachfolge nicht antreten.[152] Nach der Auflösung der Kongresse im Jahre 1959 fungierte das Team noch bis 1981 als lockeres Netzwerk einiger Architekturschaffender aus verschiedenen Ländern Europas, die an ihren Treffen einen Resonanzraum für ihre theoretischen und praktischen Arbeiten fanden.

Im Vergleich zu den CIAM verfügte das Team 10 zwar nie über eine entsprechende organisatorische Verbindlichkeit und theoretische Kohärenz. Was Architekten wie Jacob Bakema, Aldo van Eyck, Giovanni de Carlo, das französische Architektenteam um Georges Candilis, Alexis Josic und Shadrach Woods oder Alison und Peter Smithson aber untereinander verband, war das Interesse an einer grundlegenden Neudefinition der architektonischen und städtebaulichen Praxis auf der Höhe der Anforderungen der Zeit. Massenkonsumgesellschaft, Automobilisierung und Technisierung des Alltags bildeten ihre Ausgangspunkte für eine Metamorphose des urbanistischen Denkens. Aus heutiger Perspektive stellen die Theoriewelten des Team 10 eine überraschende Gleichzeitigkeit des Ungleichzeitigen dar: Fortschreibungen der Moderne verbanden sich mit Fragen nach der Erhaltung oder der Instandsetzung der bestehenden Städte oder der Partizipation der Stadtbevölkerung, die normalerweise mit der Postmoderne assoziiert werden.[153] Hinter dieser Zuwendung zur existierenden Stadt und ihren räumlichen und gesellschaftlichen Qualitäten steckte eine entschiedene Distanzierung von den abstrakten und elitären Parallelwelten des modernen Städtebaus. An ihre Stelle setzten sie die Suche nach einem Dialog zwischen aktuellem Städtebau und bestehender Stadt, den sie im Gegensatz zu den Baukünstlern der Postmoderne aber nicht als entwerferische Annäherung an das historische Formenarsenal verstanden. Ihr Brückenschlag zur bestehenden Stadt mündete statt dessen in inhaltlichen und konzeptionellen Weitungen, die, wie Werner Sewing kürzlich anmerkte, als das eigentliche reflexive Moment der Moderne betrachtet werden können.[154]

Wir werden die urbanistische Versuchsanstalt Team 10 im Dreieck der Begriffe Stadtsemantik, schnelle Stadt und Kontextualität analysieren. Der Fokus wird dabei auf den Arbeiten des britischen Architektenpaares Alison und Peter Smithson liegen. Zunächst aber gilt es die Grundzüge der Kritik des Teams an den CIAM herauszuarbeiten, um so die erwähnten Fortschreibungen und Brüche genauer benennen zu können.

Perspektivenwechsel

„But Today We Collect Ads" – heute jedoch sammeln wir Reklamen, stichelten 1956 Alison und Peter Smithson.[155] Konziser läßt sich wohl das entschiedene Abrücken der seit 1953 im Team 10 versammelten Architekten von der alten CIAM-Führungsriege nicht zum Ausdruck bringen. „But Today We Collect Ads" war eine sarkastische Spitze gegen einen akademisch-elitären Duktus, der den Veränderungen zur Massenkonsumgesellschaft vornehmlich skeptisch gegenüberstand und darin – wie Sigfried Giedion – eine schwerwiegende Gefährdung der Rolle des Architekten entdeckte.[156] Eine solche Haltung konnte nicht weiter von den euphorischen Einschätzungen der jungen Generation entfernt sein. Diese begrüßte nämlich die sich ausbreitende Massenkonsumgesellschaft und die wachsende Mobilität als Motoren einer Transformation, von der sie erwarteten, sie würde das architektonisch-urbanistische Arbeiten ähnlich grundlegend verändern wie dies die Ausrichtung auf die „Wohnung für das Existenzminimum" für die Debatten und Heuristiken der Zwischenkriegszeit getan hatte.

Nun mag das Interesse für die Alltagserscheinungen des Massenkonsums, der Massenkommunikation und Massenmobilität vielleicht eine Art Vorläufer zu den Arbeiten von Archigram oder Superstudio vermuten lassen, die dann im Laufe der sechziger Jahre entstanden. Die „walking cities" und „plug-ins" von Archigram beispielsweise inspirierten sich an der Raumfahrt, den Verschwendungen der Massenkonsumgesellschaft, der Welt der Comics und der Science Fiction-Romane und ironisierten in ihren Übertreibungen den Fortschrittsoptimismus und die Wissenschaftsgläubigkeit, die die Architektur und den Städtebau seit der Zwischenkriegszeit begleitet hatten.[157] Die grundlegende Differenz zu den Studien der Team 10-Mitglieder liegt nun darin, daß die Archigram-Collagen nicht als Anleitungen zum Städtebau gedacht waren. Sie waren vielmehr im Grenzgebiet zwischen Architekturdiskurs und Kunst anzusiedelnde Kommentare zu aktuellen Entwicklungen in Technik, Gesellschaft und Architektur. Im Team 10 hingegen verband sich ein verwandter Satz von Aufmerksamkeiten zu einem neuartigen Ensemble von urbaner Semantik und entwerferischer Praxis, das als konkrete Alternative zum vorhandenen städtebaulichen Theoriekorpus formuliert wurde.

Die Kritik der Team 10-Vertreter zielte nicht einfach auf einzelne Punkte, sondern stellte die gesamte Matrix von Orientierungen und Konzepten im CIAM in Frage. Bereits im Nachklang zum Kongreß von Aix kamen 1953 einige junge Architekten der britische MARS-Gruppe um Peter

Smithson in einem Positionspapier zu dem Schluß, weder die Rolle des Architekten und Städtebauers noch ihre Arbeitsweisen entsprächen den Anforderungen der Zeit.[158] Gerade die Smithsons wiesen allerdings von allem Anfang an immer wieder ausdrücklich darauf hin, wie unverzichtbar die Arbeiten der Pioniere während der ersten Zwischenkriegsjahre gewesen seien. Ihre Wertschätzung für die „heroische Periode" mündete schließlich in das Bekenntnis, diese Werke bildeten den „Fels, auf dem wir stehen"[159]. Insbesondere dem Œuvre Le Corbusiers brachten sie hohe Achtung entgegen. Nur hatte der gesellschaftliche Alltag ihrer Ansicht nach die Reinheit und Rigorosität der Planwelten der funktionellen Stadt längst als Trugbild enttarnt. Le Corbusiers „ville radieuse" verkörpere deshalb aktuell nur mehr eine „Geometrie erdrückender Banalität"; nur gerade „kunsthistorische Neugierde" rechtfertige noch die Beschäftigung damit.[160] Den eigentlichen Grund für die faktische Bedeutungslosigkeit der CIAM-Stadt schrieb das Architektenpaar einem Erbstück aus der Renaissance zu, das die Arbeitsweisen an der funktionellen Stadt leitete: Die Stadt der Zukunft präsentierte sich als vollständige Komposition.[161] Dieses Ideal haben wir am Beispiel Brasilias kennengelernt und dabei festgestellt, daß die Umsetzung solcher Planwelten an den Funktionsweisen und Komplexitäten moderner Industriegesellschaften scheitert. Die Smithsons verwarfen nun von allem Anfang das Arbeiten an einer Stadt in der Totalen und fokussierten statt dessen auf das „problem of going", also das Entwerfen und Konzipieren in einer bestehenden Stadt. Diese theoretische Stadt nahm die faktischen Stadtwirklichkeiten an, ihre Architekturen und städtebaulichen Kompositionen setzten sich in das bestehende städtische Gefüge und entwickelten es weiter.

Ebenso entschieden wie vom Kompositionsprinzip setzten sich die Team 10-Mitglieder auch von der immer noch spürbaren Fokussierung auf die Charta von Athen und das dort verankerte Prinzip der räumlich-funktionalen Trennung ab. So übten die Dissidenten 1954 an einem Treffen im holländischen Doorn scharfe Kritik an dem darin implizierten Stadtverständnis, da es wichtige Determinanten und Facetten des städtischen Alltags übersehe.[162] In diesem Zusammenhang sprach Peter Smithson wenig später von den „real functional needs", die neben den vier Funktionen Wohnen, Arbeiten, Verkehr und Erholung auch symbolische und irrationale Elemente umfassen müßten.[163] Dem zu eng geführten Funktionalismusverständnis schrieben die Team 10-Vertreter den akuten Identitätsverlust und die mangelhafte Erfaßbarkeit der Städte zu. Während die Ergänzung der funktionalen Skala kaum weiterverfolgt wurde, bildeten Fragen der

Wiederherstellung der Identität und der räumlichen Erfaßbarkeit städtischer Lebenszusammenhänge Interessenfelder, die in der Folge die oft recht unterschiedlichen Architekturen der Team 10-Mitglieder verbanden.

Gemeinsamkeiten und Öffnungen

Die im Team 10 zusammengeschlossenen Architekten distanzierten sich also in zentralen Aspekten von den architektonischen und städtebaulichen Entwicklungen seit den ersten Zwischenkriegsjahren. Zugleich lassen sich aber auch wesentliche Kontinuitäten ausmachen, von welchen insbesondere das Rollenverständnis des Architekten, das Verhältnis zwischen Architektur und Städtebau und die Zukunftsorientierung hervorzuheben sind, da sie die Projekte aus dem Team maßgeblich prägten und den Pfad bestimmten, in welchem sich ihr Denken weiterentwickelte.
Die Selbstbeschreibungen des Architektenberufs in den CIAM-Manifesten der Zwischenkriegszeit hatten, wie wir gesehen haben, den Architekten zum privilegierten Beobachter der gesellschaftlichen Dynamiken erhoben und ihm die Rolle zugedacht, den technisch-gesellschaftlichen Bedingungen der Zeit räumlich Ausdruck und Kohärenz zu verleihen. Dieser Anspruch wurde im Team 10 unter aktuellen Vorzeichen erneuert. So sprach beispielsweise Jacob Bakema 1961 vom „universalen totalen Raum", der in Entstehung begriffen sei. Dafür hätten die Architekten die geeigneten räumlichen Artikulationen zu entwickeln, welche den Menschen „Respekt" und „Vertrauen" zu schaffen vermöchten.[164] Dem Architekten kam also weiterhin die Aufgabe zu, Technik und Kultur miteinander zu versöhnen, indem er Raum auf allen Maßstabsebenen konzipierte und ordnete. Das zweite Erbe schloß unmittelbar an diese Setzung an. Es betonte die integrale Einheit von Architektur und Städtebau.[165] Nach dieser Ansicht konnte das Aufgabenprofil für das einzelne architektonische Objekt nur aus den Anforderungen und Rahmenbedingungen der übergeordneten Maßstabsebenen hergeleitet werden. Das Verhältnis von Architektur und Städtebau war somit strukturell bedingt. Drittens schließlich blieb man dem Fortschrittsverständnis der Avantgarde verhaftet: Gradmesser für die Adäquatheit formaler und konzeptioneller Prinzipien waren einzig die Erfordernisse der Zukunft. Jede formale Anlehnung an historische Vorbilder wurde deshalb als „historizistisch" zurückgewiesen.[166] Zugleich hatten sich die architektonischen und städtebaulichen Lösungen immer wieder von neuem an die Bedingungen der Zeit anzupassen. So verwarf Peter Smith-

son in den 1960er Jahren nicht nur Le Corbusiers „Unité d'Habitation", sondern auch die eigenen konzeptionellen Vorstellungen aus den fünfziger Jahre, da beide vor der Massenautomobilisierung mit ihren Bedürfnissen entwickelt worden seien und somit keine relevanten Antworten auf die Anforderungen der Gegenwart bieten würden.[167]
Bei aller Ausrichtung auf die Zukunft lassen sich allerdings in den urbanistischen Konzepten der Smithsons, von Bakema oder der Gruppe von Candilis, Josic und Woods gegenüber der Logik der Zwischenkriegszeit interessante Auffächerungen des Zeitverständnisses ausmachen, in denen Auswege aus den heuristischen Sackgassen der Moderne gesucht wurden. Die bisherige Fortschrittsrhetorik anerkannte nur die Bedingungen der Zukunft als Bezugspunkt des architektonisch-urbanistischen Arbeitens an der Gegenwart. Sie ortete die Indikatoren dieser Zukunft in den Rationalisierungsprozessen der industriellen Fertigung, den Standardisierungen der Produkte und der zunehmenden Mechanisierung des Alltags und erhob sie anschließend zum Maßstab des aktuellen Schaffens. Vergangenheit hingegen ging in dieses Anforderungsprofil nur ‚ex negativo' ein – sie verkörperte das, was es zu vermeiden galt. In den Heuristiken der Team 10-Mitglieder verklammerten sich nun Vergangenheit, Gegenwart und Zukunft in neuartiger Weise. Zeit war nicht mehr länger ein neutrales Maß, das unbeirrt und fern der Geschehnisse der Welt seinen Takt schlug, während die Entwurfswelten der Architekten in Beton, Glas und Stahl an physischer Gestalt gewannen. Ihre Planwelten kannten die Figur der unbeteiligten Zeit nicht mehr, in der Heute und Morgen einander unverwandt gegenüberstehen, sondern implizierten Zeit als gesellschaftliche Zeit. Städtebau und Kontext befanden sich damit in den Theoriewelten in kontinuierlicher Interaktion, beeinflußten und formten sich gegenseitig. Dieses Wechselverhältnis war durchaus wörtlich zu verstehen: In den berühmten Collagen zu Alison und Peter Smithsons „Golden Lane"-Projekt, mit dem wir uns noch näher befassen werden, überwucherten die neuen Gebäudestrukturen die bestehende Stadt, wuchsen im Austausch mit ihr weiter und verwoben sich mit ihr zu einer neuen stadträumlichen Gesamtheit.
Zugleich verschob sich mit dem neuen Zeitverständnis auch die Wertung der Vergangenheit, die sich in neuen Stadtlektüren artikulierte. Die Gestaltung der Zukunft wurde nicht mehr länger als entschiedene Absetzbewegung von allen Aspekten der Gegenwart verstanden. In ihrer Bereitschaft, sich von der Vergangenheit auch in positiver Hinsicht instruieren zu lassen, trafen sich diese Arbeiten auch mit den ersten Ansätzen zur städtebaulichen Postmoderne. Freilich war das jeweilige Interesse am Vergangenen grund-

sätzlich anders motiviert. Der postmoderne Rationalismus von Giorgio Grassi oder Aldo Rossi entwickelte aus den Überlagerungen einer über die Jahrhunderte gewachsenen urbanen Materialität ein entwerferisches und typologisches Vokabular, das sich von modernen Überzeugungen distanzierte. Die Analysearbeiten der Smithsons hingegen interessierten sich kaum für die gestalterischen und typologischen Eigenheiten des architektonisch-urbanistischen Erbes historischer Stadtwirklichkeiten. Sie entdeckten statt dessen die sozialen Eigenschaften dieser Städte neu, die in städtebaulichen Erörterungen der Zwischenkriegszeit aufgrund der Dominanz der Hygiene- und Vermassungsdiskurse ausgeblendet worden waren. Das „Golden Lane"-Projekt war ein erster entscheidender Beleg für diese veränderte Lesart der Stadt.

Stadtsemantische Revisionen

1952 reichten Alison und Peter Smithson ihren Beitrag „Golden Lane" für einen städtebaulichen Wohnbauwettbewerb im Zentrum von London ein. Die Pläne zeigten einen zehngeschossigen Betonkomplex, der sich radikal von den beschaulichen Siedlungsrealitäten der New Towns unterschied, die bis dahin das britische Architekturfeuilleton dominiert hatten. Wie an ihrer wenig später fertig gestellten „Huntstanton Secondary School" in Norfolk irritierte die zeitgenössische Kritik die Konsequenz, mit der die Architekten ihre Ideen zu Ende dachten. In Hunstanton war es die Direktheit, mit der Strukturen entwickelt, Funktionen umgesetzt und Materialien eingesetzt wurden, die die Gemüter erregte und die Schule für ihre Befürworter zu einem Manifest des „new brutalism" machte.[168] Das „Golden Lane"-Projekt belegte eine ähnliche Eigenständigkeit, indem es sich in städtebaulicher Hinsicht nicht nur vom „New Empiricism" des bisherigen britischen Wiederaufbaus distanzierte, sondern auch von dessen modernen Gegenentwürfen.[169]
Die urbanistischen Planwelten der frühen fünfziger Jahre orientierten sich, wie wir gesehen haben, explizit oder implizit an der Phantomfigur einer industriegesellschaftlichen Normalexistenz. Am Schreibtisch des planenden Architekten erhielt diese einen Fächer von Bedürfnissen und Verhaltensmustern zugeschrieben, der dann – wie in der Neuen Stadt in Otelfingen oder in Brasilia – räumlich präzise bemessen und verankert wurde. „Golden Lane" zeigte sich nicht mehr länger an der eindimensionalen Aktualität eines solchen Profils interessiert, sondern legte den Interessensschwer-

Alison und Peter Smithson, Golden Lane Housing, London,
Wettbewerbsentwurf, 1952

punkt auf Fragen der Vernetzung und der Integration der Individuen, die die Smithsons unter dem Stichwort „Identität" zusammenfaßten. Das Wohngebäude war nun nicht mehr nur ein Angebot zur Befriedigung von Wohnbedürfnissen, sondern fungierte als Ort der Begegnung im stadtgesellschaftlichen Gefüge. Architektonisch konkretisierte sich diese Vorstellung über die so genannten „street decks". Diese breiten, an der Fassade liegenden Erschließungssysteme griffen das Konzept der „rues interiéures" auf, die Le Corbusier in seiner „Unité d'Habitation" in Marseille realisiert hatte, und erweiterten es. Die „street decks" auf der dritten, sechsten und neunten Etage erschlossen nicht nur die zweigeschossigen Wohnungen der Anlage, sondern sollten gleichzeitig auch Orte des sozialen Austauschs sein. Wesentliche Impulse, die Fragen nach der städtischen Gesellschaft und ihrem Alltag in dieser neuen Form aufzuwerfen, bezogen die Smithsons aus den Untersuchungen von Judith und Nigel Henderson zum Bethnal Green im Londoner East End. Nigel Henderson gehörte wie die Smithsons zur Independent Group – einer Vereinigung von Künstlern, Philosophen und Architekten, die sich gegen die Werte und Konventionen des britischen Establishments wandten und statt dessen die Hinwendung zum gewöhnlichen, rauhen und ungekünstelten Alltag postulierten.[170] Darin lag für die Gruppe weit mehr als eine Verlagerung in ästhetische Haltungen.[171] Die Auseinandersetzung mit der Wirklichkeit „as found" sollte Anhaltungspunkte für eine veränderte Wahrnehmung der Wirklichkeit und eine adäquatere Bearbeitung bieten.[172]
Die Hendersons lebten seit 1945 im Bethnal Green. Parallel zu den anthropologischen Untersuchungen, die Judith Henderson dort vornahm, streifte Nigel Henderson mit seiner Kamera durch die ärmlichen Arbeiterquartiere und fotografierte ihren Straßenalltag. Hendersons Bilderserien hoben eine Stadtrealität ins Bewußtsein, der Planer und Architekten bisher kaum Aufmerksamkeit geschenkt hatten. Die Aufnahmen von spielenden Kindern, die Fotografien von Hausfrauen und Menschenansammlungen belegten ein Straßenleben, das dem modernen Credo vom Tod solcher vormoderner Straßen komplett widersprach. Die Smithsons erkannten darin entscheidende Anhaltspunkte für ihre Reflexionen und Skizzen zur künftigen Stadt. In der „durch nichts behinderten Organisation von Kinderspielen" zeichnete sich für sie nämlich das „Überleben einer früheren Kultur" ab, welche die Eigenschaften umrissen, die künftige Stadträume zu erfüllen hatten.[173]
Verschiedene Weiterentwicklungen des Golden Lane-Projekts in den Jahren 1952 und 1953 ließen immer deutlicher die veränderte Stadtsemantik

Nigel Henderson, Bethnal Green, London

erkennen, die sich in den Arbeiten der Smithsons verfestigte. Stadt erschien darin als Konglomerat unterschiedlicher Teilräume und Epochen, in welches sich neue Interventionen einfügen mußten. So montierten die Smithsons auf die Luftaufnahme eines von Bombenangriffen gezeichneten Stadtteils in Coventry ihren Golden Lane-Typ. Während auf der Collage einzelne Gebäudeteile bereits fertiggestellt waren, wuchsen andere in unmittelbarer Nachbarschaft zur bestehenden Bebauung in die Höhe, berührten und überlagerten sie. Die Botschaft war deutlich: Die Plazierung des Gebäudekomplexes folgte nicht mehr dem idealen cartesianischen Raster der modernen Planungstheorie. Der Bauplatz für das städtische Wohnen der Zukunft präsentierte sich nicht weiter als die von allen gesellschaftlichen Rückständen befreite Arbeitsfläche urbanistischer Imagination. Er verkörperte einen konkreten Ort, in den sich auch die Umgebung einschreibt.[174] Im Vorschlag für einen Universitätskomplex in Sheffield erweiterte sich die Interpretation der „street decks" noch einmal: Sie sollten die Institutsgebäude des Universitätscampus verbinden, zugleich aber auch Teil eines erhöht verlaufenden Wegenetzes sein, das die Gebäude mit den übrigen Stadtteilen verband. Architektur und Städtebau wandelten sich hier zu offenen Systemen, die wachsen und schrumpfen konnten, sich in unterschiedliche Richtungen ausdehnten.

Bis zum CIAM-Kongreß von 1953 verbanden die Smithsons die ins Golden Lane-Projekt und seine Weiterentwicklungen eingegangenen Überlegungen zu einem Vorschlag für eine grundlegende Neuausrichtung der städtebaulichen Heuristik. Nigel Hendersons Aufnahmen der spielenden Kindern bildeten dann auf den in Aix präsentierten Tafeln den assoziativen Ausgangspunkt für eine Argumentation, die darauf zielte, die logische Konsequenz der funktionellen Stadt durch das Kriterium der Identität zu ersetzen.[175] Schon der Titel der Präsentation verhehlte kaum die Kritik an bisherigen Modi: „Urban Re-Integration". An die Stelle einer Orientierung an abstrakten gesellschaftlichen Tendenzen und universellen Bedürfnisstrukturen setzten die Smithsons mit der Identität ein vages qualitatives Kriterium. Identität wurde als eine auf und zwischen den Stufen Haus, Straße, Quartier und Stadt baulich geformte Verbindung von Individuum und Gemeinschaft (community) verstanden. Allerdings ging für die Smithsons von den aktuellen Artikulationen der vier Elemente keine prägende Wirkung mehr aus – ihr kultureller Vorrat hatte sich erschöpft. Sie behandelten die Begriffe Haus, Straße, Quartier und Stadt nur mehr als Buchstabengerüste, deren Inhalte es neu zu bestimmen galt, um sie wieder zu vereinenden und verbindenden Elemente (associational elements) werden zu lassen. Darin steckte ein Optimismus, den die Smithsons mit den Modellierungen von idealen Gesellschaften in den von ihnen kritisierten Planwelten teilten: Der planerische Positivismus, alle industriegesellschaftlichen Bedürfnisse abschließend zu erfassen, wich zwar dem Bestreben, über vormoderne Beispiele Anhaltspunkte für die notwendigen Qualitäten aktueller urbanistischer Bausteine zu gewinnen. Die Diagnose einer unwiederbringlichen Erosion des Vorhandenen verband sich aber mit dem modernen Pathos des Neuanfangs, die Dinge neu erfinden zu müssen.

Die schnelle Stadt

Die Beschäftigung mit den Strukturmustern und Eigenschaften der historischen Stadt begleitete die Smithsons auch bei ihrer Auseinandersetzung mit dem Verhältnis von Massenautomobilisierung und Städtebau, dem sie sich seit der zweiten Hälfte der fünfziger Jahre in verschiedenen, konzeptionell verwandten Projekten zuwandten. Der Wettbewerbsbeitrag „Hauptstadt Berlin" aus dem Jahre 1957 erörterte als erster dieser Reihe am Beispiel der vom Bombenkrieg weitgehend verwüsteten Berliner Innenstadt die zeitgemäße Form der schnellen, automobiltauglichen Stadt. Das kommende Zentrum Berlins sollte eine Freizeit- und Einkaufsstadt sein. Als erste Maßnahme sah das Projekt dazu vor, die Innenstadt durch eine Ringautobahn vom Durchgangsverkehr zu entlasten. Das Zentrum selbst wurde als zweischichtiges Netz von Verkehrsinfrastrukturen für unterschiedliche Geschwindigkeiten entworfen, in welches hohe und flache Gebäudekörper eingebunden werden sollten. Die Grundebene bildete ein rechtwinkliges Straßensystem, das trotz Ampeln und Fußgängerstreifen vorwiegend der Autostadt vorbehalten blieb. Dieses strenge Raster war von einem mit freieren Geometrien gestalteten räumlichen Gebilde überlagert, das über Fußgängerplattformen und Passerellen Kinos, Einkaufszentren, Hotels und Märkte fußläufig erschloß. Schließlich verbanden Rolltreppen die beiden Ebenen. Wie schon bei den Wohnbauprojekten bildeten auch bei „Hauptstadt Berlin" Wachstumsfähigkeit und Vernetzung zentrale Eigenschaften der städtebaulichen Struktur. Das innerstädtische Cluster drang auf den Wettbewerbszeichnungen an seinen Rändern in die umgebenden Stadtteile vor und schloß diese auf der Fußgängerebene ans Zentrum an. „Hauptstadt Berlin" belegte eine affirmative Haltung der Smithsons zum Automobil in der Stadt, die in den folgenden Jahren in den Vorschlägen zur Verkehrsplanung in London oder zum Mehringplatz in Berlin in

Alison und Peter Smithson, Hauptstadt Berlin, Wettbewerbsentwurf, 1957

ihren städtebaulichen Auswirkungen konsequent weitergedacht wurde. Mobilität fungierte dabei nicht einfach als Faktum der Gegenwart, mit welchem ein städtebaulicher Umgang gefunden werden mußte, sondern wandelte sich mehr und mehr zum strukturierenden Prinzip der Stadt. Auch dabei stand die historische Stadt Pate. Aus heutiger Sicht werden hier allerdings die Gefahren eines Verfahrens deutlich, das städtebauliche Strukturfragen mit Analogieschlüssen aus der Vergangenheit beantwortet. Ein solcher Städtebau verkehrt sich, wie wir nun sehen werden, nolens volens in eine weltfremde Supermoderne.

Die Untersuchungen von langfristigen stadträumlichen Transformationen ergaben für die Smithsons, daß Elemente wie Topographie, Flußläufe, Festungsgebäude, historische Gebäudekomplex oder alte Verkehrswege nicht nur Permanenz besaßen, sondern auch die baulichen Entwicklungen ihrer Umgebung über Jahrhunderte bestimmt und geordnet hatten.[176] Ihre Einsicht in die strukturbildende Kraft großer Einheiten übertrugen sie nun auf die Gegenwart und machten in der Stadtautobahn eine Art funktionales Äquivalent dazu aus, das als zentraler Bestandteil des hierarchisierten und geordneten städtischen Verkehrsnetzes die ganze Stadt gliedert und lesbar macht.

An dieser Einschätzung mag heute vielleicht zunächst die Euphorie befremden, die die Autostraße als „Befreier" begrüßt und blind ist für die negativen Folgen des Verkehrs. Die eigentliche Irritation rührt aber daher, daß diese rigorose Reflexion einer automobilen Stadt die bestehende Stadt räumlich und sozial ignoriert. Technik wird somit zum radikalen Transformator, dem sich alles unterzuordnen hat. Auf diesem Weg schlich sich in die Planwelten der Smithsons wieder die Weltfremdheit moderner Stadtvisionen ein, gegen die sie einst angetreten waren. So verabschiedeten die Smithsons die „Dichtepyramiden" der traditionellen Stadtstrukturen und setzten an ihre Stelle ein Pattern von sogenannten Dichtepunkten (density points) und Aktivitätspolen, die umgeben sind von Wohngebieten mit geringer Dichte. In diesem künftigen Stadtraum konnte es nur mehr darum gehen, Kommunikation und Interaktion zu erleichtern. Aus der Perspektive von Mobilitätsfragen betrachtet, mochte eine solche Schlußfolgerung richtig sein. Die Folge war allerdings, daß die bisherige Stadt beseitigt wurde – räumlich und in ihren gesellschaftlichen Bedingtheiten sowie ihren sozialräumlichen Netzen. Damit stellte sich ein solcher Umgang mit der Herausforderung der Mobilität dem „problem of going on" nicht mehr, das am Ausgangspunkt der städtebaulichen Erörterungen der Smithsons gestanden war. Er ließ die Empathie für das Bestehende vermissen, die das „Golden Lane"-Projekt und seine Weiterentwicklungen ausgezeichnet hatte, auch wenn der architektonische Gestus der dortigen Gebäudeentwürfe schroffe Kontraste zur bestehenden Stadt gesetzt hatte. Die gedankliche Rigorosität verfing sich somit in denselben Fallen, in welchen bereits die städtebaulichen Überlegungen der CIAM hängen geblieben waren: Je stärker sich die städtebaulichen Vorschläge von den bestehenden Stadtstrukturen unterschieden, desto mehr gerieten sie in Konflikt mit dem Voraussetzungsreichtum, den Städtebau mit sich bringt. Folgerichtig sprach Kenneth Frampton deshalb vom Eskapismus dieser Projekte.[177]

Kontextualität

Wir haben zu Beginn dieser Fallstudie festgehalten, daß die Wege aus der Moderne, welche das Team 10 und die Smithsons skizziert haben, von neuen Lesarten der Stadt begleitet waren. Ihre Konstruktionsweisen und Kompositionsprinzipien bezogen wesentliche Impulse aus historischen Analysen, in welchen sie nicht formale städtebauliche Antworten suchten, sondern strukturelle Analogien für aktuelle Aufgaben. Die Frage der Mobilität hat aber die Grenzen dieser Methode überdeutlich aufgezeigt. Das Automobil warf die Frage nach der Behandlung des Verkehrs in der Stadt qualitativ und quantitativ in so grundlegend neuer Weise auf, daß es dafür keine historischen Präzedenzfälle geben konnte. Baute man bei den Lösungsvorschlägen dennoch auf Analogien aus früheren städtebaulichen Epochen auf, wie dies die Smithsons getan haben, wandten sich die Vorschläge mehr und mehr von der bestehenden Stadt ab. Darin spiegelt sich die bis heute gültige Krux der städtischen Verkehrsplanung: Verkehr bleibt ein wichtiges städtebauliches Problem, das städtebaulich aber nur auf kleinem Maßstab befriedigend behandelt werden kann. Verkehr läßt sich auch nicht einfach als technisches Problem behandeln, was mit Blick auf die Maßstabsebenen Stadt und Region deutlich wird. Technische Verkehrslösungen wie neue Straßen lösen oft nicht einmal die Kapazitätsprobleme, die sie zu bewältigen versprechen. Die Vergrößerung des Betrachtungsperimeters, in welchem Verkehrsfragen angegangen werden, läßt die Liste der Parameter dramatisch anwachsen, die Mobilität beeinflussen. Verkehr wird dann ebenso eine Frage von allgemeinen Anreizstrukturen, von Verteilung von Angeboten im Raum, von Erreichbarkeiten wie auch von technischen Eigenheiten. Nur eine simultane Behandlung des gesamten Panoramas von Determinanten läßt Stadt und Verkehr zusammenfinden.

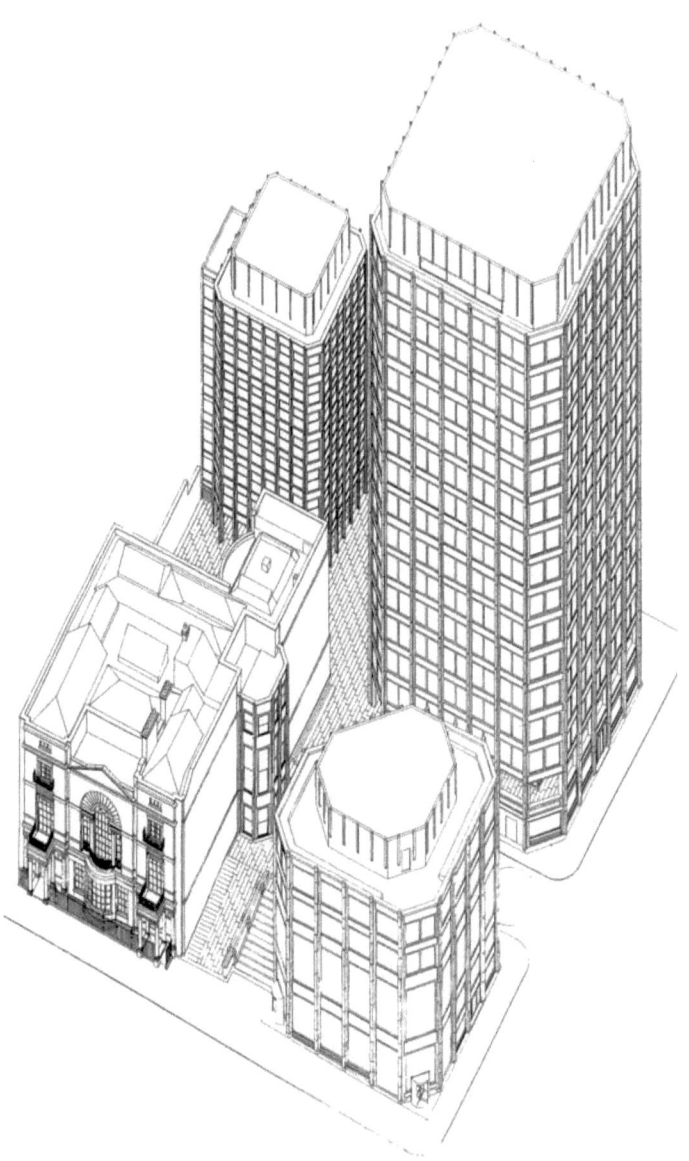

Alison und Peter Smithson, Economist Building, London, 1960–1964, Isometrie

Mit dem zwischen 1960 und 1964 in der Londoner City realisierten Economist-Komplex lieferten Alison und Peter Smithson den Nachweis, daß in einem überschaubaren Rahmen ihr spezifischer Fokus auf Kontext, Verbindungen und Bezüge zu einem subtilen Umgang mit der Stadt führte.[178] Die Aufgabe umfaßte Büroräumlichkeiten für den „Economist", Wohnungen und Geschäftseinrichtungen. Sie erlaubte dem Paar, Ansätze und Ideen, die es in den vergangenen Jahren entwickelt hatte, zu einem Ganzen zu verbinden. Das Cluster der drei Türme mit unterschiedlicher Höhe nahm auf verschiedenste Weise auf die Umgebung Bezug. Der in moderner Architektur gehaltene, sensible Eingriff vermied den autistischen Eindruck der damals gängigen Interventionen im Gestus des International Style, die sich als Solitäre gebärdeten. Der Economist-Komplex brach zwar mit dem gängigen Blockrand, gliederte sich aber zugleich sorgfältig in die Straßenfluchten ein. Seine Türme umgaben eine erhöhte Piazza, die als Ort der Begegnung und Kommunikation zwischen den beiden Straßen liegt, die den Cluster begrenzen. Selbst das Piano Nobile, das die alten Gebäude der Umgebung besitzen, findet sich im viergeschossigen Bankgebäude wieder. Kontextualität, der Umgang mit dem lokalen Ort, wurde hier anders gefaßt, als dies dann im Anschluß an Aldo Rossi üblich werden sollte. Kontext wird hier gewissermaßen modern und funktional gelesen: Die Gebäude verweisen auf ihre Umgebung, in dem sie sich funktional und räumlich mit ihnen vernetzen, ihr in der Materialienwahl und der Einbettung Reverenz erweisen. Vielleicht liegt in der Hinwendung der Moderne zum Bestehenden die eigentliche Leistung des Smithsonschen Städtebaus. In den gelungenen Vorschlägen verstand es dieser Städtebau, die Vergangenheit immer in mehreren Aspekten zugleich zu berücksichtigen. Die Haltung dabei war zukunftsgerichtet und blieb damit modern. Sie markierte eine Option am Ende der Moderne, die Bezüge zwischen dem Bauen an der Stadt und der Stadt nicht einfach nur in architektonischen Kategorien und Typologien zu überdenken, sondern statt dessen andere Wege zu suchen. Allein: Diese Option kam über Anfänge nicht hinaus.

Urbanität – ein neuer Orientierungspunkt

Die zweite Rückbesinnung auf die traditionelle Stadt um 1960, die in diesem Kapitel beleuchtet wird, drehte sich um den Begriff der Urbanität. Heute – im Zeitalter der voranschreitenden Globalisierung – ist Stadt wieder chic. Urbanität kleidet diesen Chic in Buchstaben und steht für

eine gazettentaugliche städtische Konsumkultur zwischen Espressobars, trendigen Einkaufsgelegenheiten und loftartigen Wohnformen. Agil und vielseitig kommt der Vokabel dabei die Aufgabe zu, mögliche Zweifel auszuräumen und mögliche Widerstände zu brechen. „Urbanität" dient heute als eine Art Passepartout, der Architekturen begründet, Planungen legitimiert, aktuelle Lebensweisen beschreibt und selbst im internationalen Städtewettbewerb als unentbehrliche Größe betrachtet wird. Mit anderen Worten: „Urbanität" ist die Worthülse, die viel an Assoziation freisetzt, analytisch wenig benennt und keinerlei plausible Hilfestellungen liefert.
Um 1960 war das aber noch längst nicht so. Der Begriff tauchte in einem Moment auf, in dem der Eindruck wuchs, im hastigen Bauboom der „langen 1950er Jahre" die Chancen des Wiederaufbaus vertan zu haben. Bald machte deshalb das Wort von der „Unwirtlichkeit der Städte" die Runde.[179] Damit hatte der Psychologe Alexander Mitscherlich in den sechziger Jahren einem weit über die Fachkreise hinausgehenden Unbehagen Sprache verliehen. Die wachsenden Verkehrsprobleme in den Innenstädten konnten dafür ebenso als Beleg herangezogen werden wie die Monotonie der neuen Stadtteile. In dieser Situation wandte sich der Volkswirtschafter und Soziologe Edgar Salin am Deutschen Städtetag 1960 mit dem Vortragstitel „Urbanität" an eine vorwiegend aus Architekten, Planern und Politikern bestehende Zuhörerschaft.[180] Salin verstand unter dem Begriff die Manifestation einer spezifisch städtischen Qualität der politischen Partizipation, der kulturellen Offenheit und Toleranz, die – wie er darlegte – „nicht Kennzeichen einer Stadt als solcher" sei. Urbanität gehörte zur Stadt nur zu bestimmten Zeiten. Die mit historischen Exkursen und aktuellen Deutungen untermauerten Ausführungen fanden erhebliche Resonanz bei Planungs- und Städtebauexponenten. Mit „Urbanität" glaubte man zumindest in deutschsprachigen Fachkreisen das ‚missing link' zwischen Architektur und städtischer Gesellschaft gefunden zu haben. Salins Ausführungen erlebten dabei eine Instrumentalisierung, wie sie sozial- und geisteswissenschaftliche Kommentare zum Bauen bei ihrer Übertragung in Denkmodelle der Architektur und Planung immer wieder erfahren: Ihr Inhalt wurde nämlich unmittelbar als architektonisch bearbeitbare Aufgabe interpretiert. Auf die griffige Formel „Urbanität durch Dichte" gebracht, postulierte man eine Neuausrichtung des städtebaulichen Denkens, das an die Stelle des formalen Schematismus räumlich-funktionaler Trennung und simpler wohnsoziologischer Konzepte Durchmischung und höhere bauliche Dichten setzte.[181]
Dabei hat die urbanistische Adaption ein wesentliches Moment in Salins Argumentationsgefüge übersehen: Interessanterweise hatte der Sozialwis-

senschaftler nämlich kein Wort über die Materialität der Städte, über ihre Bauten und ihre städtebaulichen Kompositionen verloren, in welchen er Urbanität diagnostizierte. Darin einfach die akademische Gepflogenheit zu sehen, sich in den Dingen zurückzuhalten, die nicht zum eigenen Fachbereich gehören, bedeutete, die Quintessenz seiner Überlegungen zu ignorieren: Städte leben nicht von ihren Gebäuden, sondern *mit* ihnen. Die Entwicklung der Städte ist keine Frage der richtig getroffenen Wahl formal-ästhetischer Konzepte bei der Gestaltung ihrer Stadträume. Aus der Zurückweisung einer monokausalen Beziehung zwischen gebauter Umwelt und den darin anzutreffenden Lebensweisen folgt weiter, Urbanität nicht einfach mit einer bestimmten Dichte urbaner Interaktionen oder bestimmten Angeboten gleichzusetzen. Dichte und Durchmischung steigern zwar die Intensität und Häufigkeit von Kontakten, können aber einzig die Wahrscheinlichkeit für bestimmte Verhaltensweisen erhöhen. Programmieren können sie diese nicht.[182] Die Debatten um das Schlagwort „Urbanität durch Dichte" haben von solchen Vorbehalten keine Notiz genommen. Deshalb betreiben ihre Exponenten auch unter verbal neuen Vorzeichen die gleichen Auslassungen, die der Städtebau und die Stadtplanung begangen haben, die zu verbessern sie sich anschickten.

Neue Formungen von Raum und Zeit: Kevin Lynch und Aldo Rossi

Der moderne Städtebau hat die Industriegesellschaft als abstrakten Singular wahrgenommen, der allgemeinen Regeln folgt. Darauf aufbauend haben die urbanistischen Analysen in ein Konzept von Stadt gemündet, das die urbane Wirklichkeit lesbar gemacht hat. Damit ließen sich an Zeichentischen und in Modellwerkstätten die funktionalen und sozialen Zusammenhänge nach wissenschaftlichen und technischen Maßstäben neu organisieren. Die resultierenden Laborgesellschaften der modernen Stadt mochten zwar über paßgenaue Bestandteile verfügen, die Debatte um Urbanität indizierte aber, wie weit entfernt diese Stadt von städtischen Qualitäten war. Bei allem Reden von Nachbarschaften, Identität und Gemeinschaft verzichtete dieser Städtebau der Lehrbuchwelten auf eine Interaktion mit der Stadtgesellschaft. Der Städtebau lieferte dem Alltag die Vorgaben, in die sich jener dann zu fügen hatte. Gleichzeitig kannte er keine Rückkoppelungsmechanismen, die das urbanistische Arbeiten über die Ergebnisse seiner Realisierungen informiert hätten. Dieses einseitige Interaktionsmuster der urbanistischen Theoriewelten hat 1960 Kevin Lynch ins Visier genommen. In *Das Bild der Stadt* entwarf er das heuristische Verhältnis urbanistischen Arbeitens zwischen dem Architekten, dem städtebaulichen Objekt „Stadt" und der städtischen Bevölkerung neu.[183] Lynchs erklärtes Bestreben war es dabei, der „Kunst der Stadtgestaltung" ein umfassenderes Verständnis von städtischer Wirklichkeit zugrunde zu legen. Lynch erwartete durch diesen Schritt den Fächer von Einflüssen, den urbanistische Kreativität und entwerferische Intuition beiziehen, entscheidend erweitern zu können. Anlaß des Unternehmens bildete die Ergründung des „visuellen Werts der amerikanischen Stadt". Seine Untersuchung thematisierte dazu die Bestimmungsmacht des Gebauten, den Facettenreichtum des städtischen Alltags und schließlich die Zeit. Dazu wandte er sich dem „Vorstellungsbild" zu, „das sich die Einwohner dieser Stadt von ihr machen"[184]. Den „beweglichen Elementen" in einer Stadt, zu denen Lynch die Stadtbewohner zählte, maß er eine ähnliche Bedeutung bei der Bestimmung des städtischen Alltags zu wie den „stationären physischen Elementen", weshalb er empirische Untersuchungen zum Wahrnehmungs- und Bewegungsverhalten der Stadtbewohner in vier ausgewählten US-amerikanischen Städten unternahm. In den Studien deckte sich die Wirklichkeit der Stadtbewohner allerdings kaum mit dem städtischen Kosmos. Die fokalen Punkte, denen die Städtebauer ihre Aufmerksamkeit widmeten, spielten im städtischen Alltag oft eine nur untergeordnete Rolle. Lynch weitete deshalb die Phänomenologie des Städtischen, die bei urbanistischen Entwürfen in Betracht gezogen werden sollte: Geräusche und Gerüche formten mit dem Straßenleben, den oft banalen Architekturen der Fassaden, den Lichtern der Gebäude oder Bäumen einen umfassenden Kosmos, dessen individuelle Deutung das jeweilige Verhältnis zum Stadtraum bestimmte. Schließlich brach die Lynchsche Stadt auch in ihrem Umgang mit der Zeit mit urbanistischen Denkgewohnheiten: Stadt bildete bei Lynch einen alltäglichen Erfahrungshintergrund, der in permanenter Bewegung und Veränderung begriffen war. Im Gegensatz dazu war der Zeitbegriff der Moderne ein im Grunde statischer gewesen – wenn wir mal vom eher architekturtheoretischen Raum-Zeit-Verständnis absehen, das für unsere städtebaulichen Zusammenhänge wenig Bedeutung hat. Zeit bemaß sich in den Planwelten der Zwischenkriegsjahre und den „langen 1950ern" allein danach, inwiefern die gestalterischen Ausprägungen und funktionalen Anforderungen dem ‚state of the art' genügten.

Auch Aldo Rossis *L'architettura della città* löste sich vom Zeitverständnis der Moderne: Das Werk ist (neben vielen anderem) Trauerarbeit, nachdem die Risse und Frakturen der modernen Idealwelten sichtbar geworden waren.¹⁸⁵ Rossi rang wie alle Urbanisten seit dem Zweiten Weltkrieg um ein neues Stadtbild, akzeptierte aber im Gegensatz zu den meisten das Beharrungsvermögen der bestehenden Stadt. Am Abend der architektonischen Moderne ließ er die räumliche Logik moderner Idealwelten hinter sich und ersetzte deren abstraktes Raumverständnis durch die Vorstellung eines semantisch reich aufgeladenen Stadtraums. Nicht mehr unbebaute Grundstücke außerhalb der alten Stadtgrenzen oder die Tabula rasa bildeten seinen gedanklichen Ausgangspunkt. Vielmehr gewann Rossi seine Stadt aus dem vom Verkehr, dem Wirtschafts- und Bevölkerungswachstum und der Bautätigkeit bedrängten Stadtkörper selbst. Hier setzte seine komplexe stadträumliche Lektüre an: Die Mauern der Gebäude, die Formen der Plätze, die Verläufe der Straßen las er als kollektives Gedächtnis, mit dem sich der Architekt in seiner stadträumlichen Analyse und in seinem architektonischen Entwurf zu beschäftigen hatte. Schicht um Schicht waren dabei die Anhaltspunkte freizulegen, die es dem Architekten erlaubten, die gegenwärtigen und zukünftigen Bedürfnisse mit seiner Lektüre der stadträumlichen Vergangenheit zu einem baulichen Mikrokosmos zu verschränken, in dem Vergangenheit, Gegenwart und Zukunft einander durchdrangen.¹⁸⁶

Die Ansätze Lynchs, Rossis und der Smithsons trafen sich bei all ihrer Unterschiedlichkeit im Bestreben, die Raum-, Zeit- und Stadtkonzepte der modernen Städtebauvorstellungen zu überwinden. Während die Smithsons und das Team 10 moderne Traditionen weiterentwickelten, operierten die Arbeiten von Kevin Lynch und Aldo Rossi mit neuartigen Analyserastern, mit deren Hilfe sie Stadt umfassender verstehen wollten. Rossi begegnete der abstrakten Geschichtslosigkeit des modernen Raumverständnisses mit einer komplexen Hermeneutik der Geschichte des Ortes. Lynch fokussierte die eigentümliche Einseitigkeit des gängigen städtebaulichen Vorgehens, das in seinen Planwelten vage Modelle zeitgemäßer Stadtgesellschaft definierte, ohne beim Modellieren zur Kenntnis zu nehmen, daß das Verhalten der Stadtbewohner nicht diesen Vorgaben folgte.

Wie wir heute wissen, vermochten die drei Ansätze keine grundlegenden Revisionen städtebaulicher Heuristiken auszulösen, genauso wenig wie andere einflußreiche Texte wie Robert Venturis *Komplexität und Widerspruch in der Architektur* oder Christopher Alexanders *The City is not a Tree*.¹⁸⁷ Beide lehnten, wie viele ihrer Kollegen, den sterilen Aufbau säuberlich getrennter Nachbarschaften ab und erkannten in diesen das Scheitern der bisherigen Prinzipien moderner städtebaulicher Praxis. Alexander argumentierte aber nicht einfach auf der Basis von ästhetischen Urteilen und Beobachtungen, sondern kritisierte das ihnen zugrunde liegende Ordnungsprinzip, das strukturelle Komplexität ausschließe. Er legte dabei die Naivität des organischen Leitbildes frei, das die Unterschiedlichkeit der faktischen sozialen Beziehungssysteme negierte, in denen sich verschiedene soziale Tätigkeiten in den Raum schreiben. Statt dessen postulierte er mit dem Prinzip der komplexen Systeme (semi-lattice) eine Abkehr von fertigen Lösungen und rief zum Experiment auf, komplexe Überschneidungen menschlicher Aktivitäten im Raum zum Ausgangspunkt neuer städtebaulicher Konfigurationen zu machen.

An Robert Venturis Text wird noch einmal deutlich, wie schwer es bei aller Einsicht in die Mängel bisheriger Arbeitsweisen war, einen Gegenentwurf zu lancieren, der sich wirklich von ihnen zu lösen vermochte. Sein Diktum, die von Reklametafeln und Neonlichtern übersäte *mainstreet* sei „almost all right", schlug – freilich nicht ohne Ironie – einen eigentlichen Vorzeichenwechsel der architektonischen Inspiration vor. Die Inspirationsquelle des „strips" von Las Vegas verabschiedete sich zwar von der linearen Ordentlichkeit moderner Entwurfsrealitäten. Da Venturi aber die bestehende Wirklichkeit als komplexes und widersprüchliches Bild thematisierte, die Entstehungsbedingungen dieses Bildes hingegen ebenso wenig diskutierte wie die Determinanten von dessen Veränderung, löste er sich nicht aus der Gedankenwelt der städtebaulichen Moderne, sondern betrieb eine ähnliche Ästhetisierung der Gesellschaft.

All diese Arbeiten wurden zu einem Auftakt eines Rückzugs in Raten, der die Städtebautheorie in die Intimität disziplinärer Debatten zurückführte, wo sie bis heute verharrt. Seither ist den Stadtentwicklungsdebatten und Reurbanisierungsprojekten die Zuversicht abhanden gekommen, die Essenz der Stadt fixieren zu können, was die städtebaulichen Theoriekonzepte der „langen 1950er Jahren" noch stillschweigend vorausgesetzt hatten. *Collage City* von Colin Rowe und Felix Koetter bildete vielleicht den letzten Versuch, Städtebau auf ein breites methodisches Fundament zu stellen und ihm so wieder mehr Geltung zu verschaffen.[188] In der Praxis beförderte der dichte und ungemein assoziationsreiche Text aber nur ein postmodernes Pastiche architektonischer und urbanistischer Versatzstücke, die auf urbanistische Engpässe nur ästhetisch zu antworten verstanden. Auch hier war der Bruch mit einer bildhaften Vorstellung von Stadt nicht vollzogen, sondern nur ein anderes Bild geschaffen worden.

Der kurze Auftritt der Postmoderne

Der vorliegende Essay beschäftigt sich mit dem modernen Städtebau als Versuch, das Bauen und Planen an der Stadt auf ein breiteres Fundament zu stellen und als gesellschaftliches Handeln zu begreifen – wobei über die Unzulänglichkeiten, mit denen dieses Verständnis umgesetzt wurden, kein Zweifel besteht. In den theoretischen Schriften zur Architektur der Großstadt von Ludwig Hilberseimer beispielsweise oder auch in den Frankfurter Realisierungen unter Ernst May waren solche Überlegungen schon während der Weimarer Republik bis zur letzten Konsequenz in Architektur übersetzt worden: Das traditionelle architektonische Arbeiten am baukünstlerischen Solitär existierte hier nur mehr als Sonderfall. Über die folgenden zwei, drei Generationen von Architekten lassen sich immer wieder Versuche ausmachen, die gesellschaftlichen Bedingtheiten des eigenen Arbeitens zu untersuchen und daraus die entsprechenden Rückschlüsse zu ziehen. Daraus erklären sich so unterschiedliche Aktivitäten wie das Engagement für regionalplanerische und landesplanerische Belange, der Einsatz für ein griffiges Bodenrecht oder die akribischen Stadtteilanalysen und eigenhändig durchgeführten Verkehrszählungen – wenngleich solche Bemühungen kaum systematisch verfolgt worden sind.

Diese Aktivitäten bündelten sich zu dem Ziel, eine neue Siedlungsform zu entwickeln, die die industrialisierte Stadt des 19. Jahrhunderts zu überwinden vermochte. Heute ist dieses Ansinnen in beinahe grotesker Weise wahr geworden: Der Alltag von mehr und mehr Menschen spielt sich heute in verstädterten Landschaften, Agglomerationen und Zwischenstädten ab, die das von niemandem geplante Ergebnis von einem halben Jahrhundert gesellschaftlichen Wandels und Wirtschaftswachstums darstellen. Dabei ist auch die Option einer methodisch stringenten Auseinandersetzung mit der Gesellschaft auf der Strecke geblieben. Heute hegt der Architekt vorzugsweise wieder „poetischere" Vorstellungen von Stadt und Gesellschaft und setzt auf Intuition. Das folgende Votum illustriert diesen Kurswechsel durchaus repräsentativ.

Für Louis Kahn war allein der Architekt berufen, die „große Symphonie" aller Kräfte zu orchestrieren, aus welchen Stadt entsteht.[189] Auch wenn solche Omnipotenzvorstellungen heute kaum mehr laut verkündet werden, ein ähnliches Vertrauen in die Intuition beim Entwerfen von Stadtgesellschaften begleitet auch heute noch die Arbeit am Zeichentisch oder am Bildschirm. Dabei entstehen geschlossene Stadtbilder, die die Umsetzungsphase nur als eindeutige Übersetzungen von Planvorgaben begreifen. Die Krite-

rien, mit denen städtebauliche Vorschläge beurteilt werden, gehen immer schon von der faktischen Existenz dieser Plan- und Modellwelten aus. So taxiert man die kompositorische Gesamtwirkung oder die konkrete Verortung von Nutzungen aufgrund aufwendig gestalteter Darstellungen. Damit unterschlägt man aber den gesellschaftlichen Anforderungsreichtum, in welchem Städtebau stattfindet. Konjunkturschwankungen, Investoren, Behörden, Rechtslagen oder Quartierbewohner verändern die Planwelten in einer Weise, die sich nicht bemessen läßt; diese Unbestimmtheit im Entwurf mitzubedenken, hat allerdings gestalterische Folgen.
Es spricht einiges dafür, daß die selektive Wahrnehmung der Gesellschaft im Städtebau ihren Ursprung in den urbanistischen Arbeitsweisen hat. Die Medientheorie Marshall McLuhans[190] liefert hierzu interessante Hinweise: McLuhans diagnostischer Grundsatz „Das Medium ist die Botschaft" verlagert den Fokus weg von den Inhalten der Kommunikation über Stadt zu den formalen Eigenheiten der Medien, in denen diese Kommunikation stattfindet. Danach bestimmt die Beschaffenheit eines Kommunikationsmediums, wie und in welchen Ausprägungen Wirklichkeit wahrgenommen wird. Somit sind die formalen Eigenschaften der Pläne, die ja ein wesentliches Medium der Verständigung in Architektur und Städtebau darstellen, einer eingehenden Prüfung zu unterziehen. Was resultiert daraus für die Stadt der Architekten? Eine McLuhans Medienanalyse folgende Sichtung wirft eine Reihe von Fragen auf, mit welchen sich die Eigenschaften der gängigen Kommunikationsweisen über Stadt in der modernen und nachmodernen Architektur eingrenzen lassen.[191] Worin liegen die spezifischen Wahrnehmungsleistungen des Mediums „Plan"? Welche Phänomene werden durch die Wahl dieses Medium verstärkt, welche Phänomene werden dadurch ausgeblendet oder nur in geringerem Umfange beleuchtet?
Plandarstellungen selektieren Wirklichkeit auf bestimmte Art und Weise. Als Wahrnehmungsmodi filtern sie die städtische Wirklichkeit – darin liegt ihre Leistung, darin liegt zugleich aber auch ihre Krux. Die Modi der Realitätserfassung beeinflussen die Auswahl der Phänomene, deren Bearbeitung für relevant gehalten wird. Die getroffene Auswahl, der immer unvollständige Kosmos einer urbanistischen Heuristik, leitet auch die weiteren Arbeitsschritte und Ergebnisse, weshalb das städtebauliche Entwerfen an der Stadt immer ein Arbeiten an einem *Abbild* der Stadt und ihrer Zukunft ist.
Die architektonische Postmoderne, die sich von den modernen Prinzipien entschieden abzusetzen suchte, hat diese Zusammenhänge nicht thematisiert. Sie blieb im Gegensatz zur postmodernen Philosophie oder den

postmodernen Kultur- und Geisteswissenschaften ein kurzes Intermezzo ohne anhaltende Resonanz, wenn auch ihre Fassadenmuster, sei es auch von dubioser Qualität, überall zu besichtigen sind. Was die verschiedenen Disziplinen und Themenfelder verband, waren Krisensymptome, die sich in einer grundlegenden Skepsis gegenüber dem modernen Prinzip des Universellen manifestierten. Diese Skepsis begleitete ein Verschwinden von Sicherheiten – so etwa in Jean-François Lyotards „Ende der großen Erzählungen" –, und es wurde eine Vervielfachung von Realitäten sichtbar, die durch nichts mehr abzubauen war.[192] Für viele ihrer Exponenten bildete die Postmoderne weniger eine Nach-der-Moderne denn eine schwere Irritation ob des Zustands der Gegenwart in Politik, Ökonomie und Kultur. „Die Postmoderne beginnt dort, wo das Ganze aufhört" hieß es bei Wolfgang Welsch.[193] An die Stelle des Ganzen trat der Umgang mit der „Vielheit", die nach Welsch neuartige Herausforderungen an die theoretische Reflexion und die politische Praxis stellte. Die Vielheit war die anhaltende Irritation, die das Wort „Wirklichkeit" nur mehr im Plural schreiben ließ.

Niklas Luhmann hat sich für die Postmoderne vor allem als neue Etappe in der „Selbstbeschreibung" der Gesellschaft interessiert.[194] In diesem Bedürfnis, sich neu zu definieren, erkannte er primär ein Versagen der gesellschaftlichen Reflexion. Das theoretische Verständnis der Mechanismen, nach welchen sich westliche Gesellschaften wandeln, hinkte, so Luhmann, hinter den faktischen Veränderungen und ihrer Geschwindigkeit nach. Nicht die Phänomene haben sich mit der Postmoderne geändert, sondern das Debattieren darüber.

Diese auf die gesellschaftswissenschaftliche und philosophische Debatte gemünzte Diagnose läßt sich auch auf die postmodernen städtebaulichen Selbstreflexionen und Positionsbezüge übertragen. Als positiv besetzter Terminus tauchte postmoderne Architektur 1975 in der Debatte auf und sorgte rasch für erheblichen Aufruhr. Der Begriff selbst war zwar nicht neu. Unter anderem bediente sich die Architekturkritik seiner schon in den sechziger Jahren. Charles Jencks lancierte nun „Postmoderne" als Sammelbegriff für eine neue Architekturhaltung.[195] Diese sollte die Moderne ablösen, deren Ende Jencks mit der 1972 erfolgten Sprengung der Großsiedlung Pruitt-Igoe in St. Louis datiert hatte. Den modernen Kollaps erklärte er mit zwei Faktoren: Zum einen war für ihn die Bewegung an den Wucherungen banaler Architekturen zerbrochen, die auf modernen Grundsätzen basierten, zum anderen entdeckte er die Isolation der modernen Architektur, in welche sie sich ungewollt begeben habe, indem sie mit ihrer Ästhetik die Aufnahmefähigkeit ihres Publikums überfordert habe.

Ricardo Bofill Taller de Arquitectura, Les arcades du lac, Saint-Quentin-en Yvelines
1975–1978

Moore Perez Associates et al., Piazza d'Italia, New Orleans, 1975–1980, Pergola

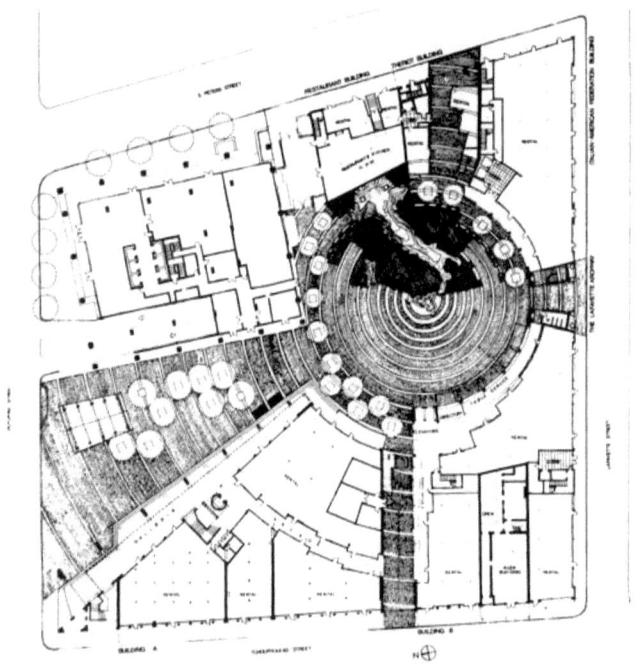

Moore Perez Associates et al., Piazza d'Italia, New Orleans, 1975–1980, Lageplan

Postmoderne Architektur wies für Jencks den Weg aus der Sackgasse. Die postmoderne Mehrfachkodierung des architektonischen Zeichens verstand er als Brücke über den Graben, der sich seit der Moderne zwischen den Eingeweihten und der breiten Masse aufgetan hatte. Beide Seiten sollten sich nun am gleichen Objekt delektieren, wenngleich an anderen seiner Eigenschaften.

Die architektonische und urbanistische Postmoderne interpretierte Probleme des Bauens als Fragen der Repräsentation und fixierte damit die Zeichenhaftigkeit der Architektur. In städtebaulicher Hinsicht machte man bei den modernen Vorgängern eine akute Verarmung am gestalterischen Vokabular aus. Die postmoderne Rezeptur propagierte deshalb die Rückbesinnung auf das Formen- und Typologienarsenal der Vergangenheit. In Ricardo Bofills Satellitenstadt „Les arcades du Lac" beispielsweise wurden Sozialwohnungen in eine Hülle verpackt, die sich an monumentale Schloßarchitektur anlehnte. In diesen im Laufe der achtziger und neunziger Jahre Stadtraum gewordenen „echten Fälschungen" (Umberto Eco) verschwimmt das Reale mit dem Imaginierten. Was daran am meisten frappiert, ist der Eifer, mit welchem die postmoderne Architektenzunft sofort zur Produktion von Bildern überging. Indem der postmoderne Städtebau inhaltlich zur Collage und zur Imitation der Vergangenheit schritt, wiederholte er aber methodisch, was auch schon moderne Architekten taten, wenn sie Städtebau betrieben – sie entwerfen nämlich Perspektiven und Pläne stadträumlicher Endzustände. Die einsetzende Revolutionierung der Darstellungstechniken durch den Computer mochte noch einmal die Suggestivkraft dieser Bildwelten steigern, ihre Relevanz vermochte sie so aber nicht zu erhöhen.

Die Postmoderne hat somit die Chancen verpaßt, welche ihre Postulate wie Vielheit und Differenz für die städtebauliche Reflexion hätten bieten können, wenn sie in ihrer politischen und gesellschaftlichen Bedeutung wahrgenommen worden wären. Damit hätte der Abschied von der Moderne begleitet sein können von einer profunden Auseinandersetzung mit den Ursachen für das Scheitern ihrer Ambitionen, und die Beziehung zwischen Architekt und Stadt hätte sich anders thematisieren lassen denn als Frage nach der korrekten Zusammensetzung typologischer Referenzpunkte. Schließlich haben postmoderne Urbanisten auch die Herausforderung nicht angenommen, darüber zu reflektieren, was das Ephemere und Provisorische, das Geschichtliche und Unvollständige für den Städtebau bedeuten könnten. Statt dessen hat die Postmoderne eine möglichst kräftige visuelle Zäsur gegenüber der Moderne gesucht. In der postmodernen Stadt der

Architekten blieb „Stadt" weiterhin ein Objekt urbanistischer Phantasie, wobei Phantasie durchaus im doppelten Wortsinne gelesen werden kann. Insofern paßt Bruno Latours boshafte Generalkritik an der Postmoderne von der „Resignation des Denkens" gerade auch auf die architektonische und städtebauliche Ausprägung: „Der Postmodernismus", so Latour, „ist ein Symptom und keine neue, unverbrauchte Lösung. Er lebt unter der modernen Verfassung, aber glaubt nicht mehr an die Garantien, die sie bietet."[196] Verbale Scharmützel zwischen der Fraktion der Erneuerer und den Bewahrern des avantgardistischen Erbes haben – gerade wenn wir die strukturellen Aspekte des städtebaulichen Denkens betrachten – vor allem zu einer beidseitigen Verschärfung in der Rhetorik geführt. Es blieb im Grunde bei einem Bilderstreit, bei welchem das eigentliche Problem vergessen ging, was denn die veränderten wirtschaftlichen und politischen Bedingungen für das Bauen an Städten bedeuteten. Daß die städtebauliche Praxis merklichen Veränderungen ausgesetzt war, darauf hatten die „Urban Studies" am Beispiel von Los Angeles schon seit Beginn der achtziger Jahre hingewiesen.[197] Der Irrtum der Postmoderne lag darin, daß sie sich darauf beschränkte, Pluralismus in der Form und der Konzeption auszudrücken. Verschiebungen im Kräftegefüge wie Deregulierungen, die den Stadtalltag formen, thematisierte sie nicht. Einmal mehr entdecken wir hier eine erstaunliche Verwandtschaft zwischen architektonischer Moderne und Postmoderne. Postmoderne Architekten haben nur andere Hüllen gebaut. „Nicht zufällig ersann Le Corbusier Menschenmodelle", konnte Theodor W. Adorno noch in seiner Funktionalismuskritik notieren.[198] Nach der Moderne liefern die Text- und Bildwelten von Architekten und Urbanisten sozialwissenschaftlichen Kritikern längst nicht mehr so offensichtliche Angriffsflächen. Auch in der architektonischen Postmoderne verschwand das Barthessche Wesen aber nur zum Schein. Die postmoderne Kritik an der ignorierten Öffentlichkeit, an den verfehlten gesellschaftlichen Ambitionen und an der Arroganz der Experten führte Punkt für Punkt die modernen Fehler auf, um sie selbst zu wiederholen. In der postmodernen Stadt trägt das Barthessche Wesen neue Kleider und schlüpft in neue Rollen: Es gibt den freundlichen Flaneur, konsumfreudig und familientauglich. Dieses Wesen ist nicht das autonome Individuum, das die Postmoderne wieder ins Recht setzen wollte, sondern ein tausendfach multiplizierter Klon.

Die späte Entdeckung der Agglomeration

Während die Auseinandersetzungen um die postmoderne Stadt noch tobten, wurde immer offenkundiger, daß der überwiegende Teil der heutigen Siedlungsrealitäten nichts mit der Stadt der Architekten zu tun hat. Stadt ist heute, wie Jean Attali meint, überall, zugleich aber auch nirgends, wie Alain Touraine feststellt.[199] Diese paradox anmutende Gleichzeitigkeit beschreibt die aktuellen Siedlungswirklichkeiten, über deren Steuerungsmöglichkeiten sich Thomas Sieverts ausgesprochen skeptisch geäußert hat: „Mit den Mitteln der Raumplanung" könne der Gang der Dinge, dessen „Basiskräfte [...] so tief in der Geschichte der Neuzeit wurzeln", nicht beeinflußt werden. Deshalb regte er an, sich künftig „vielleicht eher auf eine Kultivierung der Auswirkungen zu konzentrieren"[200]. Das ungeliebte räumliche Erbstück von fünfzig Jahren Wirtschaftswachstum und Wohlstandszugewinnen – wir können es Zwischenstadt, Stadtland, Metropolitanräume oder zersiedelte Landschaften nennen – läßt den Planer heute ratlos. Damit hat eine räumliche Wirklichkeit ihren Sieg davongetragen, *gegen* welche Generationen von Architekten und Planern geschrieben, geredet und gezeichnet haben.

Mit diesen Realitäten hat in der Architektur die Auseinandersetzung allerdings erst kürzlich eingesetzt. Die Agglomerationsbildung beschäftigte zunächst lange nur Planer und Regionalpolitiker. Für Architekten hingegen strahlten die Agglomerationen lange einfach nicht genügend Chic und Sex-Appeal aus, als daß man sich wirklich auf sie eingelassen hätte. Agglomerationen galten als billige Abziehbilder des Städtischen, von welchen man seinen Blick besser abwandte.

Spätestens seit Anfang der neunziger Jahre hat sich diese Situation aber gründlich geändert. Wenn Architekten heute Raumforschung betreiben, beschäftigten sie sich häufig mit Agglomerationsräumen. Im Einklang mit der Ästhetik des „dirty realism" begeistert man sich nun leicht schaudernd an ihrem unspektakulären, oft biederen Alltag. Unzählige Publikationen präsentieren uns ein Bilderspektakel mit zigfach multiplizierten Einfamilienhaus- und Gartenzwerg-Idyllen, die mit bunten Grafiken und provokativen Statements orchestriert sind. Es ist zu einem wesentlichen Teil die Macht dieser Bilder, die die Zwischenstadt zu einem Teil der Stadt der Architekten hat werden lassen. In den meisten Fällen hat sich aber der *Blick* auf diese Stadt dadurch nicht verändert.

Wesentliche Anstöße zur Verlagerung der Aufmerksamkeit auf diese Räume kamen aus den USA: In Harvard hat Peter Rowe schon 1991 seine

Überlegungen zur „middle landscape" vorgestellt.[201] Damit fokussierte er auf die riesigen Vorstädte, die den heutigen Gravitationspunkt des US-amerikanischen Alltags bilden. Sie beherbergen einen ressourcenintensiven und landschaftsverzehrenden Lebensstil, in dem urbane Lebensweisen mit Simulationen von vormoderner Ländlichkeit verschmelzen. Diese Vorstädte sind das Ergebnis einer anhaltenden Abwanderung aus den Kernstädten ins Umland. Agglomerationen fungieren als Auffangbecken für die Bevölkerungsgruppen, die den als chaotisch empfundenen, oft gefährlichen oder für gefährlich gehaltenen und infrastrukturell überforderten Großstädten den Rücken kehren wollen (und es sich leisten können) und hier die Projektionsflächen für ein anderes Leben entdecken.[202] Ihre neue Realität ist ein industriell entwickeltes und hergestelltes Massenprodukt – marketingstrategisch und in Sachen Image perfekt auf das jeweils anvisierte Kundensegment ausgerichtet. Developer reproduzieren so – nach Einkommensklassen differenziert – die Segregationsmuster der amerikanischen Gesellschaft in der Landschaft. Die „feinen Unterschiede" (Pierre Bourdieu) bleiben dabei gewahrt. Sie lassen sich leicht am Ausstattungsstandard der Häuser, der Grünanlagen, der infrastrukturellen Anbindung der neuen Siedlungen oder den eingesetzten Sicherheitstechnologien ablesen.[203] Dieses Suburbia von der Stange zog bald schon Film- und Kulturschaffende magisch an, die in der heilen Welt der konfektionierten Idyllen ihre Plots von psychologischen Abgründen, Schizophrenien und totalitären Kontrollanstrengungen ansiedelten.[204]
In Europa verhalten sich die Dinge im Falle von Suburbia leicht anders: Viel liegt dabei in den unterschiedlichen Rollen der Akteuren begründet, die an der gesellschaftlichen Produktion von Raum beteiligt sind. In den USA entwickeln zumeist Großinvestoren den Siedlungsraum, während in Europa – gerade nördlich der Alpen – die Parameter der Siedlungsentwicklung wesentlich durch Verwaltung und Politik geprägt werden. Der Zersiedlung konnte sie allerdings auch nicht Einhalt gebieten. Ob wir nun den bundesdeutschen Raumordnungsbericht zur Hand nehmen, die entsprechenden Publikationen des schweizerischen Bundesamtes für Raumentwicklung oder Veröffentlichungen von raumwissenschaftlich arbeitenden Forschungseinrichtungen – es sind immer die beiden gleichen Phänomene, die heute die europäische Raumentwicklung charakterisieren:[205] Das stetige Wachstum der Siedlungsflächen in den Großagglomerationen und die anhaltende Zunahme des Verkehrsvolumens.
Wie sind diese Phänomene zu deuten? Wir haben uns angewohnt, schlicht von fortschreitender Verstädterung zu sprechen. So rechnet man heute

mit einem Verstädterungsgrad in Europa von ca. 80 Prozent. Mit einer solchen Ziffer ist allerdings noch wenig erklärt, handelt es sich doch beim Verstädterungsgrad nur um eine definitorische Konvention der Statistiker. Die allgemein bekundete Tendenz zum Einfamilienhaus im Grünen zeigt ja, wie wenig diese Siedlungsflächenexpansion und statistische Verstädterung mit Stadtwerdung zu tun hat. Die räumlichen Veränderungen der letzten Jahre und Jahrzehnte können nicht einfach als städtischer Expansionsprozeß begriffen, sondern müssen als grundlegende Neuordnung räumlicher Beziehungen verstanden werden. Das Zentrum-Peripherie-Muster oder das Leitbild der dezentralen Konzentration sind dabei obsolet geworden. Viele Schlafstädte von gestern operieren heute als aktive Pole der Netzökonomie. Die einseitigen Abhängigkeiten vom Umland zum Kern sind verschwunden. Auch dafür gibt es empirische Belege: So nehmen besonders die Verkehrs- und Pendlerströme stark zu, die innerhalb der ehemaligen suburbanen Räume stattfinden.

Der Alltag in diesem Stadtland ist wesentlich durch Transit geprägt. Private Mobilität ist die Basisressource, ohne welche der Alltag in diesem Räumen nicht bestritten werden kann. Arbeiten, Einkaufen oder Freizeitbeschäftigungen sind eng mit Mobilität verknüpft. Die jüngsten Kapitel der Automobilisierungsgeschichte erzählen exakt die passende Geschichte dazu: Über weite Strecken des 20. Jahrhunderts war das Automobil ein städtisches Phänomen – seit zwei, drei Jahrzehnten allerdings hat die Anzahl PKW / 1000 Einwohner in den ehemals ländlichen Gebieten die Werte in den Städten weit hinter sich gelassen. Die private Mobilität erlaubt tagtäglich, sich ein neues „Menü" an Raumkonsum zusammenzustellen. Der Raum zwischen den angesteuerten Punkten hält ein Sammelsurium von widersprüchlichen Eindrücken bereit, die sich nicht mehr auf einen Nenner bringen lassen: Siedlungen, Landschaftsgürtel, Industrieparks, Verkehrsanlagen, Shoppingzentren, Freizeiteinrichtungen und vereinzelte Bauernhöfe ziehen vorbei, Kulissen in einem Netz, in dem die Kernstadt einen Knoten unter vielen bildet – wenngleich einen wichtigen, wie Tag für Tag die Arbeitspendler und die konsumfreudigen Massen an den Wochenenden in den Altstadtstraßen belegen.

Bei diesem Gefüge einfach von „Stadt" zu sprechen, bedeutet diese Wirklichkeiten zu verfehlen. Vokabeln wie Stadt, urban oder Urbanität sind Hindernisse, die den Blick auf die Verhältnisse trüben – ihr Gebrauch legt falsche Fährten, da sich hinter unveränderten Buchstabenfolgen unterschiedlichste Wirklichkeiten verbergen. Die heuristischen Defizite der ubiquitären Stadtdiagnose werden augenfällig, wenn wir die Agglomerationsgebiete genauer betrachten. Eine plausible Sichtung setzt beim anhaltenden Zugriff an, den wirtschaftliches Handeln und infrastrukturelle Angebote, Mobilitätsmuster und Funktionsweisen der Immobilienmärkte, planungsrechtliche Regeln und andere Einflüsse mehr auf den Raum ausüben. Es sind also heterogene, nicht aufeinander Bezug nehmende Interessen, die auf die Agglomerationsräume (wie auf alle Räume) gerichtet werden. Jedes dieser Interessen verleiht dem Gebiet spezifische Merkmale und Funktionsmuster. Wie sich diese verschiedenen Einflüsse räumlich konkret auswirken, läßt sich nicht voraussagen. Die Überlagerungen ihrer Einzelwirkungen entziehen sich erst recht einer Prognose. Darüber spricht die Diagnose von der flächendeckenden Stadt nicht.

Die aktuellen Lebens- und Arbeits-, Versorgungs- und Freizeitweisen finden in einer Legierung von urbanen, suburbanen und ländlichen Elementen statt. Ordnende Logik ist dabei nicht ersichtlich. Chaos bildet deshalb eine der geläufigsten Assoziationen, die allerdings vorschnell ausfällt. Ein aufmerksames Beobachten drängt zu anderen Vermutungen. Einmal verfügen Agglomerationsräume über eine ausgesprochen kleinteilige Struktur, die aus Inseln geordneter Muster montiert ist. Siedlungen aus den fünfziger und sechziger Jahren des 20. Jahrhunderts stehen neben bescheiden dimensionierten Industriezonen, irgendwo ein paar Einfamilienhauszeilen, daneben durchzieht ein Siedlungstrenngürtel den Raum, und der alte Ortskern ist allzu oft nur mehr eine fast menschenleere Kernzone mit geringer Dichte. Für sich genommen vermittelt jede dieser Inseln ein geordnetes Bild. Der räumliche Archipel, zu welchem sie gehören, vermag allerdings diesen Eindruck nicht mehr aufrechtzuerhalten. Mit größer werdendem Ausschnitt nimmt auch der Eindruck zu, ein Patchwork vor sich zu haben, dessen soziale, ökonomische und räumlich-funktionale Eigenschaften noch kaum erforscht sind.

Nun bedienen sich Architektur- und Kulturfeuilleton in diesem Zusammenhang oft eines Zauberworts: Identität. Sie fehlt, so liest man, in der Zwischenstadt an allen Ecken und Enden, und es sei Aufgabe der Architektur, diesen Mangel zu beseitigen. Einmal mehr konzentriert sich die Debatte damit auf einen Nebenschauplatz und schweigt wortreich zu den anstehenden Fragen. Warum? Der Ruf nach Identität führt uns noch einmal zurück zu den semantischen Sicherheiten, die heute eben um keinen Preis mehr zu haben sind: In den Kulturwissenschaften und der Technikgeschichte hat mittlerweile der „pictorial turn" den Voraussetzungsreichtum unserer Wahrnehmungsprozesse empirisch überzeugend herausgearbeitet.[206] Bilder und Objekte – so die Schlußfolgerung – transportieren keine Evidenz,

Spreitenbach, Schweiz. Foto: Joel Tettamanti 2003, © Avenir Suisse

Am Genfersee. Foto: Joel Tettamanti 2003, © Avenir Suisse

die sich dem Betrachter aufdrängt. Das hat in unserem Zusammenhang durchaus Folgen: Bauten und Orte besitzen somit *a priori* keine Identität und vermögen auch nicht automatisch Identität zu stiften. Erst unsere Wahrnehmungsmuster und Interpretationsfiguren weisen ihnen eine bestimmte Bedeutung zu.[207]
Architekturen und städtebauliche Interventionen sind also deutungsbedürftige Zeichen. Eine Kategorie wie „Identität" ist deshalb analytisch von ausgesprochen bescheidenem Nutzen. Das Ausmaß an Identität, das ein Betrachter bestimmten Gebäudekompositionen, einem Platz oder einem Ort zuschreibt, hängt stark von Faktoren wie Erfahrung, Wissen oder Vorlieben ab. Damit ist die Frage nach dem baulichen Identitätsverlust in der Zwischenstadt oder der Identitätssteigerung durch gute Architektur ein akademisches Problem. Wenn wir einmal vom trivialen Aspekt des physischen Alters absehen, erhält beispielsweise ein altes Gebäude nicht einfach die Erinnerung an Vergangenes wach, stiftet Orientierung und verbindet Vergangenes mit Gegenwärtigem und Zukünftigem. Diese Eindrücke liegen allein im Auge und im Wissen des Betrachters. Eine Komposition von Gebäuden ist somit nicht automatisch Träger bestimmter Qualitäten.
Im Grunde folgt daraus, daß wir immer lernen müssen, Agglomerationen in ihrer Andersartigkeit zu erkennen. Diagnosen wie Identitätsverlust oder Chaos können dazu nicht viel beitragen – beide decken sich im übrigen nur wenig mit den Deutungsfiguren, die ‚Agglomeriten' von ihren Raumwirklichkeiten haben. Kevin Lynchs Vorschlag, die tatsächlichen Orientierungspunkte im Raum zu identifizieren und daraus entwerferische Strategien abzuleiten, entwickelt hier neue Aktualität – ein Punkt, auf welchen Thomas Sieverts schon vor längerem hingewiesen hat.[208] Lynchs Unterscheidung zwischen beweglichen und stationären physischen Elementen könnte ein interessanter Ausgangspunkt sein, einen Alltag besser zu verstehen, der sich in einem Nebeneinander von Siedlungsfragmenten abspielt, die in der Politik, aber auch in den kulturellen Diskursen mehr und mehr primär als Transiträume für automobile Mobilität thematisiert werden, während die anderen Geschwindigkeiten und damit verknüpften Aktivitäten kaum beachtet werden.
Die faktische Bedeutung eines Ortes stellt sich ganz generell erst im Umgang der Bewohner mit ihm ein. In dem Ausmaß, in welchem Orte feste Bestandteile eines Alltags werden, werden sie auch Orte der Identifikation mit der gesellschaftlichen und räumlichen Umgebung. Wie diese Räume geschaffen werden können, ist allerdings in der Zwischenstadt bedeutend weniger klar als in den Städten. Welche Bedeutungen können beispielsweise

traditionelle Leitvorstellungen von öffentlichem Raum wie Nachbarschaften, Zentren oder Plätze überhaupt noch haben, wenn es die Stadtgesellschaft, auf welche eben diese Leitvorstellungen vertrauen, in diesem Alltag nicht gibt? Wie kann Öffentlichkeit in einem Alltag konkretisiert werden, der sich von der Arbeit über das Einkaufsverhalten bis hin zu den Freizeitaktivitäten auf private Mobilität stützt?
Der grundsätzliche Charakter der Fragen deutet es an: Architektur und Planung betreten außerhalb der Kernstädte Neuland. Die vorhandenen Konzepte wollen nicht recht zur Agglomerationswirklichkeit passen: Der suburbane Körper sträubt sich nicht nur in den Köpfen seiner Bewohnerinnen und Bewohner dagegen, Stadt zu sein. Auch funktional will er Vorschläge nicht so recht annehmen, die die Stadt zum Vorbild nehmen. Zugleich ist der Versuch, dörfliche Strukturen nachzubauen, nicht viel mehr als nostalgischer Kitsch, wenn er als isolierter planerischer Eingriff betrieben wird.
Die Zwischenstadt fordert heraus, weil hier deutlich wird, wie stark sich die Prozesse der Landschaftsveränderung geändert haben. Lange Zeit ließen sich Landschaftstransformationen als einfache Ursache-Wirkung-Beziehungen verstehen. Da gab es auf der einen Seite klar benennbare Akteure: Industrie, Politik oder Militär. Diese verfolgten ebenso klar zu identifizierende Handlungszwecke wie Gewinnmaximierung, Rohstoffabbau oder Macht. Auf der anderen Seite schrieben sich die Folgen ihrer Handlungen oft tief in die Landschaften ein: Kahlgeschlagene Talschaften, gigantische Erdverschiebungen durch Tagebau oder fluorverseuchte Wälder sind nur einige der Einträge in die Umweltgeschichte der letzten hundertfünfzig Jahre.
Seit etwa 1950 aber hat ein neues Paradigma in der Landschaftstransformation eingesetzt, und die Zwischenstadt ist ihr exakter Ausdruck davon: Landschafts- und Siedlungsveränderung sind heute ein Gemeinschaftsunternehmung von vielen, oft anonymen Akteuren mit mannigfaltigen Handlungszwecken. Mobilitätsmuster und Infrastrukturprojekte, Logistikkonzepte und Standortentscheide von Unternehmungen, Regionalförderungsprojekte und steuerliche Anreize sind Partner dieser ‚Koalition der Zersiedlung'.
Wo liegt überhaupt das Problem in der Zwischenstadt? Wer hat ein Problem damit? Wenn es sich allein um ästhetische Belange handelte, wäre die Frage nach dem Problem tatsächlich nicht besonders gewichtig. Gibt es nicht ein Recht auf ein Einfamilienhaus?, wird deshalb rasch nachgeschoben. Da kann die Antwort allerdings nur lauten: Im Prinzip ja, aber die Frage

ist: zu welchen Bedingungen. Und hier genau liegt der wunde Punkt. Die Stichworte dazu lauten: Verlust von Kulturland, Verdrängung naturnaher Räume, Belastungen für Umwelt und Mensch durch den Verkehr. Aus dieser Sicht betrachtet, ist die Frage der Siedlungsentwicklung zunächst einmal eine Frage richtig gesetzter Anreize und die Zurechnung tatsächlich verursachter Kosten. Die Überlegung dahinter ist denkbar einfach: Durch entsprechende Kosten und Anreize sind diese Raumwirklichkeiten erst möglich geworden, durch deren Justierung lassen sie sich auch gestalten. Keine besonderes gängigen Themen für Architekten, zugegeben. Nun hat Rem Koolhaas vor wenigen Jahren in *Whatever Happened to Urbanism?* – seinem schlauen Schwanengesang auf den Städtebau – von den Architekten eine neue Denkweise gefordert, das Bestehende zu akzeptieren und damit zu arbeiten.[209] Koolhaas plädierte für eine Revision der Zuständigkeiten beim Bauen an der Stadt. Seine Diagnose lautet: Das Selbstverständnis des Architekten als Hüter der Stadt hat mit seinem faktischen Einfluß wenig mehr gemein. Seine urbane Koalition, die sich auf die Verfertigung möglichst gelungener Planwirklichkeiten konzentriert, ist zu schwach. Die letzten Jahrzehnte von Stadtgeschichte lassen an dieser Deutung wenig Zweifel aufkommen. Koolhaas entwirft in dieser Situation die Rolle des Architekten neu. Das Bestehende zu akzeptieren und damit zu arbeiten heißt für ihn, zu einem Bindeglied einer Interessengemeinschaft zu werden, der viel an der Stadt liegt. An die Stelle der Manifeste tritt also Taktik, sich situativ Partner zu suchen und den Stadtraum durch gezielte Interventionen zu verändern.

Außerhalb der Städte wird die von Koolhaas angesprochene Schwäche der Planwelten noch viel unmittelbarer sichtbar. Identitätsdiskurse oder Urbanitätsdebatten verbessern die Position der Architekten nicht. Das heute so beliebte Reden von der „neuen Urbanität" oder der „dezentralen Urbanität" in der Zwischenstadt benennt oft nur mehr faktische Lebensweisen – ganz im Gegensatz zu Salins Urbanitätsbegriff. Die Einfamilienhausteppiche der Zwischenstadt, die bedeutungslos gewordenen Dorfkerne sowie die unförmigen Industrie- und Dienstleistungszonen verweisen auf gesellschaftliche Prozesse, in denen Raum produziert wird. Damit machen sie die Abhängigkeiten deutlich, in denen sich das Planen und Bauen tagtäglich bewegen. Dadurch lassen sich aber Reichweiten und mögliche Zuständigkeiten der Architekten besser bestimmen.

5 Unschärfen und Umbrüche in der gegenwärtigen Stadt der Architekten

Kein Zweifel, für den Städtebau haben sich die Zeiten seit den Ikonen des modernen Städtebaus wie Le Corbusiers „ville radieuse" gründlich geändert. Dazu genügt ein Blick auf den Stapel aktueller Publikationen zum Thema. Wo vor sieben, acht Jahrzehnten Veröffentlichungen die klare Ordnung der Zeichenbrettwelten und deren Ordnungsanspruch in Umlauf setzten, beschäftigen sich städtebauliche Publikationen heute weniger mit dem Entwerfen und Konzipieren als mit diagnostischen Studien. So künden etwa bereits auf dem Buchrücken von *Mutations* – einem von Rem Koolhaas orchestrierten Reader zu einer von ihm konzipierten Ausstellung – großformatige schwarze Lettern vor gleißend gelbem Hintergrund: WORLD = CITY. Die Botschaft ist unmißverständlich: Der Bestimmungsversuch der aktuellen „condition urbaine" zwischen Forschung, kritischer Reflexion und Kunstprojekt sieht ‚Welt' und ‚Stadt' als mathematisch strikte Äquivalente. Streicht man mit den Fingerkuppen über den weichen Plastikumschlag, dann scheint es fast, als hätte man bereits durch die Wahl des Materials diese Formel wetterfest machen und gegen alle Unbill imprägnieren wollen. Die Welt ist die Stadt, und die Stadt ist die Welt. Hinter der wuchtigen Formel könnte nur allzu leicht ein weiterer, geradezu revolutionärer Inhalt dieser Nachricht aus Harvard übersehen werden: ‚Land', der traditionelle Gegenpol der ‚Stadt', ohne den diese seit jeher nicht zu denken war, ist heute zur Bestimmung der Welt offenbar nicht mehr von Bedeutung. Blättert man durch die Fotografien von *Mutations*, so kommt es einem aber so vor, als ob der Triumph der Stadt als Pyrrhussieg betrachtet werden müßte. Nicht nur ist der ländliche Raum in den letzten Jahrzehnten verschwunden, auch die Stadt der urbanistischen Manifeste und planerischen Lehrbücher scheint hier nicht mehr auf. Statt dessen dominieren Einfamilienhausteppiche, gigantische Verkehrsflächen, entleerte Innenstädte und Inszenierungen städtischer Klischees.
Wie stark diese Wirklichkeiten Gewohntes herausfordern, zeigt sich schon daran, daß die Liste der Wortschöpfungen, die zur Bezeichnung der aktuellen Stadtentwicklungen mobilisiert werden, nach wie vor fleißig Zuwachs erhält. Die Formel von der „posturbanen Stadt" (Philip Oswalt, Klaus

Overmeyer, Walter Prigge), Begriffe wie „Hybridlandschaften" (Kai Vöckler) und der Ausdruck „Aftersprawl" (Xaveer de Geyter) sind nur einige der Einträge, die in jüngster Zeit dazugekommen sind. Die Häufigkeit der Wortschöpfungen verweist darauf, wie lose und unbestimmt die Verbindung zwischen den Räumen unseres Alltags und den dafür verfügbaren sprachlichen Angeboten geworden ist. Die Sprache verfehlt mehr und mehr die Räume, die sie zu benennen sucht. Nach wie vor stellt sie zwar handliche Begriffe wie Stadt und Urbanität bereit; taugliche, trennscharfe Analyseinstrumente bilden diese aber ebensowenig wie die Flut neuer Wortschöpfungen. Gemeinsam zeugen sie von einer erstaunlichen Dehnbarkeit der Begriffe, die die unterschiedlichsten gesellschaftlich-räumlichen Konstellationen mit den immer gleichen Gütesiegeln versehen. Damit werfen die Befunde allerdings weitaus mehr Fragen auf, als sie beantworten: Das anhaltende Reden von der flächendeckenden Stadtwirklichkeit, das verschiedene räumliche Realitäten nicht mehr ausreichend unterscheidet, läuft nämlich Gefahr, vorschnell das Neue zum Alten zu machen. Die Bedeutungswolken schweben mehr und mehr unbeteiligt über den Phänomenen, die sie zu benennen vorgeben. So verfehlt der Diskurs, was er behandeln will.

Die aktuellen Diagnosen und ihre semantischen Unschärfen belegen frappierende Unterschiede zwischen heutigen urbanistischer Stadtbegriffen und den Stadtkonzepten der zwanziger und dreißiger Jahre des zwanzigsten Jahrhunderts. Nun ist es freilich nicht so, daß man sich dieser Diskrepanz bislang nicht gestellt hätte. Viele Ursachenforschungen teilen aber eine Gemeinsamkeit: Es werden Gegenwartsbilder einer sich rasant verändernden Gesellschaft gemalt, deren Kompositionen jeweils ohne Architekten auskommen. Vom Tod des Architekten ist dabei die Rede, von der Abwesenheit des Autors, von der Marginalisierung des Berufsstands. Noch steht allerdings trotz dieser markigen Worte eine aufgeschlossene Debatte darüber aus, warum der Städtebau die Aufgabe, die er sich gestellt hat, nicht erfüllen konnte und wo denn zu bewältigende Aufgabenfelder des Architekten beim Bauen an den Städten liegen könnten. Diese Debatte hätte sicherlich zu bedenken, daß es Botschafter des Städtischen gibt, die Raum sehr viel entschiedener mit städtischen Lebensweisen auszustatten vermögen, als es der Architektur und dem Städtebau möglich war und ist – Reyner Banham hat darauf schon vor Jahrzehnten mit Nachdruck hingewiesen.[210] So fungiert das Automobil schon seit seinen Anfängen als trojanisches Pferd, mit dem vormals ländliche Gebiete unmittelbar für städtische Bewohner und ihre Freizeit-, Wohn- und Lebensvorstellungen geöffnet werden. Eine ähnliche, wenngleich weniger direkte Kolonisierung des ländlichen Raums erfolgt heute etwa über Mobiltelefone und die drahtlose, über Satelliten gesteuerte Vernetzung von Computerlaufwerken. All diese Prozesse der Ausbreitung von technischen Elementen städtischer Lebensführung vollziehen sich hinsichtlich ihrer räumlichen Folgen praktisch im toten Winkel unserer Aufmerksamkeit. Ohne viel Aufhebens erledigt jede dieser Gerätschaften ihre Aufgaben routinemäßig und unspektakulär. Solche Raumproduzenten brauchen normalerweise die Auswirkungen ihrer Entscheidungen auf den Raum gar nicht in ihre Überlegungen miteinzubeziehen, sie „sehen" den Raum nicht und gestalten gerade dadurch die räumlichen Beziehungen folgenreich um. So weiten sie tagtäglich die räumlichen Netze des Städtischen und definieren die Planvorgaben der Städtebauer und Regionalplaner um.

Forschung

Die Transformationen der Siedlungslandschaften, die über die letzten Jahrzehnte die prototypischen Figuren von Stadt und Land erodiert haben, und die Einsicht, daß sich ihre Gestaltung einer Planung im herkömmlichen Sinne entziehen, schlagen seit einigen Jahren mehr und mehr Architekturschulen in ihren Bann. Das Wort von der Forschung macht die Runde und meint die Auseinandersetzung mit diesen Raumwirklichkeiten, für welche es keine Autorenschaft mehr. Die heutige Architekturforschung betreibt das Sammeln und Aufarbeiten eines möglichst umfassenden Satzes räumlich-gesellschaftlicher Phänomene. Daraus resultieren Publikationen mit beinahe enzyklopädischer Ambition. Im Gegensatz zu ihren dem Projekt der Aufklärung verpflichteten Vorgängern kennen diese nachmodernen Varianten aber das Ordnen und Verbinden der einzelnen Bestandteile nicht mehr. An deren Stelle tritt das Arrangieren unterschiedlichster Perspektiven. Daß es keine Position mehr gibt, von welcher aus sich alles strukturieren ließe, signalisieren bereits schon die gestalterischen Konzepte der oft viele hundert Seiten starken Sichtungen aktueller Stadtsituationen: Unübersichtlichkeit ist eine beliebte Konzeptstrategie. Narrative sucht man vergeblich; sie weichen semantischen Clustern, in welchen sich Alltagsbilder, Datenreihen, kürzere Texte, Thesen und grafische Darstellungen verweben. Dieser Wissenskorpus nennt die Codes und Interpretationen, die den aktuellen Umgang mit Stadt und Raum leiten. Diese Stadt der Theorie kennt aber keine Theorie der Stadt.[211]

Unter den aktuellen Arbeiten nehmen die Publikationen des holländischen Büros MVRDV eine gewisse Sonderstellung ein. Sein Mastermind Winy Maas propagiert heute wie kein Zweiter das Modell „Architektur als Forschung". Die ersten Arbeiten des Rotterdamer Büros in diesem Bereich basierten auf grafischen Manipulationen von Datensätzen. Diese „Datascape"[212] genannten Visualisierungen bewegten sich in einem Grenzbereich, in welchem Kunst und Recherche ineinander übergehen: „Datascape" generierte neue Aufmerksamkeiten und Lesarten für urbane Zusammenhänge. Die Forschungsarbeiten von MVRDV begleitet seither ein Positivismus, in welcher gerne eine Fortschreibung der Praktiken moderner Vorläufer wie der CIAM oder Ludwig Hilberseimer gesehen wird.[213] „Machbarkeit und Veränderbarkeit von Verhältnissen" (Jörg Seifert) sind ihre optimistische Botschaft. Auf der Objektebene allerdings materialisieren die Rotterdamer Architekten die Aushandlung von städtischen Wirklichkeiten und die Unterschiede der dabei involvierten Interessenlagen in geradezu ans Plakative grenzender Unmittelbarkeit. Das Silodam-Wohngebäude im Amsterdamer Hafen bildet in den unterschiedlichen Materialien und Farbgebungen der Fassade die „frozen negotiations" (Irénée Scalbert) ab, die die Kompromißfindung zwischen dem Architekten und der Bewohnerschaft darstellen.[214] Damit ergeben sich gegenüber einem konventionellen Entwurfsprozeß erhebliche Umschichtungen: Für das Projekt am Amsterdamer Hafen nahmen die Architekten die unterschiedlichen Bedürfnisse und ästhetischen Präferenzen nicht einfach nur auf, um aus ihnen das Anforderungsprofil zu generieren, das sie in Architektur übersetzten. Die Zuständigkeit der Architekten bei der Gestaltung und Materialisierung des Baukörpers wurde soweit aufgegeben, daß sich die divergierenden Vorlieben der Bewohner auch nach außen deutlich wahrnehmbar als Differenzen in Gestaltung und Materialität abzeichnen konnten.

Der Aspekt der gesellschaftlichen Aushandlung von gebauter Wirklichkeit verliert sich aber in den urbanistischen Untersuchungen von MVRDV. Ihre Visualisierungen wirken wie aus dramaturgischen Motiven zugespitzte Kommentare, in denen Dinge unbefangen zur Diskussion gestellt werden. Der Realitätsbezug liegt dabei vor allem in der karikaturistischen Deutung gegenwärtiger Tendenzen, womit Erinnerungen an Archigram oder Superstudio wach werden. Damit ironisieren die Arbeiten – ob bewußt oder unbewußt, sei dahingestellt – deren utopisches Moment. Die surrealistisch anmutenden Hochhauskreuze von MVDRVs *Costa Iberica*-Visionen gehören genauso in diese Rubrik wie die im Beitrag zu *Stadtland Schweiz*

MVRDV, Silodam Amsterdam, 1995–2002

MVRDV, Vision einer Hochhausstadt um den Zürichsee. © Avenir Suisse 2003

um den Zürichsee gelegte, mit Hochhäusern bestückte und durch kühne Brückenbauten verbundene Metropole.[215] Diese postindustrielle Romantik überhöht nicht nur die Stadt. Zwischen dichten urbanen Polen findet sich in den Renderings von MVRDV immer wieder der ländliche Raum, der sich in wieder entstädterte Räume legt.

In diesen Bildwelten kann durchaus ein aktionistisches Motiv der Arbeit von Maas gesehen werden – ein Motiv, das sich auch in Projekten wie dem von MVRDV verfaßten holländischen Beitrag zur Expo in Hannover erkennen läßt. Das Büro formuliert gewissermaßen Kommentare, die den Pfad des „business as usual" verlassen. Allein: Das Maassche Dreigestirn von Nachhaltigkeit, Verdichtung und großmaßstäblichen Denken erschöpft sich in der Bildhaftigkeit der Renderings. Darin liegt ihr wohl stärkstes positivistisches Moment: Es unterstellt die Machbarkeit einer nachhaltigen Wirklichkeit und problematisiert deshalb die Herausforderungen gar nicht, die zur Lancierung alternativer Siedlungsrealitäten notwendig sind. Ihre Modelle bewegen sich deshalb in einem politikfreien Raum. So setzen sie die Moderne auch in einer ihrer wesentlichen Schwächen fort.

Fassen wir diesen Abriß über die architektonische Forschungslandschaft zusammen, so lassen sich allenfalls Verlagerungen bezüglich der bevorzugten Interessensphären ausmachen. Ein methodischer Bruch mit bisherigen Arbeitsweisen ist auf keinen Fall zu erkennen. In ihrem Vorgehen präsentiert sich Architekturforschung heute als lockeres Konglomerat bisheriger Vorgehensweisen mit den Techniken, deren sich Planer und Geografen, Sozialwissenschaftler und Dokumentarfotografen bei ihren Arbeiten mit den räumlichen Wirklichkeiten schon länger bedienen.

So ließ denn auch die provokative Frage nicht lange auf sich warten, ob denn Architekten überhaupt imstande seien, eine spezifische Form von Wissen zu produzieren und eigene Erkenntnisse zu generieren.[216] Eine entsprechende Schlußfolgerung ist sicherlich zu harsch. Das derzeitige Prinzip der umfassenden Lektüre räumlicher Wirklichkeiten führt nämlich ohne Zweifel zu einem facettenreichen Kaleidoskop von grafisch und visuell aufbereiteten Fakten. Allerdings belassen es die Arbeiten meist bei allgemeinen Befunden. Das *Warum* konkreter Stadtveränderungen klärt sich damit ebensowenig wie die Frage nach möglichen Handlungsanleitungen. Die urbanistische Forschung aktuellen Zuschnitts liefert keine Konzepte und Handlungsanleitungen, sie sucht keine Wachstumsgesetze oder grundlegenden Prinzipien. Sie erscheint vielmehr in Form von Bilder- und Wörterbüchern des Städtischen, bei welchen es ganz dem Publikum überlassen ist, sich auf undurchsichtige Kosmologien einzulassen und aus ihnen eventuell Schlüsse für das eigene Schaffen zu ziehen. Die Arbeiten liefern assoziationsreiche Angebote, die die Debatte um die aktuelle Siedlungsrealität bereichern können. Der Quantensprung steht allerdings noch aus: Diskurse und Theorien sind nur Scheinwerfer, mit denen das Denken die Städte beleuchtet. Eine Verschiebung oder Vervielfachung der Lichtkegel reicht aber nicht aus, unser Verständnis im erforderlichen Maße zu verbessern. Solange beispielsweise größere Ungereimtheiten zwischen den verschiedenen Begriffssemantiken oder geringe Kompatibilitäten bei den verwendeten Methoden und Theorieansätzen bestehen, bleibt der Graben erhalten, der die neue urbanistische Forschung von anderen Zugängen trennt. Diesen zu überbrücken bedarf es methodischer Innovationen und der Bereitschaft, ungewohnte Wege zu gehen.

Am Ende wartet allerdings keineswegs die Reinstallierung alter Kontroll-Vorstellungen über die räumliche Dynamik. Im Dialog verschiedener Disziplinen lassen sich aber Arbeitsbereiche und Fragestellungen bestimmen, mit denen Architektur und Städtebau auf konkrete Probleme antworten können. Da könnte der zentrale Beitrag der Forschung liegen. Forschung hätte dann wenig mehr gemein mit allgemeinen Diagnosen wie „World = City", die für eine frappierende Bereitschaft stehen, den Differenzierungsgrad der eigenen Wahrnehmung nach unten zu nivellieren und statistische Klassifikationen von Stadt als Realitätsbelege zu akzeptieren. Auch der Gebrauch des Codeworts „Urbanität", das heute vor allem zu dient, aktuelle Lebensweisen zu nobilitieren, dürfte dann beträchtlich zurückgehen.

Noch einmal: Städtebau

In einem Interview hat sich vor wenigen Jahren der damalige Dean der Architekturschule an der Columbia University in New York, Bernhard Tschumi, zu der Frage geäußert, warum es in Manhattan so wenig qualitativ hochstehende Architektur gebe.[217] Tschumi zählte dazu eine Liste von Faktoren auf wie die rigide New Yorker Zonengesetzgebung oder die Macht der Bauindustrie und der Gewerkschaften, die in der Stadt zu einer empfindlichen Beschneidung architektonischer Freiheitsgrade führen würden. Die Architekten hätten sich ihrer einflußreichen Position berauben lassen und würden heute akzeptieren, nur mehr unter vielen Dienstleistungsanbietern zu rangieren, die an einem Bau beteiligt sind. In den von Tschumi angesprochenen Transformationen spiegeln sich Veränderungen, die auch in Europa beobachtet werden können: Die Aufträge werden heute vorwie-

gend zwischen ‚global players' des Architekturbusiness und Totalunternehmungen verteilt, die Architektur als eine von vielen Kompetenzen in einem ganzen Paket von Leistungen anbieten. Der autonome, kreative Architekt mutiert in diesem Klima rasch zu einer anachronistischen Anekdote. Daneben gibt es in den letzten zehn, fünfzehn Jahren aber auch ganz andere Signale zu vermerken. Etwa die Renaissance der Vorstellung, die Stadt sei eine Bühne, deren Stücke von Architekten geschrieben werden. Dieses Comeback spielt sich auf unterschiedlichen Maßstabsebenen gleichzeitig ab. Vier seiner Ausprägungen seien kurz beleuchtet:
Der erste Fall betrifft die Schaltzentralen und Vorposten der „Global City" (Saskia Sassen) – also das weltweite Städtenetz, in welchem sich die Kontrolle und Macht der globalisierten Wirtschaft konzentrieren. Serienweise schossen dort über die letzten nicht einmal zwei Dekaden architektonische Solitäre wie Museumsbauten, Bankgebäude und Firmenhauptsitze auf. Die Gewinner der „New Economy" bedienten sich der Architektur, um sich dadurch in großzügiger Handschrift in die nachindustrielle Stadt einzuschreiben. Ein Vorhaben stach dabei besonders hervor, gerade weil es als paradigmatischer Versuch betrachtet wurde, eine Stadt wieder im globalen Städtenetzwerk zu verankern: Frank Gehrys Guggenheim-Museum in Bilbao. Die Massen von kunstinteressierten Touristen, welche in den ersten Jahren nach seiner Eröffnung im Jahre 1997 in die seit Jahrzehnten stagnierende, perspektivlose baskische Industriestadt strömten, wurden bald als Beleg für einen neuen Königsweg in Sachen Stadtentwicklung gefeiert. Nicht Theorien und langwierige Berechnungen, so die Botschaft, waren dazu notwendig, sondern allein die visionäre Kraft architektonischer Kreativität – gepaart mit privatem Kapital. Dem Architekten kam nach dieser Fama eine Schlüsselrolle zu: Über den Bildersturm der fraktalen Geometrien und der am Computer generierten Drehungen und Windungen der glänzenden Titaniumhülle schuf er ein unverwechselbares architektonisches Zeichen, das allein den Gang der Dinge in der Stadt zu verändern vermochte.
Gehrys „post-rationalistic vision" in Bilbao negiert die bürgerliche Stadt des 19. Jahrhunderts, die von allen Seiten an das Museum stößt. Der entwerferische Gestus spiegelte damit architektonisch und typologisch die Option der Zäsur, die das Vorhaben auch hinsichtlich der Stadtentwicklung einleiten sollte. Stadtentwicklung – versprach Bilbao – war nun wesentlich Sache privater Initiative. Im Guggenheim-Museum traf sich die unternehmensstrategische Neuausrichtung einer Kunstsammlung von Weltruf mit den Entwicklungsbedürfnissen einer strukturschwachen Industrie-

Frank Gehry, Guggenheim-Museum, Bilbao, 1991–1997, Ansicht von der Autobahn.
Foto: Jürg Senn, Zürich

stadt. Die Museumsstrategie von Guggenheim basierte im wesentlichen auf den Management- und Marketingprinzipien der „New Economy", die Thomas Krens, CEO von Guggenheim, in den Kunstsektor transferierte: Sein Bestreben war es, den Bekanntheitsgrad des Namens „Guggenheim" ökonomisch zu verwerten und dazu das Museum als weltweites „Brand" zu etablieren, strikt geführt nach aktuellen Management- und Finanzierungsprinzipien. Die Ausschöpfung der Vermarktungspotentiale war deshalb begleitet von Aufbaubemühungen eines globalen Netzes spektakulärer Museumsbauten, die bei prominenten Architekten wie Rem Koolhaas, Frank Gehry oder Jean Nouvel in Auftrag gegeben wurden. In diesem Netzwerk sollten alle denkbaren Synergien genutzt werden, die sich zwischen den verschiedenen Museumsstandorten einstellen konnten; insbesondere sollten so die teuren, unproduktiven Lagerbestände aufgegeben, die Exponate über die Museen verteilt und permanent ausgestellt werden. Seither will niemand mehr dem mit Gehrys Museum in Bilbao gemachten Versprechen Glauben schenken, ein Architektur-Objekt könne den Entwicklungspfad von Städten bleibend verändern. Der „Bilbao-Effekt" verflüchtigte sich in dem Moment, in dem die hochtrabenden Ambitionen der „New Economy"-Freibeuter auf Grund liefen. Was folgte, war die Demontage der Fama: Guggenheims Expansionsstrategie entpuppte sich als einer dieser irrwitziger Balanceakte, die Krens mit anderen Glücksrittern der Hausse verband. Die Vision des weltumspannenden Museumsnetzes brach in der Krise aufgrund der windigen Statik des zugrunde gelegten Finanzierungsgebäudes in sich zusammen. OMAs Realisierung in Las Vegas mußte bald nach Eröffnung wieder geschlossen werden, Jean Nouvels Projekt in Rio de Janeiro wurde ebenso auf eine nicht näher bestimmte Zukunft vertagt wie Frank Gehrys gigantisches Vorhaben eines neuen Museums am New Yorker East River.

Im Zuge dieses Prozesses wurden auch die Bedingungen ruchbar, welche die baskische Regierung hatte eingehen müssen, um Guggenheim überhaupt an den Standort Bilbao binden zu können: Nicht nur die Baukosten hatte die Regionalregierung zu übernehmen, sondern auch die Unterhaltskosten des Gebäudes. Zudem finanzierte sie auch Ankäufe von Guggenheim, ohne aber Gewähr dafür zu haben, daß diese Exponate je ihren Weg ins Bilbaoer Museum finden würden. In Anbetracht dieser ungleichen Machtverhältnisse sprach der Münchner Museumsdirektor Christoph Vitali deshalb schon bald von einem „schalen Geschmack des Kulturimperialismus", den das Guggenheim-Museum in Bilbao bei ihm hinterlasse.[218] Für nicht wenige Städte kamen allerdings die verschiedenen, im Laufe der Zeit nachgeschobenen Erläuterungen zu spät. Sie bauten bereits an ihren Museen und Konferenzzentren und mußten das Wagnis oft teuer bezahlen. Manche mußten ihren Betrieb wegen ausbleibender Besucher einstellen, andere plagten sich mit hohen Defiziten herum oder werden bis heute den unerwartet hohen Unterhaltskosten konfrontiert, die die unkonventionellen Architekturlösungen der internationalen Stars oft mit sich bringen.

Das Zerbrechen ihrer Hoffnungen hatte noch einen anderen, viel wesentlicheren Grund, der während der ersten Jahre im Schall und Rauch der euphorischen Rezeption des Guggenheim-Museums und der nicht abreißen wollenden Touristenkarawanen untergegangen war. Das entscheidende Puzzleteil an der Bilbaoer Erfolgsgeschichte war nicht das Museum: Das Gebäude war nur ein Element in einer umfassenden Stadtentwicklungsstrategie, die mit repräsentativen Gebäuden und Infrastrukturverbesserungen, internationalen Verkehrsanschlüssen und einem immensen Aufwand im Standortmarketing der Stadt wieder ein festes Profil verleihen wollte. Dieser konzertierten Aktion verdankt es Bilbao heute noch, daß das Abenteuer von Gehrys Museum nicht in einem Desaster endete.

Während sich am Beispiel „Bilbao" die Diskussionen um mögliche Potentiale urbaner Architektur entzündeten, ist Berlin seit etwa 1990 die Stadt, wo um die Deutungshoheit hinsichtlich der Gestalt der kontemporären Stadt gerungen wurde. Auf der einen Seite befanden sich die um Senatsbaudirektor Stimmann gescharten Vertreter der „kritischen Rekonstruktion", die aus der Stadt von Gestern eine Reihe bekannter, gut etablierter Grundsätze extrahierten, die sie für die Schaffung einer neuen Stadt reaktivieren wollten. Auf der anderen Seite standen die bald ausgebooteten Unruhestifter wie Rem Koolhaas oder Daniel Libeskind. Statt Ordnung zu schaffen, forderten sie, gehe es darum, die historisch bedingte Zerrissenheit Berlins zu bewahren.[219] Am Beispiel Berlin ist die Frage, welches der beiden Modelle denn das richtige ist, gar nicht entscheidend, auch wenn die noch immer unübersehbaren Narben der letzten hundert Jahre viele der anscheinend historisch begründeten Interventionen als bezugslos erscheinen lassen. Viel entscheidender ist, daß in Berlin einmal mehr ein Bild von Stadtgestalt mit Stadtwirklichkeit verwechselt wurde. „Block, Platz, Straße" können zwar zu urbanistischen Grundzutaten erklärt und akribisch ermittelte Traufhöhen und Gebäudevolumetrien rechtlich verbindlich fixiert werden. Allein: Die durchmischte Stadt des Flaneurs, die dieser nostalgisch-kultivierten Stadtvorstellung Pate gestanden hat, ereignet sich in diesen Räumen nicht. Sie bleibt in den Fassadenräumen von Berlin Mitte eine romantische Assoziation der Stadt des 19. Jahrhunderts, für deren mannigfaltige positive und negative Facetten diese investorenkompatible Simulation keinen Platz kennt. Allerdings werfen in der Zwischenzeit die hohen Leerstände die Frage auf, inwiefern die investorenfreundlichen Stadtbilder auch tatsächlich investorentauglich sind. Zudem machen die krisenbedingten Redimensionierungen bei den Hauptstadtplänen und das Damoklesschwert des drohenden finanziellen Kollapses der Stadt deutlich, wie konkret und profan die gesellschaftlichen Bedingtheiten des Städtebaus im Einzelfall sind. Über einen solchen Gang der Dinge, auf den Urbanisten keinen Einfluß haben, zerbröckeln die städtebaulichen Idealwelten von Stadt.

Seit einigen Jahren breitet sich auch in Europa der „New Urbanism" aus, dessen städtebauliche Grundlagen unser drittes Untersuchungsfeld zur scheinbaren Renaissance des Städtebaus bilden werden. Der „New Urbanism" sorgt in Planer- und Architektenkreisen für etliche Aufregung – er selbst versteht sich als „programmatische Bewegung" (Harald Bodenschatz), die eine Alternative zu Zwischenstadt und europäische Stadt entwickeln möchte.[220] Dieses Arbeiten an der „Regional City" europäischen Zuschnitts läßt sich nicht einfach klassifizieren: Gibt sich ihr urbanistisches Vokabular betont auch vormodern und simuliert alte Stadträume und deren Architektur, so geht es in der regionalen Stadt um Alltäglichkeiten wie Nutzungsmix und höhere Dichten, Interdisziplinarität und Ökologie, Langsamverkehr oder Bürgergesellschaft.

Der „neue Urbanismus" ist für Europa gar nicht so neu, er ist nur ein Rückimport postmoderner Stadtkonzepte, die in den USA schon seit längerem etliche Erfolge verzeichnen können. Das dortige Engagement gegen den „urban sprawl" und den „Mangel an Inhalt oder Identität" (Michael Graves) kennt zwei Aktivitätsfelder: suburbane Gebiete und Innenstädte.

In den suburbanen Gebieten realisieren private Immobilienentwickler Kleinstädte, deren städtebauliche Konzeption sich an den stadtstrukturellen Grundlagen historischer Kleinstädte orientiert. Ein Paradebeispiel ist die von der Disney Company realisierte Stadt „Celebration" in Florida.[221] Auf der Homepage von „Celebration" preist sich die Stadt als eine Verbindung der „besten Ideen der erfolgreichsten Städte der Vergangenheit" mit den „Technologien des neuen Jahrtausends".[222] Ihre Architekturen und Gestaltungselemente wecken Erinnerungen an eine gute alte Zeit von „Unserer kleinen Farm" oder den „Waltons". In „Celebration" ist am Computer aus den Südstaaten-Häusern des 19. Jahrhunderts ein Katalog von Typen entwickelt worden, der je nach Einkommensklasse und

Hans Kollhoff, Büro- und Geschäftshaus Hofgarten am Gendarmenmarkt,
Berlin, 1993–1996

Präferenzen Variationen zuläßt. Neben dem Spiel mit kulturellen Bildern wirbt der „New Urbanism" mit all den Attributen, die amerikanischen Agglomerationsräumen normalerweise fehlen: Fußgängerfreundlicher Stadtaufbau, öffentlicher Verkehr, überschaubare und sichere Nachbarschaften, Einkaufsstraßen und Zentren. Der zweite Arbeitsschwerpunkt liegt in den Downtown-Gebieten der US-amerikanischen Großstädte und erstreckt sich von Gebietsaufwertungen bis zur familien- und konsumentenfreundlichen Umgestaltung der Stadtzentren. Die beiden Aktivitätsfelder treffen sich nicht einfach nur in ihrem Interesse an einer Revitalisierung der Stadt. Sie sind Ausdruck einer privatwirtschaftlich produzierten Stadtwirklichkeit, die Gemeinschaft simuliert, aber im Grunde als „Exklusionsmodell" (Werner Sewing) operiert, das sozial homogenisiert und entmischt.

Das vom „New Urbanism" gemachte Versprechen auf eine Überwindung der Agglomerationsentwicklung findet, wie gesagt, in jüngster Zeit auch in Europa zunehmend Resonanz. Seit 2003 gibt es eine in Stockholm verabschiedete europäische Charta, die „Maßstäbe" für die anstehende „Städtebaureform" auf regionaler Ebene bereitstellen soll.[223] Der Bebauungsplan und ein umfangreicher urbaner Kodex, der von Kompositionsprinzipien der Stadt, über die Materialienwahl der Gebäude bis zur Möblierung der Straßenräume führt, sind die zentralen Instrumente beim Aufbau der neuen Stadt. Mit gleichzeitigen Aktionen auf den Ebenen Region, Stadt und Quartier sollen so die Grenzen zwischen Stadt und Land wiederhergestellt werden. In Deutschland gibt es seit der Gründungsversammlung in Görlitz im September 2004 einen deutschen Ableger des „Councils for European Urbanism". Außerdem sind erste große Realisierungen bereits fertiggestellt oder weit fortgeschritten – so in Wustrow, in Neu-Karow bei Berlin und Potsdam Kirchensteig. Die nachhaltige Zukunft erscheint hier als vormodernes Siedlungsbild und auch ihr Städtebau trägt gerne ein vormodern anmutendes Gewand. Die Plätze, Alleen und Stadttore suggerieren die Wiederaufnahme einer von der Moderne lange verschütteten urbanistischen Kontinuität. Der „New Urbanism" postuliert seine Tradition und diffamiert zugleich moderne Konzepte als „mystische, weil vernunftmäßig nicht nachvollziehbare Spekulation und experimentelle Willkür" (Leon Krier)[224]. Allerdings spricht wenig für die behauptete Kontinuität. Vielmehr haben wir es mit einer gewissermaßen traditionslosen Tradition zu tun. Die Arbeiten der beiden Krier-Brüder beispielsweise bauen nicht auf einer Auseinandersetzung mit vorhandenen lokalen oder regionalen städ-

Brandevoort, Helmond, Niederlande, Masterplan: Rob Krier, seit 1996

tebaulichen Ordnungen und Konzepten auf, die weiter entwickelt werden, sondern verfolgen – wie Hans Ibelings konstatierte – eine intellektuelle Abstraktion traditioneller Stadtformen.[225] Dahinter steht die Vorstellung, Städtebau sei eine Wissenschaft mit künstlerischen Grundsätzen, die auf abstrakten und über die Zeit konstanten Theoremen fuße.[226] Damit wird ein rigides urbanistisches Formen- und Ordnungssystem legitimiert, das keine Abweichungen duldet. Das Planen an der nachhaltigen Stadt der Zukunft liegt wieder alleine in der Hand des Architekten. Seine Stadt will Zeitlichkeit und Unvorhergesehenes ausschließen, die beide das Bauen von Städten wesentlich geprägt haben. Was entsteht, sind Simulacra vormoderner Stadtszenen. Hinter den Fassadenentwürfen und Platzlayouts verbirgt sich dabei die moderne Zuversicht in traditionalistischen Kleidern, Stadtwirklichkeiten am Zeichentisch festlegen zu können. Die Marktpotentiale solch schwärmerischer Bebilderungen einer von allen Zumutungen gesäuberten Stadtsimulation sind längst auch der deutschen Immobilienwirtschaft entdeckt worden. Unter dem Denkmantel der Rhetorik der „lebendigen Stadt", so der Name einer wesentlich von potenten Immobilienentwicklern getragenen Stiftung, wird Stadt dabei einzig als verkaufsfördernde Kulisse in Szene gesetzt.[227] Damit wird gerade aber die lebendige Stadtgesellschaft verhindert, die zu fördern man vorgibt.

Unser viertes Feld der unerwarteten Renaissance des Städtebaus, das wir kurz streifen, liegt im asiatischen Raum. Dort sind in Malaysia, Singapur und China innerhalb weniger Jahre gigantische Hochhaus-Silhouetten entstanden. Vor allem im chinesischen Fall scheint es, als ob die gängigen Kategorien westlicher Städtebau- und Stadtentwicklungslogik außer Kraft gesetzt sind.[228] Die Umwälzungen in den chinesischen Großstädten und die Projektlayouts der Stadterweiterungen und Neugründungen von Städten lassen Erinnerungen an Tabula rasa-Strategien aufkommen, welche im Westen längst als Etappe städtebaulicher Ideengeschichte ad acta gelegt worden sind.[229] Ob im Pearl River Delta oder in Shanghai oder Peking – die grotesken Vervielfachungen von schrillen Wolkenkratzern, Drehrestaurants, Golfplätzen und dramatisch unterbelegten Businesskomplexen hebeln unsere Rationalitätsmaßstäbe aus.[230] Dabei verstört das westliche Verständnis die Gleichzeitigkeit eines ungebremsten Aktionismus mit der Unkenntnis hinsichtlich wesentlicher Parameter urbaner Entwicklung: Oft drängt man vorwärts, ohne Aspekte wie Projektprogramm, Nutzungsmischungen oder Mobilitätsbelange auch nur ansatzweise geklärt zu haben. Die fratzenhaften Modernismen am Pearl River Delta mit ihrer unbändigen Dynamik schaffen eine janusköpfige Faszination, die westliche Architekten

Shanghai, Pudong Area. Foto: Jürg Senn, Zürich

gebannt nach China blicken läßt. In ihr klingt einmal die lange unterdrückte Sehnsucht nach dem Gesamtmaßstab Stadt an, den der moderne Städtebau einst in Aussicht gestellt hat. Noch während die Skylines Erinnerungen an das sagenumwobende Land wachrufen, in dem nur architektonische Vision und Freiheit regieren, tun sich aber bereits schon wieder die verdrängten Abgründe der städtebaulichen Erfahrungen der letzten Jahrzehnte wieder auf, indem die Rasanz und Maßstäblichkeit der asiatischen Veränderungen an vielen Stellen ein gegen Mensch, Kultur und Umwelt ignorantes Bauen und Planen mit sich bringt.

Die vier Fälle illustrieren, daß das Comeback des Städtebaus von einem Syndrom von Eigenschaften begleitet ist, das die Stadt der Architekten über unseren ganzen Untersuchungszeitraum charakterisiert hat: Wir haben es eingangs als das pathologische Moment urbanistischer Denk- und Arbeitsweisen bezeichnet. Darin kultiviert sich eine Rolle des Architekten, die auf die globalen und ökologischen Herausforderungen der Gegenwart mit dem Stereotyp der Autonomie des Architekten reagiert. Damit lassen sich aber weder plausible Antworten zu den anstehenden Problemen urbaner Gesellschaften formulieren, noch kann so der beklagten Marginalisierung des Architektenberufs Einhalt geboten werden.

Zur Anatomie des Syndroms

Überblicken wir die letzten hundert Jahre Städtebaugeschichte, so zeigen sich über alle Denkmodelle, Leitbilder und Theoriekonjunkturen hinweg erhebliche Schwierigkeiten, die Zukunft von Architekten und Urbanisten zur Zukunft der Stadt zu machen. Am Städtebau wird deutlich, daß Zukunftsbilder immer nur Verlängerungen der Gegenwart sind. Der Entwurf, den wir heute vom Morgen machen, hat wenig zu tun mit der gesellschaftlichen Realität, die das Heute der Zukunft haben wird.
So fehlt heute der Disziplin Städtebau die Zuversicht, das Objekt ihrer Beschäftigung fixieren zu können. Der Städtebau hat sich über die letzten Jahrzehnte sukzessive aus den Debatten um gesellschaftliche Zukunft zurückgezogen, während noch vor fünfzig Jahren urbanistische Entwürfe – denken wir nur an Brasilia – geradezu die Materialisierung einer emanzipierten und prosperierenden Zukunft waren. Die städtische Zukunft bestimmt sich heute diffus aus einem heterogenen Ensemble von Diskursen und Praktiken, die von Verkehrskonzepten der Ingenieure, über die Investitionskriterien von Geldgebern bis hin zu den Verschiebungen im

Gefüge der internationalen Standortkonkurrenz reichen. Architekten und Städtebauer sind nur mehr Teil dieses Ensembles.
Dies wird auch in architektonischen Diskurswelten eifrig reflektiert. Aus dem schwierigen Verhältnis zwischen Architekten und Stadt hat die jüngere Debatte ihre Schlüsse gezogen und die Ansprüche nach unten revidiert. „Architects don't invent anything, they transform reality" hat beispielsweise Alvaro Siza Vieira schon vor einiger Zeit angemerkt.[231] Der portugiesische Architekt spannt mit diesem aphoristischen Diktum das Netz zwischen den Begriffen Architekt, Wirklichkeit, Erfindung und Transformation neu. Die Rhetorik der Moderne hatte im Architekten noch den Schöpfer einer mit ihrer Zeit im Einklang stehenden Wirklichkeit gesehen. Die geläuterte oder zweite Moderne, zu welcher Siza zählt, hat diese Haltung längst als Hybris enttarnt und den Anspruch der Architektur, Gesellschaft zu gestalten, unter behutsameren Vorzeichen erneuert. Was nach einer Redimensionierung des modernen Projekts klingt – der Architekt sei nicht Erfinder, sondern verändere die Wirklichkeit nur – wiederholt nur, genauer besehen, die Defizite des bisherigen Gesellschaftsverständnisses in der Architektur. Die Transformation der Gesellschaft verlangt nämlich genauso wie ihr Erfinden danach, die Netzwerke steuern zu können, in denen sich Gesellschaften wandeln. Genau daran scheiterten und scheitern die urbanistischen Modellwelten – nach wie vor.
Da hilft es auch nicht viel, die Wiederbelebung der verschütteten emanzipatorischen und humanistischen Potentiale der Architektur einzufordern, wie dies kürzlich Fritz Neumeyer in einem Aufsatz zum „Rückgriff auf den Humanismus in der Architektur" versucht hat.[232] Neumeyers Plädoyer für eine „Architektur der Erkennenden" erneuert in seiner Verklammerung von humanistischen Idealen mit der Stilisierung einer Gemeinschaft der Eingeweihten die Verbindung von gesellschaftlichem Anspruch und Sendungsbewußtsein, die den architektonischen Diskurs schon seit der Moderne begleitet. Im „Rückgriff" steckt allerdings dasselbe grundlegende Mißverständnis zwischen Architektur und Gesellschaft, das bereits für die von Neumeyer kritisierte Moderne so charakteristisch und folgenreich war: Die im Wort „Rückgriff" angedeutete Besinnung auf eine derzeit anscheinend unterbrochene Verbindung zwischen Humanismus und Architektur modelliert nämlich einen *unmittelbaren* Zusammenhang zwischen architektonischer Intention, weltanschaulicher Grundhaltung und resultierender gesellschaftlicher Wirklichkeit, der für Neumeyer im Positiven wie im Negativen gilt. Indem er einerseits moderne Intentionen mit faktischen industriegesellschaftlichen Siedlungswirklichkeiten gleichsetzt und ande-

rerseits die neuen Planwelten zum neuen städtischen Alltag erhebt, steckt der Vorschlag in derselben Falle, in welcher sich bereits die Ambitionen der Moderne verfangen haben.

An dieser Stelle lohnt es sich, noch einmal auf Eigenheiten urbanistischer Bilderrepertoires einzugehen. Vor Jahren hat sich der englische Architekturtheoretiker Neil Leach in diesem Zusammenhang kritisch mit den Konsequenzen der wachsenden Bildermacht für die Architektur auseinandergesetzt.[233] Leach zufolge führen die hyperrealistischen Planzeichnungen und Perspektiven und die von Computern generierten 3-D-Simulationen zu einer Anästhesierung der Architektur. Worin besteht diese Betäubung? Leach erkennt in der Wahrnehmung und Reflexion der Welt eine zunehmende Dominanz des Bildes vor dem gesprochenen und geschriebenen Wort, da Bilder im Vergleich zu anderen Kommunikationsmedien über leichtere Zugänglichkeit verfügen. Ihre Evidenz ist allerdings trügerisch; Leach hält sie für weder gefahrlos noch für neutral. Er thematisiert damit die Bildern eigene Tendenz, sich von den konkreten Verhältnissen zu lösen, die sie darzustellen vorgeben. Sie umgehen die gesellschaftliche Komplexität durch die Verbildlichung gesellschaftlicher Zusammenhänge. Das gilt im besonderen für Architektur und Städtebau: Die Visualisierung pulsierender Straßenszenen, blühender Bäume und leuchtender Interieurs suggeriert eine Unmittelbarkeit und eine Realitätsnähe, die der Sprache versagt bleibt. Sie malen eine Wirklichkeit aus, ohne davon zu erzählen.

Vielleicht liegt darin auch der Grund für die Leichtigkeit, mit welcher über die letzten Jahrzehnte die kaum veränderten Heuristiken, Deutungsmuster und Analysewerkzeuge auf immer neue Raumwirklichkeiten übertragen wurden. Von der Großstadt des 19. Jahrhunderts über die Auseinandersetzung mit den enttäuschend verlaufenen Wiederaufplanungen bis hin zu den immer weiter ausufernden Reichen von Suburbia transformierte sich das Arbeitsfeld „Stadt" dramatisch, der architektonisch-urbanistische Umgang veränderte sich nur wenig. Gerade hinsichtlich der Zwischenstadt muß das aber erstaunen, da hier das urbanistische und planerische Instrumentarium unverkennbar an seine Grenzen stößt, weil sich diese Realitäten städtischen Konfigurationen verweigern. Wenn daraus eine Entwertung der klassischen Aufgabenstellungen, Entwurfskonzepte und potentielle Beiträge der Urbanisten und Architekten folgt – und dafür gibt es etliche Evidenz –, bedeuteten Städtebau und Planung weiterhin, über eine wünschbare räumliche Zukunft nachzudenken. Sie akzeptieren aber eine wesentliche Grundbedingung nachindustrieller Gesellschaften: Es gibt das „Supermedium" (Niklas Luhmann) nicht mehr, das die verschiedenen Entwicklungen in ein kohärentes Ganzes zu integrieren vermöchte – darum kann es auch kein Bild mehr davon geben. Läßt man aber aktuelle städtebauliche Wettbewerbsbeiträge und Jury-Entscheide Revue passieren, so gibt es für die überwiegende Mehrheit der Architekten in ihrem Alltag offenbar nach wie vor wenig Anlaß, am Potential zu zweifeln, städtische Zukunft verbindlich auf Planzeichnungen und Renderings vorwegnehmen. Nach wie vor orientiert man sich vorzugsweise am prägnanten Bild. Diese Fixierung auf Endzustände weigert sich, die Umsetzung von Plänen als mehr zu begreifen denn als eindeutige Übersetzung von Planvorgaben. Damit unterliegt die Architektur noch immer einer akuten Verkürzung der Realität. Hier zeigt sich auch, wie weit Städtebau davon entfernt ist, eine Wissenschaft zu sein: Wenn wir die in den Lerntheorien übliche Unterscheidung von primärer und sekundärer Feedback-Schlaufe auf den Städtebau übertragen, ergeben sich für den Städtebau seit dem frühen 20. Jahrhundert hinsichtlich der Modi des disziplinären Lernens und Reflektierens aufschlußreiche Einsichten.[234] Als primäre Feedback-Schlaufe werden Anpassungen theoretischer oder heuristischer Vorstellungen an die Blockierungen der Vorschläge durch die Umwelt bezeichnet. Dazu zählen beispielsweise die im städtebaulichen Alltag üblichen Überarbeitungen von Planwelten, die wegen behördlicher Vorbehalte, Wünsche der Bauherrschaft etc. notwendig werden. Davon müssen die sekundären Rückkoppelungseffekte unterschieden werden. In diesen Fällen werden die theoretischen und heuristischen Vorstellungen nicht mehr einfach an die Erfahrung ihrer unmittelbaren Blockierung angepaßt. Vielmehr werden nun auch die Veränderungen der Umwelt durch das eigene Tun und Handeln wahrgenommen und in die Revision des weiteren Vorgehens integriert.

Betrachten wir die Stadt der Architekten von den Anfängen der Moderne bis in die Gegenwart, so waren primäre Anpassungen an der Tagesordnung. Grundlegende Überarbeitungen des gewählten Vorgehens sind aber bis heute ausgeblieben. Eine entscheidende Lektion des 20. Jahrhunderts findet in der urbanistischen Reflexion bis heute keinen Platz: Die Prägekraft eines städtebaulichen Vorschlags verblaßt in den Netzen von Determinanten und Interessen, in denen die gebaute Realität ihre Konturen annimmt. Diese Schwäche zu beheben, verlangt nach einem Fokus auf die Kontexte, in denen Architekten entwerfen, auf die Instrumente und Methoden, derer sie sich bei ihrer Arbeit bedienen sowie des Umfelds, in welchem die Realisierungen anstehen. Über diese Reflexionen könnte die urbanistische

Praxis angepaßt werden – Anzeichen für solche Entwicklungen gibt es allerdings kaum: Im Grunde geriert sich der Urbanist weiterhin als Herr der Pläne – wenngleich mit einem gerüttelt Maß an Pessimismus. Sarkastisch könnte man auch von einer enorm krisenfesten Pfadgebundenheit der städtebaulichen Heuristiken sprechen.

So liegt der wesentliche Grund für die Selbstdemontage des Architekten gegenüber der Stadt in der unzureichenden Auseinandersetzung mit den Verflechtungen von Architektur und Stadt. Städtebauliche Praxis führt nicht einfach zu einer Assimilation der gesellschaftlichen Kontexte an die Vorgaben, sondern erscheint als spezifische Sequenz von Übersetzungs- und Rücküberzetzungsprozessen von Architektur in Gesellschaft und umgekehrt, ohne daß einer der beteiligten Akteure dabei die Wirklichkeit festlegen könnte. An Städten bauen bedarf deshalb eines Sensoriums für das Politische und Prozessuale. Hier war die Moderne schon einmal weiter, als es urbanistische Reflexionen heute sind. In seinen Anfängen hat der moderne Städtebau nach Wegen gesucht, die Beziehungen zwischen Städtebau und Gesellschaft neu zu deuten. Diese Ansätze sind aber nie entschieden genug verfolgt worden und wurden auch bald sistiert. Damit setzte die Disziplin Städtebau den Reflexionsvorgang über Gesellschaft als Disziplin aus und erachtet ihn seither als – folgenlose – Privatangelegenheit. Bis heute bleibt darum das Verhältnis zwischen Architektur und Gesellschaftswissenschaften punktuell und labil, beidseits von starkem Argwohn und bescheidener Kenntnis der Gegenseite begleitet. Der Raum der Sozialwissenschaften und der Raum der Architektur überschneiden sich nur wenig – zum Nachteil für beide.

Ausblicke auf eine andere Stadt der Architekten

Was kann denn Urbanismus heute überhaupt bedeuten? Welchen Beitrag kann Architektur zur Stadtentwicklung leisten? Julius Posener hat einmal zwischen „Forderungen der Zeit" und „Forderungen an die Zeit" unterschieden.[235] Städtebau oszilliert zwischen diesen beiden Polen. Die Kreativität bei der Schaffung von Räumen und Nutzungsordnungen und die entwerferische Originalität stehen für die urbanistischen Forderungen an die Zeit. Umgekehrt herrscht aber hinsichtlich des Umgangs mit den „Forderungen der Zeit" nach wie vor ein Vakuum an Vorstellungen darüber, wie denn zwischen den Planwelten und dem Kontext, in welchem sie stattfinden, vermittelt werden kann.

Sicher ist nur: Die Stadt der Architekten kann sich heute nicht mehr mit opulenten Gemälden städtischer Zukunft beschäftigten. Daraus müssen aber auch die entsprechenden Schlüsse gezogen werden. Die Absicht allein, eine andere Stadt zu schaffen, reicht nicht aus, da es mit entwerferischen Grundsätzen und typologischen Entscheiden nicht getan ist. Um Werturteile kommt man auch nicht herum.[236] Daß Architekten dabei nicht die gleichen Bewertungsschemata verwenden wie andere Akteure, läßt sich auch empirisch belegen.[237] Daran soll sich aber auch nichts ändern: Städtebau und Architektur betreiben heißt Position zu beziehen.

Die letzten Jahrzehnte räumlicher Entwicklung haben uns der Unwägbarkeiten gesellschaftlicher Dynamik konfrontiert. Diese Tatsache wird aber bis heute nicht angemessen berücksichtigt.[238] Das ist vielleicht die wesentlichste Unterlassung des „weltvergessenen Anthropozentrismus", den Reinhart Wustlich an der heutigen Architektur bemängelt.[239] Eine Sensibilisierung für die verschiedenen Abhängigkeiten urbanistischen Arbeitens bedeutet *erstens*, die ökonomischen, rechtlichen, politischen und gesellschaftlichen Rahmenbedingungen ernstzunehmen, in welchen Architektur und Städtebau stattfinden. „Wirklichkeitstreue" (Lampugnani) meint dann kein Bild mehr. Wirklichkeitstreue meint dann festzulegen: welche Wirklichkeit meint ein Entwurf – eine architektonische oder eine gesellschaftliche –, wie wird sie darin reflektiert und wo soll sich die Entsprechung zeigen – auf den Planwelten oder im gesellschaftlichen Alltag? *Zweitens* geht es um einen entwerferischen und konzeptionellen Dialog mit der durch nichts auszuräumenden Unbestimmtheit, die städtische Zukunft immer begleitet. Über diese beiden Momente eignet sich das Arbeiten an der Stadt das erforderliche Maß an Skepsis hinsichtlich der eigenen Leistungsfähigkeit an; unter diesen Voraussetzungen wird es auch möglich, über Koalitionen nachzudenken, welche die Netzwerke, die sich von den Planwelten aus in die faktischen städtischen Räume spannen, zu stärken vermögen.

Wo liegen die Grenzen der Architektur? Im 20. Jahrhundert sind ihre Schwächen bei der Bestimmung städtischer Wirklichkeiten moderner und nachmoderner Gesellschaften deutlich geworden. Ihre Vorschläge und Konzepte haben sich immer wieder an den konkreten Prozessen aufgerieben, in welchen sich Städte wandeln. Diese Erfahrung verlangt, die Begrenztheit der Mittel der Architektur zur Kenntnis zu nehmen. Die substantielle Differenz zwischen Städtebau und Stadtentwicklung zu akzeptieren, heißt somit auch festzulegen, wo die eigenen Zuständigkeiten liegen können. Die Stadt der Planwelten begleitet bis heute meist eine

Ablehnung des Unkontrollierbaren und des Offenen. Mit beiden muß aber ein Umgang gesucht werden. Darin liegt die Herausforderung, aber auch die Chance für die Stadt der Architekten. Ein solcher Städtebau weiß endlich, daß Raum viele Zuschreibungen erfährt, daß er diesem Faktum aber nicht unbedingt formal Ausdruck verleihen muß. Er weiß auch, daß städtische Wirklichkeiten immer Ergebnis vielschichtiger Entwicklungs- und Aushandlungsprozesse sind, bei welchen die gebaute Stadt nur einen Parameter unter vielen bildet. Diese Stadt der Architekten weiß schließlich: Städte leben nicht dank ihrer Architekturen, sondern sie leben mit ihren Architekturen.

Anmerkungen

1 Schlögel (2003), S. 15
2 Eisinger (2004)
3 Koolhaas (2004), S. 20
4 Als Beispiele seien hier die Debatten an den Gründungskongressen der CIAM in La Sarraz 1928 und der UIA 1948 genannt. Zu La Sarraz vgl. Martin Steinmann (1979), S. 11–33. Mit der UIA-Gründung beschäftigt sich der Abschnitt „Selbstbilder" in dieser Arbeit.
5 Tournikiotis (2002)
6 Frampton (2002)
7 Brasilia ist die vierte Fallstudie dieser Arbeit gewidmet.
8 Osborn/Whittick (1977), S. 25–30
9 De Long (1998)
10 Frampton (2002), S. 329
11 McLeod (2000), S. 695f
12 Eisinger (2004), S. 11ff
13 Deleuze/Guattari (1992), S. 196
14 Hays (2000), S. 781
15 Vgl. dazu die Fallstudie zur Großsiedlung „Oberes Murifeld/Wittigkofen" in: Eisinger (2004), S. 268–290
16 Foucault (1973); derselbe (1991)
17 Veyne (1992)
18 Wesentliche Vorarbeiten sind seit der Jahrhundertwende namentlich in den Studien Tony Garniers, Otto Wagners oder der Gartenstadtbewegung geleistet worden.
19 Kähler (1995); Sewing (2003a)
20 Corboz (1993)
21 In seiner späten Abhandlung *Das Unbehagen in der Kultur* sucht Freud nach einem Bild, das die Architektur der Psyche in ihrer Geschichtlichkeit anschaulich macht. Nach einigem Zögern findet er die Entsprechung in Rom. Die Überlagerungen und Durchdringungen unzähliger baugeschichtlicher Epochen sollen die komplexen Verwebungen von sozialen und psychischen Konstanten vorstellbar machen, die unser Denken und Handeln anleiten, ohne für uns selbst greifbar zu sein. Vgl. Sigmund Freud, Das Unbehagen in der Kultur, in: Freud (1985), S. 69–71
22 Koolhaas (1995)
23 Koolhaas (2005)
24 Mumford (2000), S. 7
25 Le Corbusier (1963), S. 166
26 Barthes (1989), S. 85
27 Der Abschnitt folgt teilweise Eisinger (2004), S. 30
28 Simmel (1995), S. 127
29 Zimmermann/Reulecke (1999), S. 11

30 Zimmermann (1996), S. 9–38
31 Musil (1967), S. 156
32 Rimbaud (1991)
33 Simmel (1995), S. 118
34 Hobsbawm (2004), S. 59
35 Engeli (1999)
36 Baumeister (1876); Eberstadt (1909); Stübben (1890)
37 Piccinato (1983)
38 Gropius (1919)
39 Gropius (1965), S. 74
40 Mart Stam, Kollektive Gestaltung, zitiert in: Frampton (1989), S. 17
41 Le Corbusier (1929), S. 16
42 Giedion (1989), S. 471
43 Habermas (1985), S. 22f
44 Lynch (1981), S. 73ff
45 Im Falle des ‚Dritten Reichs' sind namentlich Gottfried Feder und Hans Reichow als Theoretiker des organischen Städtebaus zu nennen. Vgl. Feder (1939); Reichow (1948)
46 Hardy (1991a)
47 Hilberseimer (1927), S. 1
48 Giedion (1989), S. 376
49 Rainer (1948), S. 46
50 Giorgio Piccinato sieht im Vorstellungsmuster des Stadtorganismus eine sich im Verlaufe des 19. Jahrhunderts immer stärker ausprägende Autonomisierung und Objektivierung der Stadt, die für ihn zu einer folgenschweren Entpolitisierung der Disziplin führte. Vgl. Piccinato (1989), S. 36; Heide Berndt kritisiert den in der Gleichsetzung menschlicher Aktionen mit biologischen Abläufen steckenden Versorgungsautomatismus, der über die Ästhetisierung gesellschaftlicher Entscheidungsprozesse die Komplexität von Interventionen in städtische Räume systematisch unterschätzt. Vgl. Berndt (1968), S. 33ff
51 Bernoulli (1942), S. 61
52 Hans Bernoulli, Die Stadt als Grundherr. Die Neuordnung des Grundeigentums beim Wiederaufbau. Vervielfältigtes Typoskript (38 Seiten) für die Stadt Freiburg im Breisgau, 1947, in: Nachlaß Bernoulli, Institut für Geschichte und Theorie der Architektur (gta) – ETH Zürich, 51-S, Wiederaufbau Mappe Wiederaufbau Bernoulli, S. 4
53 Cornelius van Eesteren, Schreiben an Sigfried Giedion, Amsterdam, 30.10.1930, in: CIAM Korrespondenz 1930, Institut für Geschichte und Theorie der Architektur (gta) – ETH Zürich
54 Einen ausgezeichneten Überblick gibt: Hilpert (1984)
55 Albers/Papageorgiou-Venetas (1984), S. 286
56 Zu den Arbeitsweisen und Tagungen der ersten Phase der CIAM-Kongresse vgl. Martin Steinmann (1979); Eine Gesamtdarstellung des CIAM-Städtebaus liefert: Eric Mumford (2000)
57 Hugo Häring, Schreiben an Karl Moser vom 16.4.1930, in: CIAM Korrespondenz 1930, Institut für Geschichte und Theorie der Architektur (gta) – ETH Zürich
58 Martin Steinmann (1979), S. 128ff
59 Hans Schmidt, Brief an Giedion, Samara, 22.2.1934, in: CIAM Korrespondenz 1934, Institut für Geschichte und Theorie der Architektur (gta) – ETH Zürich

60 Thilo Hilpert (1984)
61 Sigfried Giedion, Brief an Le Corbusier, Zürich, 25.9.1935, in: CIAM Korrespondenz 1935, Institut für Geschichte und Theorie der Architektur (gta) – ETH Zürich
62 Die Ausführungen zur CIAM-Langstrassen-Studie folgen der umfangreicheren Studie in: Eisinger (2004), S. 40–46
63 In seiner Analyse moderner französischer Stadtplanungen charakterisierte der amerikanische Anthropologe Paul Rabinow mit dem Begriff des „historisch-natürlichen Milieus" die Ausgangssituationen, auf deren Ersetzung die Konzepte der Planer gerichtet waren. Vgl. Rabinow (1989), S. 212
64 Martin Wagner, Brief an Sigfried Giedion, Istanbul, 7.5.1937, in: CIAM Korrespondenz 1937, Institut für Geschichte und Theorie der Architektur (gta) – ETH Zürich
65 Vgl. dazu den Abschnitt „The City of Theory" in: Hall (1988)
66 Hilberseimer (1949), S. xv
67 Holford (1947)
68 Kavanagh (1997)
69 Cherry (1982)
70 Aldridge (1979), S. 31f
71 Booth (1902–03); Rowntree (1901)
72 Hobsbawn (2004), S. 72
73 Cherry (1982)
74 Howard (1898). Deutsche Ausgabe: Julius Posener (Hg.), Gartenstädte von morgen. Das Buch und seine Geschichte, Bauwelt Fundamente, Bd. 21, Berlin 1968
75 Morris (1891)
76 Der Begriff war im übrigen erst 1905 von John Sutton Nettlefold geprägt worden.
77 Geddes (1915)
78 Im Original: „a healthy, self-respecting, dignified person with a sense of beauty, culture, and civic pride", zitiert in: Buder (1990), S. 186
79 Vgl. zur Zwischenkriegszeit: Dennis Hardy (1991a); Sutcliffe (1981)
80 Cherry (1982)
81 Cullingworth (1988)
82 Sennett (1997), S. 410ff
83 Aldridge (1979); Hardy (1991b), insbesondere Kapitel 2
84 Der Bericht erschien unter: Ministry of Works and Planning, Expert Committee on Compensation and Betterment – Final Report, London 1942. Ein ausführlicher Kommentar zum Uthwatt-Report findet sich in: Eisner (1993), S. 525–536.
85 Abercrombie (1945); van Roosmalen (1998)
86 Abercrombie (1945), S. 113
87 Zitiert in: Buder (1990), S. 184
88 Durth/Gutschow (1988), insbesondere S. 193–196
89 van Es (1998), S. 33
90 Zum Verfahren vgl. Rodwin (1956)
91 Siehe dazu den Abschnitt: „Renaissance and Redirection" in: Aldridge (1979)
92 In einer berühmten Studie zeigte dann Peter Hall in den 1970er Jahren, daß die „New Towns" nicht den erwünschten Umverteilungseffekt erzielt hatten, sondern im Gegenteil die mobileren, besser verdienenden Bevölkerungskreise profitierten. Vgl. Hall (1973)

93 Scott (2000)
94 Zitiert in: Buder (1990), S. 197
95 Luhmann (1992), S. 140
96 Wie stark die Beschlüsse das berufliche Selbstverständnis tatsächlich abbildeten, zeigt ein Tagungskommentar des Spiritus Rector der schweizerischen Moderne, Alfred Roth, der die Resolutionstexte für ihr „Maximum an Substanz und Klarheit" ausdrücklich lobte. Vgl. Das Werk, Werk-Chronik, August 1948, S. 113
97 Edb.
98 Das Werk, Werk-Chronik, September 1948, S. 127
99 Hall (1988), S. 353
100 Bruno Taut, Schreiben an Hugo Häring, Berlin 2.9.1929, in: CIAM Korrespondenz 1929, Institut für Geschichte und Theorie der Architektur (gta) – ETH Zürich
101 Herbert (1984), S. 308ff
102 Olmo (1992)
103 Kongresse (1930)
104 Joan Ockman stellt für die US-amerikanische Diskussion in den Jahren zwischen 1943 und 1968 eine ähnliche Hinwendung vom sozialistischen zum mittelständischen Orientierungspunkt der architektonischen und städtebaulichen Diskussion fest. Vgl. Ockman (1993), S. 16f
105 Zitiert in: Henkert (2002), S. 11
106 Werner M. Moser, Remarks to New York, New York 4.9.1949 (handschriftliche Notizen), in: Nachlaß Werner M. Moser, Institut für Geschichte und Theorie der Architektur (gta) – ETH Zürich
107 Sigfried Giedion, Vorlesungsmanuskript 25.10.1951 (Vorlesungsmanuskripte ETH Zürich, Wintersemester 1951/52), in: Nachlaß Sigfried Giedion, Institut für Geschichte und Theorie der Architektur (gta) – ETH Zürich 43-T-13, S. 19
108 Vgl. hierzu auch: Siebel (1994)
109 Hilpert (1984), S. 29
110 Gropius (1956), S. 134f
111 Koch (1994)
112 Pahl (1955), S. 25
113 Welsch (1987), S. 96
114 Canape (1970), S. 7
115 Vgl. dazu: Rossi (1993)
116 Siehe auch: Stierli (2003)
117 Hacking (1999), S. 16
118 Siehe dazu auch: Barthes (1976); de Certeau (1978), S. 292–307
119 Mönninger (1999), S. 23
120 Sigfried Giedion, Le Corbusier und die Schweiz (Referatstyposkript), in: Nachlaß Giedion, Institut für Geschichte und Theorie der Architektur (gta) – ETH Zürich, 43-T-13 S1, S. 2
121 Die Fallstudie basiert auf Eisinger (2004), S. 166–185
122 Sigfried Giedion, Stadt und Gemeinschaft. 9. Vorlesung, 31.1.1952 (Vorlesungsmanuskripte ETH Zürich, Wintersemester 1951/52), in: Nachlaß Sigfried Giedion, Institut für Geschichte und Theorie der Architektur (gta) – ETH Zürich, 43-T-13 S19, S. 2
123 Egli (1961)

124 Aebli (1961), S. 16
125 Bahrdt (1961)
126 Ebd., S. 125f und 131
127 Giedion (1956), S. 95–98
128 Werner M. Moser, Handschriftliche Notizen zu: Kolloquium über das ‚Schöpferische und den Fortschritt' bei Prof. K. Schmid, ETH Zürich, 17.12.1959, in: Nachlaß Werner M. Moser, Institut für Geschichte und Theorie der Architektur (gta) – ETH Zürich, Schachtel 56, Mappe 2.1
129 Vgl. Foucault (1976); Hacking (1990)
130 Arbeitsgruppe (1961), S. 32
131 Aebli (1961), S. 18
132 Ebd., S. 15–16
133 Ebd., S. 16
134 Die nach 1950 einsetzenden Hauptstadtplanungen in Afrika, Asien und Lateinamerika boten modernen Größen wie Le Corbusier oder Louis Kahn die lang ersehnte Gelegenheit, eine auf dem Reißbrett entworfene Stadt effektiv in Angriff zu nehmen. Zu den Hauptplanungen vgl. Vale (1992)
135 Die Darstellung zur Vorgeschichte Brasilias folgt: Holston (1989), S. 3–29. Der in ärmlichen Verhältnissen in Turin aufgewachsene Priester und Ordengründer Giovanni Bosco (1815–1888) setzte sich für die Erziehung von bedürftigen Kindern und Jugendlichen ein und baute seine Kongregationen ab 1875 auch in Lateinamerika auf.
136 Benevolo (1983), S. 945f
137 Zu den Planungsvorbereitungen und zum Wettbewerb siehe: Fils (1988). Die folgenden Beschreibungen der Wettbewerbsmaterialien basieren auf den von Fils publizierten Unterlagen.
138 Zitiert in: Mumford (2000), S. 269
139 Niemeyer (1980). Die Interpretation folgt Holston (1989), S. 92f
140 Shoumatoff (1987)
141 Holston (1989), S. 101–144
142 Augé (1994), S. 130
143 Hoesli (1957a) bzw. Hoesli (1957b)
144 Hoesli (1957a), S. 511
145 Ebd., S. 516
146 Weber (1992), S. 87
147 Scott (1998); Hall (1982)
148 Harvey (1990)
149 Tournikiotis (2002)
150 Banham (1994)
151 Newman (1961)
152 So riefen die Smithsons schon 1956 dazu auf, die CIAM „Geschichte werden zu lassen". Vgl. The Future of C.I.A.M., To Team 10 and old C.I.A.M. Council form A & P Smithson, 9. December 1956, zitiert in: Smithson (1982), S. 75
153 Helen Webster (1997), S. 89
154 Sewing (2003b)
155 „But Today We Collect Ads" lautete der Titel eines Artikels, den die Smithsons 1956 veröffentlichten. Smithson (1956)

156 Giedion (1956)
157 Cook (1991)
158 Reflections on C.I.A.M. 9 and Proposals for Immediate Work, London, December 18th 1953 Howells, Smithsons, Voelcker, zitiert in: Smithson (1982), S. 10
159 Smithson (1981), S. 5
160 Alison und Peter Smithson, Cluster City, in: Architectural Review, November 1957, zitiert in: Smithson (1981), S. 27
161 Smithson (1996), S. 30
162 Daraus resultierte das sogenannte Doorn-Manifest. Vgl. Doorn Manifest, zitiert in: Smithson (1968), S. 75
163 Vgl. Peter Smithson, C.I.A.M. reorganisation 28–29. August 1957, in: Smithson (1982), S. 82–83
164 Zitiert in: Smithson (1968), S. 24–30
165 Doorn Manifest 1954, zitiert in: Smithson (1968), S. 75
166 Lewis (1967), S. 10
167 Peter Smithson, Main Line 27 July 1966 (Typoskript), in: Smithson (1982), S. 87
168 Banham (1955), S. 354–61
169 Zum „New Empiricism" siehe: Webster (1997), S. 14–17
170 Massey (1995); Lichtenstein/Schregenberger (2001b)
171 Banham (1966)
172 Zum As found-Verständnis siehe: Lichtenstein/Schregenberger (2001a), S. 8–19 und S. 40–45
173 Lewis (1967), S. 10
174 Webster (1997), S. 32
175 Fetzer (o. J.), S. 30ff
176 Verwandte Lesarten der Stadtstrukturen kursierten im Team 10 Ende der sechziger Jahre in Ungers Unterscheidung von der „big form" und der „parasitären Architektur". Vgl. Smithson (1968), S. 18
177 Frampton (1989), S. 236
178 Eine detaillierte Projektgeschichte findet sich in: Scalbert 2005
179 Mitscherlich (1965)
180 Salin (1960)
181 Boeddinghaus (1995)
182 Vgl. dazu auch Richard Sennetts Diskussion von Jane Jacobs städtebaulicher Generalkritik und ihrer Überhöhung der „Agora", in: Richard Sennett (1997), insbesondere S. 442f
183 Lynch (1975)
184 Ebd, S. 12
185 Siehe dazu auch Peter Eisenmans einleitende Ausführungen zur amerikanischen Erstausgabe von Rossis *L'architettura della città*, in welchen er Rossi als Teil der traumatisierten Generation nach dem Zusammenbruch der modernen Utopien charakterisiert, die diesem Erbe mit Ambivalenz und Sympathie gegenübertritt. Eisenman (1982)
186 Rossi 1973
187 Venturi (1978); Alexander (1965)
188 Rowe/Koetter (1984)
189 Kahn (1991), S. 328

190 McLuhan (2001a)
191 McLuhan (2001b), insbesondere S. 112f
192 Lyotard (1994), S. 13ff
193 Welsch (1988), S. 37
194 Luhmann (1999), S. 1143–1149
195 Jenks (1977)
196 Latour (1998), S. 65
197 Soja (1995)
198 Adorno (1977), S. 390
199 Attali (2001); Touraine (1996)
200 Sieverts (2003), S. 79
201 Rowe (1991)
202 Garreau (1991)
203 Davis (1990); Blakely (1997); Ellin (1997)
204 Neben T. C. Boyles Roman *The Curtilla Curtain* sind z. B. Filme zu nennen wie *Edward Scissorhand*, *American Beauty* oder *The Truman Show*
205 Zur jüngsten Entwicklung in Deutschland siehe: Raumordnungsbericht (2005). Die aktuelle schweizerische Entwicklung findet sich dargestellt in: Raumentwicklungsbericht (2005).
206 Gugerli (1999)
207 Leach (1997), S. 258
208 Sieverts (1998), S. 120f
209 Koolhaas (1995)
210 Banham (1996), S. 109–118
211 Eine Ausnahme davon bilden am ehesten die Arbeiten des von Stefano Boeri orchestrierten Multiplicity-Projekts. Diese Studien zu europäischen Städten und ihrem Umland suchen nach Parametern der momentanen Stadttransformation und legen fast schon typologische Muster frei, welche sich im Wandel heutiger Stadtwirklichkeiten ausbilden. Siehe dazu: Boeri (2001)
212 Maas (1999)
213 So Bart Lootsma in seinem Beitrag in: Patteeuw (2003).
214 Das Projekt ist ausführlich dargestellt in: MVRDV (2002), S. 94–121.
215 Maas (2000); Eisinger/Schneider (2003)
216 Seifert (2004)
217 Tschumi (2001), S. 383
218 Vgl. dazu Frehner (2000)
219 Kural (1997), S. 11
220 Bodenschatz (2001)
221 Eine ausführliche Darstellung findet sich in: Roost (2000).
222 www.celebrationfl.com
223 www.ceunet.de
224 Krier (1998), S. 68
225 Ibelings (2003), S. 240
226 Krier (2003), S. 8–17
227 Zur „Stiftung Lebendige Stadt" vgl. Neitzke (2003)
228 Koolhaas (2004), S. 452–3

229 Chang (2001)
230 Hanig (2004)
231 Bouman/van Toorn (1994)
232 Neumeyer (2002)
233 Leach (1999)
234 Scholz (1999)
235 Posener (1995), S. 81f
236 Spector (2001), S. 165f
237 Wilson (1996)
238 Heynen (1999)
239 Wustlich (2003), S. 75

Literatur

Abercrombie (1945): Patrick Abercrombie, Greater London Plan 1944, London 1945
Adorno (1977): Theodor W. Adorno, Funktionalismus heute, in: Theodor W. Adorno, Gesammelte Schriften. Band 10.1, Hg. von Rolf Tiedemann, Frankfurt am Main 1977
Aebli (1961): Werner Aebli, Die soziologischen Grundlagen einer neuen Stadt, in: die neue stadt, Eine Studie für das Furttal, Zürich, Zürich 1961, S. 15–22
Albers/Papageorgiou-Venetas (1984): Gerd Albers und Alexander Papageorgiou-Venetas, Stadtplanung. Entwicklungslinien 1945–1980, Tübingen 1984
Aldridge (1979): Meryl Aldridge, The British New Towns. A Programme without a Policy, London und Boston und Henley 1979
Alexander (1965): Christopher Alexander, A City is not a Tree, in: Architectural Forum, Nr. 1, 1965, S. 58–62
Attali (2001): Jean Attali, A surpassing Mutation, in: Rem Koolhaas et al. (Hg.), Mutations, Bordeaux 2001, S. 268–279
Augé (1994): Marc Augé, Orte und Nicht-Orte. Vorüberlegungen zu einer Ethnologie der Einsamkeit, Frankfurt am Main 1994 (1992)
Bahrdt (1961): Hans-Paul Bahrdt, Die moderne Großstadt, Hamburg 1961
Banham (1955): Reyner Banham, The new Brutalism, in: The Architectural Review, Dezember 1955, S. 354–61
Banham (1966): Reyner Banham, The New Brutalism: Ethic or Aesthetic?, London 1966
Banham (1994): Reyner Banham, Theory and Design in the First Machine Age, London 1994 (1960)
Banham (1996): Reyner Banham, The Great Gizmo, in: Reyner Banham, A Critic Writes. Essays by Reyner Banham. Selected by Mary Banham, Paul Barker, Sutherland Lyall, Cedric Price, Berkeley, Los Angeles und London 1996, S. 109–118
Barthes (1976): Roland Barthes, Semiotik und Urbanismus, in: Alessandro Carlini und Bernhard Schneider (Hg.): Die Stadt als Text, Tübingen 1976
Barthes (1989): Roland Barthes, Die helle Kammer. Bemerkung zur Photographie, Frankfurt am Main 1989
Baumeister (1876): Reinhard Baumeister, Stadterweiterungen in technischer, baupolizeilicher und wirtschaftlicher Beziehung, Berlin 1876
Benevolo (1983): Leonardo Benevolo, Die Geschichte der Stadt, Frankfurt und New York 1983
Berndt (1968): Heide Berndt, Das Gesellschaftsbild bei Stadtplanern, Stuttgart und Bern 1968
Bernoulli (1942): Hans Bernoulli, Die organische Erneuerung unserer Städte. Ein Vorschlag unterbreitet den städtischen Parlamenten und Behörden; den Fachkollegen, den Soziologen und Nationalökonomen sowie auch den Hausbesitzern und den Bewohnern jener städtischen Wohnquartiere die, obwohl sie dem Hauptteil der Bevölkerung dienen, dem Verfall preisgegeben sind, Basel 1942
Blakely (1997): Snyder Blakely, Fortress America, Washington 1997
Bodenschatz (2001): Harald Bodenschatz, Europäische Stadt, Zwischenstadt und New Urbanism, in: Planerin 3/2001

Boeddinghaus (1995): Gerhard Boeddinghaus (Hg.), Gesellschaft durch Dichte. Kritische Initiativen zu einem neuen Leitbild für Planung und Städtebau 1963/1964, Bauwelt Fundamente, Bd. 107, Braunschweig und Wiesbaden 1995

Boeri (2001): Stefano Boeri, Notes for a Research Program, in: Rem Koolhaas et al. (Hg.), Mutations, Bordeaux 2001, S. 356–377

Booth (1902–03): Charles Booth, Life and Labour of the People in London, 17 Bände, London 1902–03

Borden (2001): Iain Borden et al. (Hg.), The Unknown City. Contesting Architecture and Social Space: a strangely familiar Project, Cambridge (MA) und London 2001

Bouman/van Toorn (1994): Ole Bouman und Roemer van Toorn, Desperately Seeking Siza. A conversation with Alvaro Siza Vieira, in: Ole Bouman und Roemer van Toorn (Hg.), The Invisible in Architecture, London 1994

Buder (1990): Stanley Buder, Visionaries and Planners. The Garden City Movement and the Modern Community, New York und Oxford 1990

Canape (1970): Gab es den Funktionalismus wirklich? Ein Gespräch mit Hans Schmidt, in: Canape News 7, Architekturabteilung ETH Zürich, Zürich 1970

Chang (2001): Bernard Chang et al., Pearl River Delta. Harvard Project on the City, in: Rem Koolhaas et al. (Hg.), Mutations, Bordeaux 2001, S. 280–308

Cherry (1982): Gordon Cherry, The Politics of Town Planning, Essex 1982

Cook (1991): Peter Cook (Hg.), Archigram, Basel 1991

Corboz (1993): André Corboz, Die vier Phasen der theoretischen Auseinandersetzungen mit der Stadt im XX. Jahrhundert, in: archithese, Nr. 3, 1993, S. 93–96

Cullingworth (1988): J. Barry Cullingworth, Town and Country Planning in Britain, London 1988

Davis (1990): Mike Davis, City of Quartz. Excavating the Future in Los Angeles, London 1990

de Certeau (1978): Michel de Certeau, Umgang mit Raum. Die Stadt als Metapher, in: Stadtbauwelt, 1978, S. 292–307

De Long (1998): David G. De Long (Hg.), Frank Lloyd Wright – die Lebendige Stadt, Weil am Rhein 1998

Deleuze/Guattari (1992): Gilles Deleuze und Félix Guattari, Tausend Plateaus. Kapitalismus und Schizophrenie, Berlin 1992

Durth/Gutschow (1988): Werner Durth und Niels Gutschow, Träume in Trümmern. Planungen zum Wiederaufbau zerstörter Städte im Westen Deutschlands 1940–1950, Band I Konzepte, Braunschweig und Wiesbaden 1988

Eberstadt (1909): Rudolf Eberstadt, Handbuch des Wohnungswesens und der Wohnungsfrage, Jena 1909

Egli (1961): Ernst Egli, Die Dienste in der Studienstadt. Der Flächenbedarf, in: die neue stadt. Eine Studie für das Furttal, Zürich, Zürich 1961, S. 34–40

Eisenman (1982): Peter Eisenman, The Houses of Memory: The Texts of Analogue. Editors Introduction, in: Aldo Rossi, The Architecture of the City, Cambridge (MA) und London 1982, S. 3–11

Eisinger (2004): Angelus Eisinger, Städte bauen. Städtebau und Stadtentwicklung in der Schweiz 1940–1970. Habilitationsschrift ETH Zürich, Zürich 2004

Eisinger/Schneider (2003): Angelus Eisinger und Michel Schneider (Hg.), Stadtland Schweiz.

Untersuchungen und Fallstudien zur räumlichen Struktur und Entwicklung in der Schweiz, Basel, Boston und Berlin 2003
Eisner (1993): Simon Eisner et al., The Urban Pattern, New York 1993
Ellin (1997): Nan Ellin (Hg.), Architecture of Fear, New York 1997
Engeli (1999): Christian Engeli, Die Großstadt um 1900. Wahrnehmung und Wirkungen in Literatur, Kunst, Wissenschaft und Politik, in: Clemens Zimmermann und Jürgen Reulecke (Hg.), Die Stadt als Moloch? Das Land als Kraftquell? Wahrnehmungen und Wirkungen der Großstädte um 1900, Basel, Boston und Berlin 1999, S. 21–51
Feder (1939): Gottfried Feder, Die neue Stadt: Versuch einer Begründung einer neuen Stadtplanungskunst aus der sozialen Struktur der Bevölkerung, Berlin 1939
Fezer (o.J.): Jesko Fezer, Die Idee der Straße ist vergessen worden. Der „Urban Re-Identification-Grid" von Alison und Peter Smithson, in: Starship-Magazine, Nr. 5, S. 30ff
Fils (1988): Alexander Fils, Brasilia: moderne Architektur in Brasilien, Düsseldorf 1988
Foucault (1973): Michel Foucault, Archäologie des Wissens, Frankfurt am Main 1973
Foucault (1976): Michel Foucault, Überwachen und Strafen. Die Geburt des Gefängnisses, Frankfurt am Main 1976
Foucault (1991): Michel Foucault, Die Ordnung des Diskurses, Frankfurt am Main 1991
Frampton (2002): Kenneth Frampton, Minimal Moralia: Reflections on Recent Swiss German Production, in: Kenneth Frampton (Hg.), Labour, Work and Architecture. Collected Essays on Architecture and Design, London und New York 2002, S. 325–331
Frehner (2000): Matthias Frehner, Wie Mr. Krens die Museumswelt auf den Kopf stellt, in: Neue Zürcher Zeitung, Neue Zürcher Zeitung – Folio, Nr. 10, 2000
Freud (1985): Sigmund Freud, Das Unbehagen in der Kultur, in: Sigmund Freud, Abriß der Psychoanalyse. Das Unbehagen in der Kultur. Mit einer Rede von Thomas Mann als Nachwort. Frankfurt am Main 1985 (1953), S. 69–71
Garreau (1991): Joel Garreau, Edge City. Life on the New Frontier, New York 1991
Geddes (1915): Patrick Geddes, Cities in Evolution: an Introduction to the Town Planning Movement and to the Study of Civics, London 1915
Giedion (1956): Siegfried Giedion, Architekt und Industrie, in: Das Werk, Nr. 10, 1956, S. 305
Giedion (1956): Sigfried Giedion, Architektur und Gemeinschaft, Hamburg 1956
Giedion (1989): Sigfried Giedion, Raum, Zeit, Architektur. Die Entstehung einer neuen Tradition, Zürich und München 1989 (1941)
Gropius (1919): Walter Gropius, in: Ja! Stimmen des Arbeitsrates für Kunst in Berlin, Berlin 1919
Gropius (1956): Walter Gropius, Architektur, Hamburg 1956, S. 134f
Gropius (1965): Walter Gropius, Die neue Architektur und das Bauhaus, Mainz 1965 (1935)
Gugerli (1999): David Gugerli, Soziotechnische Evidenzen. Der ‚pictorial turn' als Chance für die Geschichtswissenschaften, in: Traverse, Nr. 3, 1999, S. 131–159
Habermas (1985): Jürgen Habermas, Moderne und postmoderne Architektur, in: Jürgen Habermas (Hg.), Die neue Unübersichtlichkeit, Frankfurt am Main 1985, S. 11–29
Hacking (1990): Ian Hacking, The Taming of Chance, Cambridge (MA) 1990
Hacking (1999): Ian Hacking, Making up People, in: Mario Biagioli, The Science Studies Reader, New York 1999, S. 161–171
Hall (1973): Peter Hall, The Containment of Urban England, London 1973
Hall (1982): Peter Hall Great Planning Disasters, Berkeley und Los Angeles 1982

Hall (1988): Peter Hall, Cities of Tomorrow: An Intellectual History of Urban Planning and Design in the Twentieth Century, Oxford 1988

Hanig (2004): Florian Hanig, Neon Cities, in: Peter Bialobrzeski, Neontigers. Photographs of Asian Megacities, Ostfildern-Ruit 2004, S. 6–11

Hardy (1991a): Dennis Hardy, From Garden Cities to New Towns. Campaining for Town and Country Planning, 1899–1946, London etc. 1991

Hardy (1991b): Dennis Hardy, From New Towns to Green Politics. Campaigning for Town and Country Planning, 1946–1990, London etc. 1991

Harvey (1990): David Harvey, The Condition of Postmodernity. An Enquiry into the Origins of Cultural Change, Cambridge (MA) 1990

Hays (2000): K. Michael Hays (Hg.), Architecture Theory since 1968, Cambridge (MA) und London 2000

Herbert (1984): Gilbert Herbert, The Dream of the Factory-made House. Walter Gropius and Konrad Wachsmann, Cambridge (MA) 1984

Heynen (1999): Hilde Heynen, Architecture and Modernity. A Critique, Cambridge (MA) und London 1999

Hilberseimer (1927): Ludwig Hilberseimer, Großstadt Architektur, Stuttgart 1927

Hilberseimer (1949): Ludwig Hilberseimer, The New Regional Pattern. Industries and gardens, workshops and farms, Chicago 1949

Hilpert (1984): Thilo Hilpert, Le Corbusiers „Charta von Athen". Texte und Dokumente. Kritische Neuausgabe, Bauwelt Fundament 56, Braunschweig 1984

Hobsbawm (2004): Eric J. Hobsbawm, Das imperiale Zeitalter 1875–1914, Frankfurt am Main 2004 (1987)

Hoesli (1957a): Bernhard Hoesli, Zusammenfassung und Diskussion der Kritik an der Großstadt, in: Paul Vogler und Erich Kühn (Hg.), Medizin und Städtebau. Ein Handbuch für gesundheitlichen Städtebau, München, Berlin und Wien 1957, S. 511–518

Hoesli (1957b): Bernhard Hoesli, Zur Bedeutung großstädtischer Konzentration, in: Paul Vogler und Erich Kühn (Hg.), Medizin und Städtebau. Ein Handbuch für gesundheitlichen Städtebau, München, Berlin und Wien 1957, S. 519–521

Holford (1947): Willam G. Holford, Green Cities of the 20th Century, in: Journal of the Town Planning Institute, June 1947, S. 18–23

Holston (1989): James Holston, The Modernist City. An Anthropological Critic of Brasilia, Chicago und London 1989

Howard (1898): Ebenezer Howard, To-morrow: A Peaceful Path to Real Reform, London 1898 (Deutsche Ausgabe: Julius Posener (Hg.), Gartenstädte von morgen. Das Buch und seine Geschichte, Bauwelt Fundamente, Bd. 21, Berlin 1968)

Ibelings (2003): Hans Ibelings, Anti-Modernist Megastructures. The Architecture and Urbanism of Krier and Kohl in the Dutch Context, in: Rob Krier, Town spaces. Contemporary Interpretations in Traditional Urbanism. Krier Kohl Architects, Basel, Berlin und Boston 2003, S. 236–247

Jencks (1977): Charles Jenks, The Language of Postmodern Architecture, New York 1977

Kähler (1995): Gert Kähler (Hg.), Einfach schwierig – eine deutsche Architekturdebatte: ausgewählte Beiträge 1993–1995, Bauwelt Fundamente, Bd. 104, Braunschweig und Wiesbaden 1995

Kahn (1973): Louis I. Kahn, 1973: Brooklyn, New York. A Lecture at Pratt University, Fall

1973, in: Alessandra Latour (Hg.), Louis I. Kahn. Writings, Lectures, Interviews, New York 1991, S. 320–330

Kavanagh (1997): Dennis Kavanagh, The Reordering of British Politics. Politics after Thatcher, Oxford 1997

Koch (1994): Michael Koch, Die Neue Stadt – ein Denkmal? Thesen zum Schutz der aufgelösten Stadt, in: archithese, Nr. 1, 1994, S. 21–25

Kollhoff (2002): Hans Kollhoff, Architektur. Architecture, München, Berlin, London und New York 2002

Kongresse (1930): Internationale Kongresse für Neues Bauen und Städtisches Hochbauamt Frankfurt/Main (Hg.), Die Wohnung für das Existenzminimum. 100 Grundrisse, Frankfurt am Main 1930

Koolhaas (1995): Rem Koolhaas, Whatever Happened to Urbanism, in: Rem Koolhaas und Bruce Mau (Hg.), S M L XL, Rotterdam 1995, S. 958–971

Koolhaas (2001): Rem Koolhaas et al. (Hg.), Mutations, Bordeaux 2001

Koolhaas (2004): Rem Koolhaas, Content, Köln 2004

Koolhaas (2005): Rem Koolhaas, Nostalgiker der Moderne. Warum wir Architekten den Berliner Palast der Republik auf einmal so schön finden, in: Die Zeit, Nr. 12, 17.3.2005

Krier (1998): Léon Krier, Architektur. Freiheit oder Fatalismus, München, London und New York 1998

Krier (2003): Rob Krier, Town spaces. Contemporary Interpretations in Traditional Urbanism. Krier Kohl Architects, Basel, Berlin und Boston 2003

Kural (1997): René Kural (Hg.), Traces of New Cityscapes. Metropolis' on the Verge of the 21th Century, Copenhagen 1997

Latour (1991): Alessandra Latour (Hg.), Louis I. Kahn. Writings, Lectures, Interviews, New York 1991

Latour (1998): Bruno Latour, Wir sind nie modern gewesen. Versuch einer symmetrischen Anthropologie, Frankfurt am Main 1998 (1991)

Le Corbusier (1929): Le Corbusier, Städtebau, Stuttgart 1929

Le Corbusier (1963): Le Corbusier, 1922. Ausblick auf eine Architektur, Berlin, Frankfurt und Wien 1963

Leach (1997): Neil Leach, Rethinking Architecture. A Reader in Cultural Theory, London 1997

Leach (1999): Neil Leach, The Anaesthetics of Architecture, Cambridge (MA) und London 1999

Lewis (1967): John Lewis (Hg.), Urban Structuring. Studies of Alison and Peter Smithson, London und New York 1967

Lichtenstein/Schregenberger (2001a): Claude Lichtenstein und Thomas Schregenberger (Hg.), As Found. Die Entdeckung des Gewöhnlichen, Zürich 2001

Lichtenstein/Schregenberger (2001b): Independent Group. Arbeiten von Eduardo Paolozzi, Nigel Henderson, Magda Cordell, Richard Hamilton, in: Claude Lichtenstein und Thomas Schregenberger (Hg.), As Found. Die Entdeckung des Gewöhnlichen, Zürich 2001, S. 156–175

Luhmann (1992): Niklas Luhmann, Beobachtungen der Moderne, Opladen 1992

Luhmann (1999): Niklas Luhmann, Die Gesellschaft der Gesellschaft, Frankfurt am Main 1999

Lynch (1975): Kevin Lynch, Das Bild der Stadt, Braunschweig 1975 (1960)

Lynch (1981): Kevin Lynch, A Theory of Good City Form, Cambridge (MA) und London 1981

Lyotard (1994): Jean-François Lyotard, Das postmoderne Wissen. Ein Bericht, Wien 1994 (1979)

Maas (1999): Winy Maas et al., Metacity/Datatown, Rotterdam 1999

Maas (2000): Winy Maas (Hg.), Costa Iberica MVDRV, Barcelona 2000

Massey (1995): Anne Massey, The Independent Group, Manchester 1995

Mc Leod (2000): Mary McLeod, Architecture and Politics in the Reagan Era: From Postmodernism to Deconstructivism, in: K. Michael Hays (Hg.), Architecture Theory since 1968, Cambridge (MA) und London 2000, S. 680–702

McLuhan (2001a): Marshall McLuhan, Das Medium ist die Botschaft, Fundus-Bücher 154, Dresden 2001

McLuhan (2001b): Marshall McLuhan, Die Gegenwart ist immer unsichtbar, in: Marshall McLuhan, Das Medium ist die Botschaft, Fundus-Bücher 154, Dresden 2001, S. 108–128

Mitscherlich (1965): Alexander Mitscherlich, Die Unwirtlichkeit unserer Städte – Anstiftung zum Unfrieden, Frankfurt am Main 1965

Mönninger (1999): Michael Mönninger, Stadtgesellschaft. Frankfurt am Main 1999

Morris (1891): William Morris, News from Nowhere, or An Epoch of Rest Being Some Chapters From a Utopian Romance, London 1891

Mumford (2000): Eric Mumford, The CIAM Discourse on Urbanism, 1928–1960. Cambridge (MA) und London 2000

Musil (1967): Robert Musil, Der Mann ohne Eigenschaften, Zürich 1967

MVRDV (2002): 1997–2002 Stacking and Layering, in: el croquis, Nr. 111, 2002

Neitzke (2003): Peter Neitzke, Die Zukunft der Stadt. Anmerkungen zur Symbiose von Event-Verein und Immobilien GmbH & Co. KG, in: Peter Neitzke und Reinhart Wustlich (Hg.), CENTRUM. Jahrbuch Architektur und Stadt 2002.2003, Darmstadt 2003, S. 24–29

Neumeyer (2002): Fritz Neumeyer, Der Rückgriff auf den Humanismus in der Architektur, in: Hans Kollhoff, Architektur. Architecture, München, Berlin, London und New York 2002, S. 6–16

Newman (1961): Oscar Newman (Hg.), CIAM '59 in Otterlo, London 1961

Niemeyer (1980): Oscar Niemeyer, A Forma e funçâo na arquitetura, in: Arte em Revista 4, 1980, S. 57–60 (1959)

Ockman (1993): Joan Ockman, Introduction, in: Joan Ockman und Edward Eigen (Hg.), Architecture Culture 1943–1968. A Documentary Anthology, New York 1993, S. 13–24

Olmo (1992): Carlo Olmo, Urbanistica e società civile. Esperienza e conoscenza 1945–1960, Torino 1992

Osborn/Whittick (1977): Frederic J. Osborn und Arnold Whittick, New Towns. Their Origins, Achievements and Progress, London und Boston 1977

Pahl (1955): Manfred Pahl, Der ständige Auftrag zur Verwandlung der Landschaft, in: Der Plan, Nr. 1, 1955, S. 25–28

Patteeuw (2003): Véronique Patteeuw (Hg.), Reading MVRDV, Rotterdam 2003

Piccinato (1983): Giorgio Piccinato, Städtebau in Deutschland 1871–1914: Genese einer wissenschaftlichen Disziplin, Bauwelt Fundamente, Bd. 62, Braunschweig und Wiesbaden 1983

Posener (1995): Julius Posener, Kritik der Kritik des Funktionalismus, in: Julius Posener, Was

Architektur sein kann: neuere Aufsätze. Mit einem Vorwort von Daniel Libeskind, Basel, Berlin und Boston 1995, S. 69–83

Rabinow (1989): Paul Rabinow, French modern. Norms and Forms of the Social Environment, Cambridge (MA) und London 1989

Rainer (1948): Roland Rainer, Städtebauliche Prosa, Tübingen 1948

Raumentwicklungsbericht (2005): Bundesamt für Raumentwicklung et al., Raumentwicklungsbericht 2005, Bern 2005

Raumordnungsbericht (2005): Bundesamt für Bauwesen und Raumordnung (Hg.), Raumordnungsbericht 2005, Berichte Band 21, Bonn 2005

Reichow (1948): Hans-Bernhard Reichow, Organische Stadtbaukunst, Braunschweig 1948

Rimbaud (1991): Arthur Rimbaud, Brief an Georges Izambard, 13. Mai 1871. Eine deutsche Übersetzung des Briefes findet sich in: Arthur Rimbaud, Gedichte. Herausgegeben und mit einem Essay von Karlheinz Barck, Leipzig 1991

Rodwin (1956): Lloyd Rodwin, The British New Towns Policy Problems and Implications, Cambridge (MA) 1956

Roost (2000): Frank Roost, Die Disneyfizierung der Städte: Großprojekte der Entertainmentindustrie am Beispiel des New Yorker Times Square und der Siedlung Celebration in Florida, Opladen 2000

Rossi (1973): Aldo Rossi, Die Architektur der Stadt. Skizze zu einer grundlegenden Theorie des Urbanen, Düsseldorf 1973 (1965)

Rossi (1993): Aldo Rossi, Einleitung, in: Bruno Flierl (Hg.), HS: Beiträge zur Architektur 1924–1964, Zürich 1993, S. X–XXI

Rowe (1991): Peter G. Rowe, Making of a Middle Landscape, Cambridge (MA) und London 1991

Rowe/Koetter (1984): Colin Rowe und Fred Koetter, Collage City, Basel, Boston und Berlin 1984 (1978)

Rowntree (1901): Seebohm Rowntree, Poverty. A Study of Town Life, York 1901

Salin (1960): Edgar Salin, Urbanität, in: Der Städtetag. Zeitschrift für kommunale Praxis und Wissenschaft, Neue Folge 13, 1960, S. 323–332

Scalbert (2005): Irénée Scalbert, ‚Architecture is not made with the Brain': The Smithsons and the Economist Building Plaza, in: Architectural Association (Hg.), Architecture is not made with the Brain. The Labour of Alison and Peter Smithson, London 2005, S. 10–37

Schlögel (2003): Karl Schlögel, Im Raume lesen wir die Zeit. Über Zivilisationsgeschichte und Geopolitik, München 2003

Scholz (1999): Roland W. Scholz, ‚Mutual learning' und probabilistischer Funktionalismus: was Hochschule und Gesellschaft voneinander und von Egon Brunswik lernen können, Zürich 1999

Scott (1998): James C. Scott, Seeing like a State. How certain Schemes to Improve the Human Condition Have Failed, New Haven und London 1998

Scott (2000): Peter Scott, The Evolution of Britain's Urban Built Environment, in: Peter Clark (Hg.), The Cambridge Urban History of Britain, Band III, Cambridge 2000, S. 495–524

Seifert (2004): Jörg Seifert, Architektur lesen. Zur theoretischen Auseinandersetzung mit dem Werk des niederländischen Architekturbüros MVRDV, in: literaturkritik.de, Nr. 6, Juni 2004

Sennett (1997): Richard Sennett, Fleisch und Stein. Die Körper und die Stadt in der westlichen Zivilisation, Frankfurt 1997

Sewing (2003a): Werner Sewing, Planwerk Innenstadt Berlin. Ein Frontbericht aus der europäischen Stadt, in: Werner Sewing, Bildregie. Architektur zwischen Retrodesign und Eventkultur, Bauwelt Fundamente, Bd. 126, Basel, Boston und Berlin 2003, S. 181–195

Sewing (2003b): Werner Sewing, Reflexive Moderne. Das Erbe des Team Ten, in: Werner Sewing, Bildregie. Architektur zwischen Retrodesign und Eventkultur, Bauwelt Fundamente, Bd. 126, Basel, Boston und Berlin 2003, S. 65–87

Shoumatoff (1987): Alex Shoumatoff, The Capital of Hope: Brasília and Its People, Albuquerque 1987

Siebel (1994): Walter Siebel, Was macht eine Stadt urban?, Oldenburg 1994

Sieverts (1998): Thomas Sieverts, Zwischenstadt zwischen Ort und Welt, Raum und Zeit, Stadt und Land, Bauwelt Fundamente, Bd. 118, Braunschweig und Wiesbaden 1998 (1997)

Sieverts (2003): Thomas Sieverts, Sieben einfache Zugänge zum Begreifen und zum Umgang mit der Zwischenstadt, in: Franz Oswald und Nicola Schüller (Hg.), Neue Urbanität – Das Verschmelzen von Stadt und Landschaft, Zürich 2003, S. 79–101

Simmel (1995): Georg Simmel, Die Großstädte und das Geistesleben, in: Otthein Rammstedt (Hg.), Georg Simmel. Gesamtausgabe. 7. Aufsätze und Abhandlungen 1901–1908, Band 1, Frankfurt am Main 1995 (1903), S. 116–131

Smithson (1956): Peter und Alison Smithson, „But Today We Collect Ads", in: ARK, Nr. 18, 1956, S. 48–50

Smithson (1968): Team 10 Primer, edited by Alison Smithson, London 1968 (1954)

Smithson (1981): Alison und Peter Smithson, Die heroische Periode der modernen Architektur, Tübingen 1981 (1965)

Smithson (1982): The Emergence of Team 10 out of C.I.A.M., Documents – Compiled by Alison Smithson, AAGS Theory and History Paper 1.82

Smithson (1996): Alison und Peter Smithson, Italienische Gedanken. Beobachtungen und Reflexionen zur Architektur. Herausgegeben von Hermann Koch und Karl Unglaub, Bauwelt Fundamente, Bd. 111, Braunschweig und Wiesbaden 1996

Soja (1995): Edward W. Soja, Postmoderne Urbanisierung. Die sechs Restrukturierungen von Los Angeles, in: Bernhard Moltmann und Walter Prigge (Hg.), Mythos Metropole, Frankfurt am Main 1995, S. 143–164

Spector (2001): Tom Spector, The Ethical Architect. The Dilemma of Contemporary Practice, New York 2001

Steinmann (1979): Martin Steinmann, CIAM. Dokumente 1928–1939, Basel und Stuttgart 1979

Stierli (2003): Martino Stierli, Das verdrängte Gedächtnis der Postmoderne. Die architekturgeschichtliche Bedeutung von Robert Venturis ‚Entdeckung' Roms, in: Neue Zürcher Zeitung, Nr. 29, 13./14.12.2003

Stübben (1890): Joseph Stübben, Der Städtebau, Darmstadt 1890

Sutcliffe (1981): Anthony Sutcliffe (Hg.), British Town Planning: the Formative Years, Leicester 1981

Touraine (1996): Alain Touraine, Die Stadt – ein überholter Entwurf, in: Arch+, 1996, Nr. 132, S. 68–70

Tournikiotis (2002): Panayotis Tournikiotis, The Historiography of Modern Architecture, in: Hubert-Jan Henkert und Hilde Heynen (Hg.), Back from Utopia. The Challenge of the Modern Movement, Rotterdam 2002

Tschumi (2001): Bernhard Tschumi, Architecture and the City. An interview with William

Menking, in: Iain Borden et al. (Hg.), The Unknown City. Contesting Architecture and Social Space: A Strangely Familiar Project, Cambridge (MA) und London 2001, S. 371–386

Vale (1992): Lawrence J. Vale, Architecture, Power, and National Identity, New Haven und London 1992

van Es (1998): Evelien van Es, Milton Keynes 1970 Plan for Milton Keynes, in: Koos Bosma und Helma Hellinga (Hg.), Mastering the City II. North-European City Planning 1900–2000, Rotterdam 1998

van Roosmalen (1998): Pauline van Roosmalen, London 1944 Greater London Plan, in: Koos Bosma und Helma Hellinga (Hg.), Mastering the City II. North-European City Planning 1900–2000, Rotterdam 1998, S. 258–265

Venturi (1978): Robert Venturi (Hg.), Komplexität und Widerspruch in der Architektur, Bauwelt Fundamente, Bd. 50, Braunschweig 1978 (1966)

Veyne (1992): Paul Veyne, Foucault: Die Revolutionierung der Geschichte, Frankfurt am Main 1992

Weber (1992): Max Weber, Wissenschaft als Beruf, in: Wolfgang J. Mommsen und Wolfgang Schluchter (Hg.), Max Weber, Gesamtausgabe, Bd. 17, Tübingen 1992

Webster (1997): Helen Webster, Modernism without Rhetoric. Essays on the Work of Alison and Peter Smithson, London 1997

Welsch (1987): Wolfgang Welsch, Unsere postmoderne Moderne, Freiburg im Breisgau 1987

Welsch (1988): Wolfgang Welsch, Unsere postmoderne Moderne, Berlin 1988

Wilson (1996): Margaret A. Wilson, The Socialisation of Architectural Preference, in: Journal of Environmental Psychology, Nr. 16, 1996, S. 33–44

Wustlich (2003): Reinhard Wustlich, Korrekturen. Welche Reflexive Moderne? Short Cuts zu einem unvollständig adaptierten Begriff, in: Peter Neitzke und Reinhart Wustlich (Hg.), CENTRUM. Jahrbuch Architektur und Stadt 2002/2003, Darmstadt 2003, S. 73–80

Zimmermann (1996): Clemens Zimmermann, Die Zeit der Metropolen. Urbanisierung und Großstadtentwicklung, Frankfurt am Main 1996

Zimmermann/Reulecke (1999): Clemens Zimmermann und Jürgen Reulecke (Hg.): Die Stadt als Moloch? Das Land als Kraftquell? Wahrnehmungen und Wirkungen der Großstädte um 1900, Basel, Boston und Berlin 1999

Bildnachweise

S. 13, S. 45	Ruth Eaton, Die ideale Stadt. Von der Antike bis zur Gegenwart, Berlin (Nicolai) 2001
S. 18, S. 155	Rob Krier, Town spaces. Contemporary Interpretations in Traditional Urbanism. Krier Kohl Architects, Basel, Berlin und Boston (Birkhäuser) 2003
S. 36, S. 51 oben, S. 74 oben, unten, S. 79	Institut für Geschichte und Theorie der Architektur (gta) – ETH Zürich
S. 44	Ebenezer Howard, To-morrow: A Peaceful Path to Real Reform, London 1898, in: Richard T. LeGates und Frederic Stout, The City Reader, London und New York (Routledge) 1996
S. 51 unten	Werner Durth, Niels Gutschow, Träume in Trümmern. Planungen zum Wiederaufbau zerstörter Städte im Westen Deutschlands 1940–1950, Band I Konzepte, Braunschweig und Wiesbaden (Vieweg) 1988
S. 54 oben, unten, S. 56	Koos Bosma, Helma Hellinga (Hg.), Mastering the City II. North-European City Planning 1900–2000, Rotterdam (EFL Publications etc.) 1998
S. 84	James Holston, The Modernist City. An Anthropological Critic of Brasilia, Chicago, London (University of Chicago Press) 1989
S. 6, S. 89 oben, unten, S. 91	Elisabetta Andreoli, Adrian Forty (Hg.), Brazil's Modern Architecture, London und New York (Phaidon) 2004
S. 97	Dietrich Neumann: Filmarchitektur. Von Metropolis bis Blade Runner, München, New York (Prestel) 1996
S. 109, S. 111	Claude Lichtenstein, Thomas Schregenberger (Hg.), As Found. Die Entdeckung des Gewöhnlichen, Zürich (Museum für Gestaltung) 2001
S. 114	Alison und Peter Smithson, Italienische Gedanken. Beobachtungen und Reflexionen zur Architektur. Hermann Koch, Karl Unglaub (Hg.), Bauwelt Fundamente, Bd. 111, Braunschweig und Wiesbaden (Vieweg) 1996
S. 117	Helen Webster, Modernism without Rhetoric. Essays on the Work of Alison and Peter Smithson, London (Academy Editions) 1997
S. 127, S. 128 oben, unten	Charles Jencks, Architektur heute, Stuttgart (Klett-Cotta) 1988
S. 135 oben, unten	Joël Tettamanti, © Avenir Suisse 2003
S. 143 oben	El croquis, Nr. 111, 2002
S. 143 unten	Angelus Eisinger, Michael Schneider, Stadtland Schweiz. Untersuchungen und Fallstudien zur räumlichen Struktur und Entwicklung in der Schweiz, Basel, Boston, Berlin (Birkhäuser) 2003
S. 147, S. 151	Jürg Senn, Zürich
S. 153	Hans Kollhoff, Architektur, München, Berlin, London und New York (Prestel) 2002

André Corboz

**Die Kunst,
Stadt und Land
zum Sprechen zu bringen**

Dass die Texte von André Corboz einen Rhythmus von fast künstlerischem Rang besitzen, liege, vermutet Martin Warnke, an der Präsenz zweier Verfahren: dem einen, das mit Thesen, Vermutungen, Assoziationen arbeitet, und dem andern, das heterogene Elemente und Indizien zu neuen Figurationen verknüpft. Reflexionen, bei denen eine Maxime Hauptrolle spielt: das Rissko.

256 Seiten, 40 sw-Abbildungen, Broschur
(BF 123) ISBN 3-7643-6342-8
Städtebautheorie

**Elisabeth Blum
Peter Neitzke (Hg.)**

FavelaMetropolis

**Berichte und Projekte
aus Rio de Janeiro
und São Paulo**

An den Riesenstädten Rio und São Paulo läßt sich studieren, wie aus informellen Siedlungen Stadtquartiere werden und ihre Bewohner Bürger der Stadt. Dokumente und Kommentare zu einem produktiven Umgang mit sozialen, sozialräumlichen, ökonomischen und politischen Widersprüchen: Programme, Projekte, Interviews und Berichte zu einer wegweisenden Stadtpolitik.

173 Seiten, 48 sw-Abbildungen, Broschur
(BF 130) ISBN 3-7643-7063-7
Architektur- und Städtebaupolitik

Werner Sewing

Bildregie

**Architektur
zwischen Retrodesign
und Eventkultur**

Mit Raumbildern für Lebensstile und Bühnenbildern für die Stadtkultur hat sich die Architektur in der „Erlebnisgesellschaft" unentbehrlich gemacht. Diese – seit der Postmoderne zunehmend erfolgreiche – Strategie, kurz: Bildregie, bedroht inzwischen die Autonomie der Architektur. Architainment wird so zur nichtbeabsichtigten Handlungsfolge der Bilderpolitik.

205 Seiten, 14 sw-Abbildungen, Broschur
(BF 128) ISBN 3-7643-6904-3
Architekturtheorie Architekturpolitik

Bei Fragen zur Produktsicherheit wenden Sie sich bitte an:
If you have any questions regarding product safety,
please contact:

Birkhäuser Verlag GmbH
Im Westfeld 8
4055 Basel, Schweiz
productsafety@degruyterbrill.com